Kritik des Familismus

Gisela Notz

Kritik des Familismus

Theorie und soziale Realität eines ideologischen Gemäldes

Reihe
theorie.org

Schmetterling Verlag

Bibliografische Informationen der Deutschen Nationalbibliothek
Die Deutsche Nationalbibliothek verzeichnet diese Publikation in der Deutschen Nationalbibliografie; detaillierte bibliografische Daten sind im Internet über http://dnb.d-nb.de abrufbar.

Schmetterling Verlag GmbH
Lindenspürstr. 38b
70176 Stuttgart
www.schmetterling-verlag.de
Der Schmetterling Verlag ist Mitglied von aLiVe,
der assoziation Linker Verlage.

ISBN 3-89657-681-x
1. Auflage 2015
Printed in Czech Republic

Satz und Reproduktionen: Schmetterling Verlag
Druck: Euro PB, Pribam

Inhalt

Vorwort

Warum dieses Buch?

Bei diesem Buch geht es um die Kritik am Familismus als Überbetonung der familialen Ordnung, die je nach herrschendem Gesellschaftssystem und sozialer Lage der Individuen Verschiedenes bedeuten kann.

In familistischen Gesellschaften – dazu gehört die Bundesrepublik Deutschland – ist die Familie der Dreh- und Angelpunkt aller sozialen Organisationen. Damit ignorieren sie die immense Bedeutung, die andere Organisationen (z.B. freundschaftliche oder die mit der Berufsarbeit zusammenhängende Netzwerke) für Männer *und* Frauen haben.[1] Familismus ist ein soziologischer Begriff. Er bezeichnet eine bestimmte Sozialstruktur, in der das Verhältnis von Familie und Gesellschaft durch weitgehende Kongruenz gekennzeichnet ist. Das System aller Familien bildet das Gemeinwesen; Gemeinwesen ohne Familie ist damit nicht denkbar und Menschen, die nicht in Familien leben, ebenso wenig, denn einzig der familiäre Bereich gilt dem Familismus zufolge als Quelle für soziale Kontakte. Mir geht es dabei weniger um den theoretischen Begriff, sondern um die damit verbundene Ideologie und den Anspruch der Exklusivität einer Familienform, die angeblich «naturgegeben» und für die soziale Existenz jedes Menschen von zentraler Bedeutung ist.

Natürlich geht es in dem Buch auch um Familie, gewissermaßen um die Bilderbuchfamilie, wie sie (nicht nur) in der Werbung an die Wand gemalt wird. Der geschichtliche Abriss soll zeigen, dass sie vor der Industrialisierung etwas ganz anderes war als nach dem Zweiten Weltkrieg und heute. Obwohl sie dabei ist, sich auszudifferenzieren, hat sie immer noch erhebliche normative Wirkung. Gerade wegen des Bedeutungsverlustesder Familie feiert der Familismus ein Comeback als konservative, auf den Wert der heterosexuellen, monogamen (Klein-) Familie bauende Politik. Neu auftauchende und schon lange vorhandene familiale Zusammenschlüsse wie das bundesweite

1 Beispiel für eine neuere Studie zur Bedeutung von freundschaftlichen Netzwerken: Susanne Lang: Ziemlich feste Freunde. Warum der Freundeskreis heute die bessere Familie ist, München 2014.

«Bündnis rettet die Familie», das aus Verbänden, Initiativen und Privatpersonen besteht und der «Wahrung der Interessen der Familien» gegen den Zeitgeist des Egoismus und der Individualisierung dienen soll,[2] will die «verfassungsgemäß verankerte Familie als Keimzelle der Gesellschaft» retten, damit sie nicht weiter «an den Rand gedrängt» wird. Leitbild dieser und anderer Zusammenschlüsse sind die durch das «Naturrecht» begründete Familie, die aus Vater, Mutter und Kind/ern besteht, und die monogame lebenslange Ehe zwischen Mann und Frau. Auch das Familiennetzwerk «Familie ist Zukunft» fühlt sich aufgerufen, genau diese Familienform zu retten.[3] Es wendet sich gegen Ganztags- und Krippenangebote und gegen berufstätige Mütter. Es könnten noch etliche andere Verbände mit ähnlicher familistischer Ideologie aufgezählt werden. Ihre zentrale Botschaft: Erziehung gehört in die («natürlich» zusammengesetzte) Familie. Eine nicht berufstätige Mutter macht den wertvollsten Job in unserer Gesellschaft. Sexualkunde und «Genderismus» haben in der Schule nichts zu suchen.

Die konservative, auf den Wert der Familie bauende Politik kann besonders für Frauen vielerlei Fallen bergen, weil sie im Gegenzug zur (ökonomischen) Unterstützung durch den Ehegatten oft ihre Selbständigkeit einbüßen. Die familiale «Solidarität» folgt nicht immer einer Logik der verteilenden Gerechtigkeit und kann – auch anderen abhängigen Personen (Alten, Kranken oder Kindern) gegenüber – zu Ungerechtigkeiten führen. Ein gesellschaftliches Modell, das die Lebenschancen der Einzelnen eng an ihren familiären Kontext bindet, macht sie für etwas verantwortlich, auf das sie keinen Einfluss hatten, denn niemand kann seine eigenen Familienmitglieder wirklich auswählen.

Nicht nur im Film und in vielen Romanen, sondern auch im «wirklichen Leben» scheint die Partnerfindung und Familiengründung am Ende aller Träume zu stehen. Freilich wird weder in den Medien noch in der Realität der Weg dorthin leicht zu erreichen sein. Die konventionelle Märchenehe war nicht einmal im Märchen so einfach. Dornröschen musste einhundert Jahre alleine schlafen, bis der Märchenprinz sie wachgeküsst hatte, und Schneewittchen hat mit ihrer Stiefmutter einen Kampf um Leben und Tod geführt und zudem sieben alte Zwerge versorgt,

2 www.rettet-die-familie.de (Zugriff: 31.5.2015).

3 www.familie-ist-zukunft.de/seite/ (Zugriff: 31.5.2015).

bevor sie so weit war. Auch die «heilige Familie», die Christen in aller Welt jährlich zu Weihnachten aufstellen, war eine Patchwork-Familie. Josef war der soziale Vater eines Sohnes, den er nicht gezeugt hatte. Und er hat sich offensichtlich rührend um ihn gekümmert. Freilich dient er weit weniger als leuchtendes Vorbild als Maria, die heilige Mutter, die angeblich ein göttliches Kind ausgetragen hat und durch die «unbefleckte Empfängnis» von der Erbsünde befreit war. Auf der Suche nach einer Bleibe traten sie jedoch vorsichtshalber als Familie auf. Sie wussten warum.

In dem vorliegenden Buch geht es zunächst um eine historische Rekonstruktion exemplarischer Theorien und Praktiken, die zu jenem ideologisierten Familienverständnis führten, das auf «Gemeinwohl» im Nationalstaat abzielt, faktisch aber alle Menschen ausschließt, die nicht zu einer Familie gehören, und ausgrenzend gegenüber allen, die anders leben, wirkt. Dieses Verständnis schließt die Interessen von Frauen als Individuen aus und macht sie durch die Eheschließung und in der Familie zu rechtlosen, ökonomisch und ideologisch abhängigen Wesen. Selbst in das in frauenpolitischer Hinsicht fortschrittliche Grundgesetz für die BRD wurde 1949 der Familismus eingeschrieben, indem die Auffassung von Ehe und Familie als wichtigster Baustein einer Gesellschaft aufgenommen wurde und somit eine konservative Familienideologie, die Frauen und Männern eindeutige Rollen zuweist und die bis heute wirkt, verfestigt wurde. Freilich lebten bereits Protagonistinnen der «alten ersten Frauenbewegungen» oft anders als in der bürgerlichen Familie; und während der Zeit nach dem Zweiten Weltkrieg schlossen sich Frauen verstärkt zusammen, um ihre Kinder gemeinsam zu erziehen. Die neuen Studierenden- und Frauenbewegungen der 1970er-Jahre entwickelten gar Gegenkonzepte zur Kleinfamilie und auch heute gibt es in Realität und Fiktion vielfältige andere (Zusammen-)Lebensformen. Und doch fördert staatliche Familienpolitik nach wie vor die traditionelle, mit Vater, Mutter und Kind(ern) «normalbesetzte» heterosexuelle Kleinfamilie mit einem «Haupternährer», in der Kinder erzogen und pflegebedürftige Menschen versorgt werden sollen. Der historischen Tradition folgend sollen die Versorgenden auch heute noch vorwiegend die in den Familien lebenden Frauen sein. Hier liegt auch die Bedeutung von staatlich legitimierter und möglichst kirchlich gesegneter Ehe, ohne die Familie nicht wirklich Familie ist. Denn die Ehe verpflichtet zur gegenseitigen Versorgung der erwachsenen Familienmitglieder und zur Versorgung derjenigen Familienmitglieder, die sich noch nicht oder nicht mehr selbst versorgen können. «Bis dass der Tod Euch scheidet»: Auch wenn dieser Schwur – und dazu bedarf es keiner Scheidung – vielfach ignoriert wird, steht er doch als sittlicher und moralischer Garant zur Aufrechterhaltung der Kernfamilie und der traditionellen weiblichen Sorgefunktion.

Die Frage, wie Frauen unter diesen Umständen ihre eigene Existenz sichern und am gesellschaftlichen und politischen Leben teilnehmen können, war solange überflüssig, wie Frauen sich nicht gegen diese Abhängigkeiten wehrten. Erst dann wurde überhaupt die Frage nach anderen möglichen Lebensformen relevant. Verstärkt war das in den 1970er-Jahren der Fall, ausgelöst durch die Studierendenbewegung und durch die neuen Frauenbewegungen. Und dennoch wurde immer wieder und bis heute die heterosexuelle Kleinfamilie mit der (zumindest vorübergehenden) Hausfrauenmutter als die einzig wahre Lebensform an alle Litfasssäulen geklebt und in alle Schulbücher eingeschrieben, von Familienpolitik und FamiliensoziologInnen als quasi natürliche Lebensform angesehen, vom Staat als «Keimzelle» begünstigt und von (christlichen) Kirchen gesegnet. (Nicht nur) konservative Kräfte halten an einem traditionellen Verständnis von Familie als Vater-Mutter-Kind-Norm fest, wenn es auch selten so deutlich und sogar auf die Zukunft ausgerichtet ausgesprochen wird, wie von Norbert Geis (CSU) in einem Interview im ZDF-Morgenmagazin im August 2009: «In der Ehe und bei heterosexuellen Paaren liegt die Zukunft. Und nicht bei irgendwelchen Fehlentwicklungen.»[4] Auch von Konservativen als «Fehlentwicklungen» diffamierte Zusammenlebensformen sollen in diesem Buch diskutiert werden.

Obwohl die soziale Realität sich längst von diesem ideologischen Gemälde der christlichen «Wunschfamilie» entfernt hat, hat der Familismus als konservative Ideologie kaum an Bedeutung verloren. Auch wenn die Eheschließungen nicht zunehmen und die Kinderzahlen abnehmen, scheint er aktuell einen Aufschwung zu erleben. Diesem Phänomen soll in diesem Buch nachgegangen werden. Es geht um die Kritik des Familismus, der die heterosexuelle bürgerliche Kleinfamilie als einzig gültige

4 Norbert Geis (CSU) im ZDF-Morgenmagazin im August 2009. Siehe: Pressemitteilung Johannes Kahrs MdB, Hamburg, ohne Datum.

Lebensform ideologisiert. Am Ende des Buches geht es um die Vielfalt der gelebten Realität, aus der sich die Frage ableitet, wie Menschen in der Zukunft zusammen leben und arbeiten wollen, um dem häufig geäußerten Wunsch nach einem «guten Leben für alle» ein Stück näher zu kommen. Familistische Politik beruht in vielen Ländern auf klassistischer, rassistischer und sexistischer Ausgrenzung. Ich beziehe mich im Wesentlichen auf das Beispiel BRD und auf die bürgerliche, heterosexuelle Kleinfamilie als kleinste Einheit und immer wieder beschworene «Keimzelle der Gesellschaft».

1. Familie und Familismus (Familialismus)
Versuch einer Begriffserklärung

Familismus und Familialismus werden oft als verschiedene Begriffe für die gleiche Ideologie gebraucht. Beide Begriffe stellen Familie als Lebensform in das Zentrum des menschlichen Lebens und Begehrens und betrachten sie als stützende Instanz aller sozialen Organisationen, zumindest innerhalb des Nationalstaats. Es soll zunächst der Frage nachgegangen werden, was Familie eigentlich ist, um anschließend die Ideologie des Familismus/Familialismus zu erklären.

1.1. Was ist Familie?

Familie ist ein situativ vieldeutiger Begriff. Die Vorstellungen, die damit verknüpft sind, sind unterschiedlich, dennoch geht die familistische Ideologie von der Kleinfamilie als einzig mögliche Lebensform aus, auch wenn die Praxis gelebter Familienzusammenhänge vielfältig ist. Es gibt kaum ein Konzept, das so zum Mythos erhoben und in gleichem Maße idealisiert wird, wie die Kleinfamilie. In Wirklichkeit ist Familie ein soziales Konstrukt, das in patriarchalen Gesellschaften zur idealen Zusammenlebensform stilisiert wird. Die gesellschaftliche Bedeutung und Bewertung der Familie ist jeweils abhängig von den ökonomischen, politischen und militärischen Verhältnissen.

Die Familie gibt es heute ebenso wenig, wie es sie je gegeben hat. Man muss schon fragen, wie Familien personell zusammengesetzt sind, welche soziale, religiöse und kulturelle Zugehörigkeit ihre Mitglieder haben, wo sie sich regional und national verorten, wie sie wohnen, welche Ressourcen (Eigentum, Einkommen, Bildung) ihnen zur Verfügung stehen, wie sie arbeiten und was sie tun, wenn sie keine Erwerbsarbeit haben, oder wie sie ihre «Freizeit» verbringen, und natürlich auch, wie ihre sozialen und politischen Netzwerke funktionieren, ob sie sich nach außen öffnen oder von innen abschotten. Die Kleinfamilie ist seit ihrem Bestehen immer auch von klassenspezifischen und rassisierten Aspekten geprägt. Arbeiterfamilien lebten zu allen Epochen anders und verfügten über weniger materielle Ressourcen als bürgerliche Familien. Vorstellungen, Praxen und Wünsche von Familien sind klassenspezifisch geprägt. Kinder aus Arbeiterfamilien oder Flüchtlings- und Migrantenfamilien-sind in den gängigen Sozialisationsinstanzen vom Kindergarten bis zur Universität noch immer benachteiligt und haben meist schlechteren Zugang zu höheren Bildungsgängen.

Was aber ist Familie? Keinesfalls war das zu allen Zeiten die bürgerliche Kleinfamilie, wie wir sie heute kennen. Die historische Rekonstruktion zeigt, dass Familie neben einer sozialen auch eine politische Konstruktion ist. Es gibt sie noch keine dreihundert Jahre. Der Begriff Familie hat erst im 18. Jahrhundert Eingang in die deutsche Umgangssprache gefunden. Lehrreich ist ein Ausflug in Friedrich Kluges Etymologisches Wörterbuch der Deutschen Sprache: Familie, lateinisch *familia*, sei die «Hausgenossenschaft», heißt es da. Und es folgt noch der Hinweis auf *famulas*, lateinisch für Diener. Näheres dazu findet sich in Meyers Konversations-Lexikon: Mit *familia*, so die Ausgabe von 1893, hätten die Römer oft alles bezeichnet, «was ein freier Bürger besaß» und «namentlich auch die dazugehörigen Sklaven». Und im mittelalterlichen Lehns- und Feudalwesen habe man «unter familia nicht selten die Gesamtheit der einem Gutsherrn unterstellten Hörigen und die Gesamtheit der Dienstmannen» verstanden.[5] Die Bedeutung wurde ausgeweitet auf die Bezeichnung der gesamten Hausgenossenschaft von Freien und Sklaven, die dem «pater familias» anvertraut war. Im Deutschen löste das Wort «Familie» die Begriffe «Haus» oder «Weib und Kind» erst im Übergang vom 17. zum 18. Jahrhundert ab.[6] Der Bezeichnungswandel ist Ausdruck jener Veränderungen, denen die Familie im Übergang von der feudalen zur kapitalistischen Produktionsweise unterworfen ist. Es entstand die heterosexuelle, bürgerliche Kern- oder Kleinfamilie aus Mann und Frau, die mit standesamtlichem Trauschein und kirchlichem Segen versehen sind und möglichst mehrere Kinder haben, als Norm. Damit waren andere Formen von Familie Abweichungen von der Norm und kamen als Orientierungshilfe nicht in Frage. David

---

5 zitiert nach: SPIEGEL SPECIAL 4/2007: Sehnsucht nach Familie.

6 Heike Fleßner: Familie, in: Florence Hervé / Renate Wurms (Hg.): Das Weiberlexikon. Von Abenteurerin bis Zyklus, Köln 2006, 5. Auflage, S. 125–129; hier: S. 125.

Émile Durkheim (1858–1917) prägte den Begriff «Gattenfamilie», weil die einzigen permanenten Mitglieder Mann und Frau sind, da die Kinder früher oder später das elterliche Haus verlassen.[7]

Seitdem gilt als Familie «im europäischen Kulturkreis im normalen Fall die Lebensgemeinschaft des verheirateten Elternpaares und seiner noch nicht erwachsenen Kinder; rechtlich: die Gesamtheit der durch Ehe oder Abstimmung voneinander oder von gemeinschaftlichen Vorfahren verbundenen Personen. Die Form der Familie ist vom Gesamtzustand der Gesellschaftsordnung, ferner von wirtschaftlichen Bedingungen (Wildbeuter, Ackerbauer, Hirten) und von den religiösen Vorstellungen abhängig und nach Völkern und Kulturkreisen verschieden. [...].»[8] So jedenfalls steht es im kleinen Brockhaus, der 1949, also im Jahre der Gründung der Bundesrepublik Deutschland, erschienen ist. Das war zu einer Zeit, als in Deutschland ungefähr jede vierte Mutter ihr Kind alleine erzog, weil der leibliche Vater «im Krieg geblieben» war – wie es damals umschrieben wurde. Eine von vier Familien wich also vom «normalen Fall» ab, damals wurde sie als Mutterfamilie bezeichnet, heute als Ein-Eltern oder alleinerziehende Familie; beides sind defizitäre Beschreibungen gegenüber einer «vollständigen» Familie. Bei den konservativen politischen Parteien galt der «normale Fall» in der Ideologie unverändert weiter. Homosexuelle Lebensgemeinschaften und die Tatsache, dass es viele Frauen gab, die ihre angeblich «natürliche Berufung als Mutter» außerhalb der Ehe verfolgten und oft bewusst «uneheliche» Kinder zur Welt brachten, sowie alternative Formen des Zusammenlebens wurden nach dem Zweiten Weltkrieg nicht einmal zur Kenntnis genommen, obwohl sie an vielen Orten bestanden.[9] Schon gar nicht passten «Besatzungskinder», am wenigsten schwarze Kinder, nach den beiden Weltkriegen ins familistische, auf den Nationalstaat bezogene Bild.

---

7 Émile Durkheim: La famille conjugale. Revue philosophique, 1921, S. 2–14.

8 Der kleine Brockhaus, Wiesbaden 1949 (Erster Band A bis K).

9 Siehe die Auseinandersetzung zwischen konservativen und sozialdemokratischen Frauen im Parlamentarischen Rat: Gisela Notz: Frauen in der Mannschaft. Sozialdemokratinnen im Parlamentarischen Rat und im Deutschen Bundestag 1948/49, Bonn 2003, S. 66 f.

Die bürgerliche Kleinfamilie mit dem «Haupternährer» und der Hausfrau wurde auch später trotz ihres ständigen Formenwandels als das beständigste Gemeinschaftsgebilde bezeichnet, weil sie angeblich auf natürlicher Grundlage beruht, sehr einfach gefügt ist und als einzige Zusammenlebensform scheinbar unausweichliche menschliche Bedürfnisse nach Geborgenheit und Zuwendung befriedigt. Die Funktion der Familie wurde und wird vor allem in der biologischen und sozialen Reproduktion des Nachwuchses gesehen.[10] Als ursprüngliche Erziehungsstätte («Kinderstube»), als Pflegestätte (Alten-, Kranken- und Behindertenpflege) sowie als haltgebende Gemeinschaft und als Mittelpunkt der häuslichen Kultur wird die Familie als unersetzlich bezeichnet. Schließlich ist sie auch die billigste Einrichtung zur Versorgung von Kindern, Pflegebedürftigen und alten Menschen. Sie erspart Staat und Kommunen die Bereitstellung von kostenaufwändiger sozialer, pflegerischer und pädagogischer Infrastruktur. Auch deshalb wird nach dem Grundgesetz für die Bundesrepublik Deutschland (Art. 6) «Familie» in der Verknüpfung mit Ehe unter den besonderen Schutz des Staates gestellt.[11] Und vor allem deshalb besteht ein Interesse an ihrer Aufrechterhaltung und an der Beibehaltung der mit ihr verbundenen geschlechtshierarchischen Arbeitsteilung, die Frauen in eben dieser bürgerlichen Kleinfamilie diese Sorgearbeiten zuweist. Die aktuellen Entwicklungen, die auf einen Wandel von Familie hinweisen, gehen maßgeblich auf ein verändertes Rollenverhalten von Frauen zurück. Barbara Thiesen beschreibt die Familie heute als «ein auf Dauer angelegter, intergenerationaler Fürsorgezusammenhang».[12] Die Fürsorgearbeit (Care) bleibt jedoch im Wesentlichen bei den Frauen. Vor allem diese Vorstellung von Familie ist es, die hier kritisiert werden soll.

---

10 Rosemarie Nave-Herz: Familiensoziologie, in: Günter Endruweit / Gisela Trommsdorff: Wörterbuch der Soziologie, Stuttgart 1989, S. 192–201.

11 Siehe Kapitel 4. in diesem Buch.

12 Barbara Thiesen: Familie, in: Gudrun Ehlert / Heide Funk / Gerd Stecklina: Wörterbuch Soziale Arbeit und Geschlecht, Weinheim und München 2011, S. 123–125; hier: S. 124.

1.2. Was ist Familismus/Familialismus

Familismus (Familialismus)[13] ist ein soziologischer Begriff und zugleich eine Ideologie, die die bürgerliche Kleinfamilie als Leitform einer Sozialstruktur bezeichnet. Im Familismus nimmt die Familie, das heißt die Vater-Mutter-Kind-Familie und die erste Verwandtschaft, die Funktion einer die Existenz des Einzelnen sichernden sowie den gesamtgesellschaftlichen Zusammenhang stützenden Instanz ein. Das Verhältnis von Familie und Gesellschaft ist durch weitgehende Kongruenz gekennzeichnet. Das System aller Familien bildet das Gemeinwesen.[14] Das Gemeinwesen ist nach der Ideologie des Familismus auf den Nationalstaat bezogen. Es besteht also ein Zusammenhang zwischen den Konzepten der Familie, des Selbst, der Staatsbürgerschaft und der (National-)Staatlichkeit. In familistischen Gesellschaften ist die Familie der Dreh- und Angelpunkt aller sozialen Organisationen. Sie unterstützt den Rückzug der Individuen ins «Private». Dort herrschen komplementäre Rollenaufteilungen entlang der Geschlechterlinien. Menschen ohne Familie gibt es in familistischen Gesellschaften nicht. Ihnen wird unterstellt, dass sie früher oder später eine Familie gründen werden oder zu ihr zurückfinden. Die familistische Ideologie unterstellt, dass alle Menschen Teil einer familialen Ordnung sein wollen, deren Aufrechterhaltung den Menschen als Individuum nicht benötigt, weil es in der Familie aufgeht. Danach, ob Gefühle des Zueinandergehörens über einen längeren Zeitraum überhaupt stabil sein können, fragen familistische Systeme nicht.

Familistische Systeme schließen faktisch alle Menschen aus, die nicht zu einer Familie gehören (z. B. Singles, Menschen, die in Heimen oder auch in Kommunen und anderen selbstgewählten sozialen Netzwerken leben). Im idealen Familismus bilden sich keine Konflikte zwischen der Familienstruktur und externen sozialen Akteuren. Letztere sind schlicht nicht existent oder bedeutungslos.[15] Der viel zitierte Ausspruch der ehemaligen Premierministerin Großbritanniens Margaret Thatcher: «Es gibt keine Gesellschaft. Es gibt nur Individuen und Familien»

---

13 In der Literatur wird auch teilweise der Begriff Familiarismus benutzt.

14 Werner Fuchs-Heinritz et. al.: Lexikon der Soziologie, Wiesbaden 2010, 5. Aufl., S 200.

15 Karl-Heinz Hillmann: Wörterbuch der Soziologie. Stuttgart 1994, S. 216.

geht genau in diese Richtung. Er gehört zu den Grundsätzen des «Thatcherismus», der ökonomischen Liberalismus mit politischer Autorität verband: Reduzierung des Wohlfahrtsstaates, Rückverlagerung seiner Aufgaben in die Familie und konsequente Deregulierung von Wirtschaftsstrukturen sowie Privatisierung von Staatsunternehmen.[16]

Familismus erfüllt scheinbar den Wunsch nach gesellschaftlicher Integration und nach einem «erfüllten Leben», denn er ist bei vielen Menschen eng mit dem Wunsch nach einer «normalen» Familie, in der die Menschen füreinander Verantwortung übernehmen, Sorge tragen und Zuwendung schenken, verbunden. Dass Familismus auch mit einer Überbewertung des familiären Bereichs als Quelle für soziale Kontakte verbunden ist, kann negative Folgen haben, nämlich dann, wenn allzu starke Bindung an die Familie nicht nur zum Verschwinden des Individuums führt, sondern auch bei der Bildung von Sozialkontakten außerhalb der Familie im Wege steht. Das gilt selbst für die Kontakte mit den übrigen Verwandten. In Deutschland, in der Schweiz und in Österreich – allesamt familistische Staaten – versteht das Gesetz unter Verwandtschaft lediglich die auf Abstammung beruhende Blutsverwandtschaft, die durch Geburt vermittelt wird. Man spricht von Blutsverwandtschaft, wenn zwei Menschen einen gemeinsamen Vorfahren haben. Dazu gehören Vater, Mutter, Sohn, Tochter, Bruder, Schwester, Onkel, Tante, Neffe, Nichte usw. Schwager und Schwägerin, Schwiegertochter, Schwiegersohn, Schwiegervater und Schwiegermutter sind «angeheiratet» und gehören nicht zu den Blutsverwandten. Die Familienzentriertheit, die darauf hinausläuft, nur dem «eigenen Blut» zu vertrauen, hindert oder verunmöglicht die Bildung anderer sozialer Kontakte, vor allem im Zusammenhang mit größeren sozialen Einheiten.

Nach familistischen Konzepten ist die Ehe die Grundlage für die Blutsverwandtschaft. Ehen unter engen «Blutsverwandten» gelten in den meisten Kulturen als unzulässig (Inzestverbot). In Deutschland war die Staatsbürgerschaft bis zum Jahr 2000 an die blutsverwandte Abstammung einer Person gebunden. Erst später wurde – wie das in anderen Ländern längst üblich ist – das Geburts- und Territorialprinzip einbezogen. Die Ideologie des «eigenen Blutes» führt schließlich dazu, dass von Frauen

16 www.wissen.de/margaret-thatcher-eiserne-lady-und-konservative-revolutionaerin (Zugriff: 26.8.2014).

immer erwartet wird, dass sie (eigene) Kinder bekommen. Tatsächlich werden Frauen – selbst dann, wenn sie außerhalb der Familie tätig sind, an ihren mütterlichen Qualitäten gemessen (z. B. emotionale Kompetenz), auch und gerade im Berufsleben und dort, egal ob sie Mütter sind oder nicht, sogar in Führungspositionen.

1.3. Familie als gesellschaftliches Leitbild

Obwohl nur noch 24 % der Haushalte dem Familienhaushalt mit Vater, Mutter und ein oder mehreren Kindern entsprechen,[17] hat die auf Dauer angelegte Lebensgemeinschaft von verheirateten heterosexuellen Eltern mit einem oder mehreren gemeinsamen Kind/ern in den letzten Jahrzehnten nichts an ihrer Wirkung als gesellschaftliches Leitbild eingebüßt. FamiliensoziologInnen und PolitikerInnen versuchen immer wieder nachzuweisen, dass die Kleinfamilie in Deutschland stabil sei und sowohl «kinderlose Ehen», als auch «Ein-Eltern-Familien» und sogenannte «Singles» eher als verhinderte Kleinfamilien zu gelten haben, denn als alternative Lebensformen; denn über kurz oder lang würden sie sich doch zu Familien zusammenschließen. Dies, obwohl die Zahl der Eheschließungen konstant niedrig bleibt und die Scheidungen weiter zunehmen und obwohl immer wieder und zu allen Zeiten die Gefährdung bzw. die Krise der Familie beklagt wurde, besonders wenn sie von anderen Zusammenlebensformen vermeintlich «unterwandert» wurde.

«Familie ist, wo Kinder sind»: Der Slogan aus der Koalitionsvereinbarung der rot-grünen Bundesregierung vom Oktober 1998 wurde von vielen Organisationen, z. B. auch vom Lesben- und Schwulenverband Deutschlands (LSVD), übernommen. Einige Jahre später wählte die Bundesregierung in ihrer Stellungnahme zum siebten Familienbericht des Bundesministeriums für Familie, Senioren, Frauen und Jugend 2005 eine pragmatische Definition: Familie ist eine «Gemeinschaft mit starken Bindungen, in der mehrere Generationen füreinander sorgen»[18]. Der achte Familienbericht sieht eine Abkehr von

17 www.bib-demografie.de/DE/ZahlenundFakten/12/familien_und_lebensformen_node.html (Zugriff: 17.12.2014).

18 Sachverständigenkommission Siebter Familienbericht: Familien zwischen Flexibilität und Verlässlichkeit. Perspektiven für eine lebenslauf-

der traditionellen Ehe und Familie vor. Er konstatiert, dass sich Familie heute nicht mehr nur über Heirat, sondern *auch* über Solidarität, Wahlverwandtschaft und Elternschaft definiert; als historisch und aktuell wandelbares System.[19] In dem «Spezialbericht» soll die Bedeutung von Zeitpolitik für die Familienkonstellationen untersucht werden. Dennoch vermisst vor allem der Verband alleinerziehender Mütter und Väter einen Familienbegriff, der den vielfältigen Familienformen gerecht wird.[20] Einige Familienverbände verabschieden sich von dem Generationen-Verbund: «Familie ist für uns überall dort, wo Menschen dauerhaft füreinander Verantwortung übernehmen, Sorge tragen und Zuwendung schenken», ist die Definition des «Zukunftsforum Familie», einer von der Arbeiterwohlfahrt gegründeten bundesweiten Familienorganisation.[21] Das kann eine bürgerliche Kleinfamilie sein, eine alleinerziehende Mutter, eine Wohngemeinschaft, eine Frau, die sich um ihre alte, kranke Mutter kümmert, und viele andere Lebensformen. Nun ließe sich darüber streiten, was heute dauerhaft ist, und wir wissen auch, dass Familie nicht immer der Ort ist, an dem Verantwortung und Zuwendung füreinander die Hauptanliegen sind. Aufgrund der beruflich oft geforderten Mobilität sind viele Familienmitglieder nur noch selten dauerhaft an einem Ort, denn die mobile Gesellschaft weist ihnen unter dem Stichwort «Multilokalität» verschiedene Wohnorte zu. Zudem ist Familie, wie kaum eine andere Institution, Projektionsfläche für Gefühle und Empfindungen nicht nur positiver Art.

Darüber sagen auch die beiden letzten Familienberichte wenig. Familie wird glorifiziert, wenn in der Stellungnahme der Bundesregierung zum siebten Bericht behauptet wird: «Familie ist im wahrsten Sinne des Wortes der ursprüngliche Ort, wo Alltagssolidaritäten gelebt werden»[22]. Zumindest müsste hin-

---

bezogene Familienpolitik. Im Auftrag des Bundesministeriums für Familie, Senioren, Frauen und Jugend, Berlin 2005.

19 Deutscher Bundestag, Drucksache 17/9000, Achter Familienbericht. Zeit für Familie – Familienzeitpolitik als Chance einer nachhaltigen Familienpolitik, Berlin 2012, S. 4.

20 VAMV Verband alleinerziehender Mütter und Väter (Antje Asmus): Stellungnahme zum 8. Familienbericht «Zeit für Familie» vom 30.5.2012.

21 zukunftsforum-familie.de (Zugriff: 26.7.2015).

22 Stellungnahme der Bundesregierung zum 7. Familienbericht, Deutscher Bundestag – 16. Wahlperiode, Drucksache 16/1360, S. XXIII., Berlin 2005.

zugefügt werden: gelebt werden «können». Immerhin fliehen in Deutschland jährlich ca. 40.000 Frauen vor ihren gewalttätigen Männern ins Frauenhaus. Daher können auch die psychischen und physischen Abgründe und die Beschädigungen, die vor allem Frauen und Kinder immer wieder treffen, nicht einfach übersehen werden. Es ist zu kritisieren, dass dies auch der siebte Familienbericht der Bundesregierung weitestgehend ausblendet.[23] Am häufigsten sind es Frauen und Kinder, die Gewalt, Demütigungen und sexualisierte Gewalt in ihrer Familie, ihrem Zuhause, durch den eigenen Partner, Ehemann oder Vater erleben. Nicht alle gehen ins Frauenhaus. Viele finden bei Freundinnen oder an anderen Orten Zuflucht oder erdulden die Demütigungen weiter, darüber gibt es keine Zahlen.

Familien sind auch nicht ausschließlich «für alle Familienmitglieder zentrale Orte des Kompetenzerwerbs», die «gerade zu Zeiten großer Veränderungen materielle Sicherheit, Unterstützung, Rückhalt und Geborgenheit» sowie «Lebensqualität und Zusammenhalt» vermitteln.[24] Viele Familien können das nicht, weil sie überfordert sind und weil ihnen die Ressourcen fehlen. Sie sind arm, weil ihre Mitglieder keine Erwerbsarbeit haben, oder weil sie so wenig verdienen, dass es ihnen am Lebensnotwendigen fehlt (*working poor*). Oft haben Familienmitglieder deshalb ein schlechtes Gewissen, vor allem ihren Kindern gegenüber.

Zu allen Zeiten wurde die «normalbesetzte» Familie durch vielfältige Lebensformen unterwandert. Ebenso wurde jedoch auch zu allen Zeiten darauf hingewiesen, dass nicht jede Umbildung als Verfall der traditionellen Familie gedeutet werden sollte. Schließlich soll die Familie nicht nur für die bürgerlichen, sondern für alle gesellschaftlichen Schichten als einzige erstrebenswerte Lebensform gelten. Zugegeben wird bestenfalls, dass durch die neuzeitliche Massenproduktion und Bedarfsgestaltung und durch die Übernahme vieler Funktionen durch die öffentlichen Körperschaften eine gewisse Aushöhlung der Familienaufgaben erfolgt sei und vieles, was früher Haushalt und Familie geleistet haben, heute der Markt oder der Staat übernehmen (zum Beispiel: Kindergarten, Schule, Ausbildung). Dessen ungeachtet sei die Kernfamilie doch das wichtigste gesellschaftliche Ordnungssystem, sie sei die «Keimzelle» des

23 Ebenda.

24 Ebenda, S. XXIV.

Staates und des politischen Lebens. Jedenfalls sehen namhafte Meinungsbildner wie der Journalist Frank Schirrmacher und der Politikwissenschaftler Robert D. Putnam das so.[25]

1.4. Familismus, Geschlecht und Wohlfahrtsstaat

Die Politikwissenschaftlerin Erna Appelt fragt vor allem danach, welche Auswirkung «Familialismus» – wie sie es nennt – auf die Beziehung zwischen den Geschlechtern hat. Für sie ist «Familialismus» jenes ideologisierende Familienverständnis, das auf «Gemeinwohl» abzuzielen *vorgibt*, tatsächlich aber Geschlechterhierarchie im Sinn hat. Im Gegensatz zu den meisten WissenschaftlerInnen, die sich mit diesem Phänomen befassen und es geschlechtsneutral verhandeln, weist sie darauf hin, dass Familialismus ein geschlechtsspezifisches Gesicht hat. Familialistische Ideologien sind danach antiindividualistisch, besonders dann, wenn es um die Bedürfnisse von Frauen geht; «sie sprechen von Familie und vom Wohl der Kinder, meinen aber männliche Ansprüche und weibliche Unterordnung»[26]. Das hieße, es sind vor allem Männer – individuell und auf die Gesellschaft bezogen –, die vom Familismus profitieren. Erna Appelt erklärt das, indem sie in der Geschichte zurückgeht und darauf verweist, dass Frauen bis zum Beginn des 20. Jahrhunderts gänzlich aus dem Bereich des Politischen verbannt waren, weil ihnen wie Staatenlosen und Verbrechern keine politischen Rechte (Wahlrecht, Versammlungsrecht etc.) zugestanden wurden. Sie führt diese Rechtlosigkeit darauf zurück, dass die Herrschaftsform des Patriarchats (sie nennt es Androkratie) durch den Staatsbürgerstatus, den nur wirtschaftlich selbständige Familienoberhäupter, denen Frauen und Kinder als Familienmitglieder untergeordnet waren, innehatten, gesetzlich abgesichert war. Die idealtypische Rolle der Frauen in diesem Gefüge war die Ehefrau, Hausfrau

25 Frank Schirrmacher: Minimum – Vom Vergehen und Neuentstehen unserer Gesellschaft, München 2006; Robert D. Putnam: Gesellschaft und Gemeinsinn, Gütersloh 2001.

26 Erna Appelt: «Familismus». Eine verdeckte Struktur im Gesellschaftsvertrag, in: Eva Kreisky / Birgit Sauer (Hrsg.): Das geheime Glossar der Politikwissenschaft, Frankfurt / New York 1997, S. 114–136; hier: S. 117.

und Mutter. Das zeigt, dass die Ideologie des Familismus den damit verbundenen männlichen Stellvertreteranspruch gegenüber Frauen konserviert.[27] Stellvertreter kann der Mann aber in erster Linie in der Ehe und in der Familie sein.

Familismus geht immer mit geschlechtshierarchischer Arbeitsteilung einher. Seit Bestehen der Kleinfamilie ist die Möglichkeit von Frauen, außerhalb des Hauses erwerbstätig zu sein, immer auch abhängig von der Familienstruktur, von den Wünschen des Ehemannes, von der Sozialpolitik und von der Frage der wirtschaftlichen Notwendigkeit. Die Sozialwissenschaftlerin Sigrid Leitner stellt diesen Zusammenhang in den Mittelpunkt ihrer Untersuchung. Bereits ihr Begriff des Familialismus, der das «institutionalisierte System des Rückgriffs auf die Pflege- und Betreuungsarbeit der Familie»[28] bezeichnet, beinhaltet die geschlechtsspezifische Problematik: Pflege- und Betreuungsarbeit innerhalb der Familie ist danach immer noch Frauenarbeit. Zwar kann seit 1977 der Ehemann in der BRD nicht mehr bestimmen, ob «seine» Frau berufstätig sein darf, dennoch sind die bestehenden sozialen Sicherungssysteme bis heute auf den Mann als «Hauptverdiener» ausgerichtet. Leitner verweist auf die damit verbundenen Abhängigkeiten, die in das Regime der Sozialversicherungssysteme eingeschrieben sind: «Während Erwerbstätigkeit durch Sozialversicherungsansprüche abgesichert ist, die – aufgrund der traditionellen geschlechtsspezifischen Arbeitsteilung – hauptsächlich Männern zugute kommen, erwirkt unbezahlte Arbeit wie z. B. die familiale Pflege und Betreuungsarbeit soziale Sicherungsansprüche, die den Charakter von Fürsorgeleistungen haben und eine vorwiegend weibliche Klientel bedienen»[29], keine derartigen Ansprüche.

Die Erwerbszentriertheit der sozialen Sicherungssysteme sowie die an die Familie gebundene, von persönlichen Abhängigkeitsverhältnissen geprägte materielle Existenzsicherung von Frauen sind zwei Seiten einer Medaille. Leitner verweist darauf, dass diese «Zweigleisigkeit des Systems sozialer Sicherung» die geschlechtshierarchische Arbeitsteilung reproduziert. Die damit verbundene Diskriminierung der meist durch Frauen geleisteten unbezahlten Care-Arbeiten (Haus-, Erziehungs- und Sorgearbeiten) resultiert aus der Unbezahltheit, aber auch daraus,

27 Ebenda, S. 122.

28 Sigrid Leitner: Varianten von Familialismus, Göttingen 2013, S. 16.

29 Ebenda, S. 19.

dass die Fürsorgeleistungen bedarfsgeprüft sind und meist mit der sozialen Kontrolle der Leistungsbezieherinnen einhergehen, während Sozialversicherungsleistungen aufgrund erwerbsbezogener Beitragsleistungen als «verdiente» Ansprüche gelten, die den Leistungsempfängern rechtlich zustehen»[30]. Dies trifft – nach der Typologie von Esping-Andersen – für konservative Wohlfahrtsstaaten zu.[31] Er unterscheidet in seiner oft rezipierten Typologie zwischen konservativen, sozialdemokratischen und liberalen Wohlfahrtsregimes. Als Prototypen konservativer Wohlfahrtsstaaten sind Deutschland und Österreich zu sehen.

1.5. Familismus in der Familiensoziologie

Familiensoziologie kann als Allgemeine Soziologe behandelt werden. Das werden vor allem SoziologInnen tun, die in der Familie «eine der bedeutsamsten, wenn nicht die wichtigste gesellschaftliche Grundform, in der für gewöhnlich jedes in sie hineingeborene menschliche Individuum durch nächste Bezugspersonen soziales Verhalten und Handeln erlernt und durch fortgesetzte Kommunikation mit den ‹anderen› soziales Leben verwirklicht wird»[32], sehen. Das ist eine familistische Sicht (auch als familiaristische Sicht bezeichnet) auf Familiensoziologie, die alle gesellschaftlichen Bereiche nach dem System der Familie beurteilt. Familiensoziologie kann aber auch als Spezielle Soziologie betrachtet werden, wenn man die Familie als Teilstruktur einer Gesellschaft – neben anderen Teilstrukturen – sieht. Familiensoziologie als Spezielle Soziologie konzentriert sich allerdings nicht allein auf den gesellschaftlichen Teilbereich «Familie», sondern schließt die Analyse der interdependenten Beziehungen zwischen Familie und anderen sozialen Systemen und zur Gesamtgesellschaft mit ein.[33] Das schließt familistische Herangehensweisen nicht aus.

---

30 Ebenda., S. 20.

31 Goesta Esping-Andersen: The Three Worlds of Welfare Capitalism, Cambridge 1990. Siehe auch Kapitel 4.5. in diesem Buch.

32 Ernst M. Wallner / Margret Pohler-Funke: Soziologie der Familie, Heidelberg 1977, S. 11.

33 Rosemarie Nave-Herz: Familiensoziologie, in: Deutscher Verein für öffentliche und private Fürsorge e. V. (Hg.): Fachlexikon der sozialen Arbeit, Baden-Baden 2011, S. 293 f.

Zwar gab es Vorstufen der Familienforschung bereits seit der Antike und auch die christliche «Hausväterliteratur», deren Ratschläge sich vor allem an großbäuerliche und adelige Grundbesitzer richteten, wird oft als Vorläufer der Familiensoziologie genannt.[34] Auch Friedrich Engels (1820–1895) und Karl Marx (1818–1883) setzten sich früh mit der Funktion der «Familie» auseinander.[35] Als Begründer der Familiensoziologie als Wissenschaft gelten jedoch Wilhelm Heinrich Riehl (1823–1897) und Fréderic Le Play (1806–1882). Beide verfassten 1855, als sich die Kernfamilie gerade herausbildete, einschlägige Werke zur Familie. Beide verabsolutierten einen familistischen Ansatz, indem sie einen bestimmten Familientyp, dessen Verfall sie beklagten, untersuchten: den des «Ganzen Hauses». Rhiel bezog sich vor allem auf das besitzende Bürgertum, Le Play auf das besitzende Bauerntum.[36] Mitunter wird auch der französische Soziologe und Enthnologe Émile Durkheim (1858–1917) mit seinem Einführungswerk in die Soziologie der Familie als «Vater» der Familiensoziologie genannt.[37] Er prägte den Begriff der «Gattenfamilie»[38].

Die Familiensoziologin Rosemarie Nave-Herz verweist auf eine Vielfalt von Forschungsfragen, die die Familiensoziologie in der Zeit ihres Bestehens verhandelt hat, und auf eine Vielzahl von Ergebnissen, die sie veröffentlicht hat. Allerdings sei die Kontinuität bestimmter Themen erstaunlich.[39] Immer wieder und immer noch werden die bereits von den ersten Familiensoziologen aufgeworfenen Fragestellungen nach dem Bestand und den Auflösungserscheinungen von Ehe und Familie überprüft und analysiert, die familialen Interaktionsbeziehungen, die mütterliche Erwerbstätigkeit und das generative und reproduktive Verhalten untersucht und problematisiert. Neuerdings

---

34 Siehe Otto Brunner: Hausväterliteratur, in: Handwörterbuch der Sozialwissenschaften, 5. Bd., Tübingen 1956, S. 92ff.

35 Friedrich Engels: Der Ursprung der Familie, des Privateigenthums und des Staats, Zürich 1884; Karl Marx: Der Ehescheidungsgesetzentwurf, in: MEW, Bd. 1, Berlin 1972, S. 149.

36 Weilhelm Heinrich Riehl: Die Familie, Stuttgart 1855; Fréderic Le Play: Les ouvriers européens, Paris 1855. Vgl. auch Abschnitt 2.1.

37 Émile Durkheim: Einführung in die Soziologie der Familie. in: Lore Heisterberg (Hg.): Émile Durkheim. Frühe Schriften zur Begründung der Sozialwissenschaft, Darmstadt/Neuwied 1981 [zuerst 1888], S. 53–76.

38 Siehe Abschnitt 1.1.

39 Rosemarie Nave-Herz, Familiensoziologie, S. 293.

werden auch so genannte «Problemfamilien», wie Teenagerfamilien, Alleinerziehende, sozial benachteiligte Familien, MigrantInnenfamilien beforscht. In den letzten Jahren standen Kriminalität, sexualisierte Gewalt, Ehescheidungen im Mittelpunkt der Untersuchungen. Das neuerdings entfachte starke Interesse an familialen Wandlungsprozessen, gestiegenen Ansprüchen und Zeitverhalten der Familien hat bis jetzt allerdings nicht zu einer veränderten Familienpolitik, die nicht mehr den «Hauptenährer» in den Mittelpunkt stellt und die Vater-Mutter-Kind-Familie bevorzugt, geführt.

Auch die meisten FamiliensoziologInnen sind letztlich immer wieder daran interessiert, zu beweisen, dass die Familie kein Auslaufmodell sei.[40] Die Beobachtung von Ulrich Beck, die er am 25. Soziologentag 1990 in Frankfurt vorgetragen hat, ist immer noch aktuell. Er warnte die Familiensoziologie damals vor dem Versuch, die Familie sozialstruktur-analytisch zu verorten und «massendatenweise und methodenintensiv in die alten Kategorienflaschen»[41] abzufüllen. Beck verwies auf «schockierende Entwicklungen: Wilde Ehen, Ehen ohne Trauschein, Zunahme der Einpersonenhaushalte im Quadrat, alleinerziehende, alleinnachziehende, alleinherumirrende Elternteile». Er machte sich darüber lustig, dass die Familiensoziologie seit Jahren damit beschäftigt ist, trotz dieser Entwicklungen immer wieder nachzuweisen, dass die Kernfamilie im Kern eigentlich kerngesund sei. Selbst wenn 70 % der Haushalte in Großstädten Einpersonenhaushalte seien, wird «unsere tapfere Familiensoziologie mit Millionen Daten beweisen, dass diese 70 % nur deshalb allein leben, weil sie vorher und nachher in Kleinfamilien leben»[42]. Die Frage danach, warum die Familie in Deutschland so stabil

40 Vgl. hierzu das Kapitel: Ist die Kernfamilie im Kern eigentlich kerngesund?, in: Gisela Notz: Verlorene Gewissheiten? Individualisierung, soziale Prozesse und Familie, Frankfurt/Main 2004, 3., völlig überarbeitete und aktualisierte Aufl., S. 28–31.

41 Ulrich Beck: Der Konflikt der zwei Modernen, in: Wolfgang Zapf (Hg.): Die Modernisierung moderner Gesellschaften, Verhandlungen des 25. Deutschen Soziologentags in Frankfurt/M., Frankfurt/M. / New York, S. 40–54; hier: S. 43.

42 Ebenda. Tatsächlich hat lt. Angaben des Stat. Bundesamtes von 2011 die Zahl der Singles seit 1991 um 8,7 % zugenommen, in Städten mit mehr als einer halben Million Einwohner leben 30 % alleine, in Berlin, das immer als «Hauptstadt der Singles» bezeichnet wird, sind es 31 %.

sei, beantwortete er damit, dass die Familiensoziologie mit der Kleinfamilie verheiratet und – so könnte man ergänzen – weil der Familiensoziologe verheiratet sei und in der Familie lebte. Dass diese Voreingenommenheit das Blickfeld verengt, so dass weite Teile der tatsächlichen Strukturen des Zusammenlebens unbeachtet bleiben oder bestenfalls als «Abweichung von der Norm» in den Blick geraten, wurde bereits in einer Studie, die das Bundesministerium für Familie und Gesundheit 1973 in Auftrag gegeben hat, festgestellt.[43]

In der Studie wurde problematisiert, dass FamilienforscherInnen und -politikerInnen fast ausschließlich aus den mittleren sozialen Schichten stammen. Die «Einengung der Optik auf eine bestimmte Ausprägung familialer Lebensgemeinschaft» sei daher verständlich, aber auch nicht ohne Auswirkungen, denn weite Bereiche der tatsächlichen generativen Strukturen blieben unbeachtet, weil das selbst gelebte Lebensmuster als «normal» und allgemein gültig angesehen wird und andere Muster daran gemessen werden.

43 Bundesministerium für Jugend, Familie und Gesundheit (Hg.): Probleme der Familie und der Familienpolitik in der BRD, Bd. 7 der Schriftenreihe des BMJFG, Bonn 1973, S. 68. Erarbeitet wurde der Bericht von Gerhard Wurzbacher, Gudrun Cyprian und Dietrich Haensch.

2. Historischer Rückblick auf Familismen

Frauen waren bis zum Beginn des 20. Jahrhunderts und teilweise noch bis zum Ende desselben als Individuen rechtlose Wesen und hatten keinen politischen Einfluss. Männer nahmen die Rechte für sich. Das problematisierten die ersten Feministinnen, wie Olympe des Gouges (1748–1793), Mary Wollstonecraft (1779–1797), Flora Tristan (1803–1844), etwas später die Frauenrechtlerinnen Louise Otto (1819–1895) und Clara Zetkin (1857–1933) und viele andere vergessene Frauen, vor allem auch die Frauenwahlrechtsbewegung.[44] Erna Appelt verweist darauf, dass für Frauen, erst nachdem sie das Wahlrecht erkämpft hatten, ein Prozess einsetzte, in dessen Zusammenhang die patriarchale Gesellschaft zum Gegenstand politischer Auseinandersetzungen wurde.[45] Frauen bekamen bestimmte Rechte, wurden zu Staatsbürgerinnen, blieben aber in Abhängigkeit. Sie konnten wählen und gewählt werden und wurden damit Untertanen im jeweiligen gesellschaftlichen System. Wirklich partizipieren konnten sie nicht, jedenfalls nicht in gleicher Weise wie Männer, denn die Abhängigkeit vom «Familienoberhaupt» blieb auch bestehen nachdem sie politischen Vereinen und Parteien beitreten (1908), wählen und gewählt werden (1919) konnten. Das Postulat der Gleichheit aller Untertanen konstituierte lediglich eine moderne Herrschaftsbeziehung gegenüber patriarchal konzipierten Abhängigkeits- und Herrschaftsbeziehungen ständisch-feudaler Gesellschaften.

Die Lage der arbeitenden Klasse in England zu Beginn der Industrialisierung wurde von Friedrich Engels in seinem Buch von 1848 anschaulich beschrieben.[46] Auch im Kommunistischen Manifest (1848) beschrieben Karl Marx und Friedrich Engels die neuen Verhältnisse: «In demselben Maße, worin sich die Bourgeoisie, d. h. das Kapital, entwickelt, in demselben Maße

44 Siehe hierzu Kap. 3.4.

45 Erna Appelt: Familialismus – eine verdeckte Struktur im Gesellschaftsvertrag, in: Eva Kreisky / Birgit Sauer (Hg.): Das geheime Glossar der Politikwissenschaft, Frankfurt/M. S. 114–136; hier: S. 116.

46 Friedrich Engels: Der Ursprung der Familie, des Privateigentums und des Staats, Hottingen-Zürich 1884.

entwickelt sich das Proletariat, die Klasse der modernen Arbeiter, die nur so lange leben, als sie Arbeit finden, und die nur so lange Arbeit finden, als ihre Arbeit das Kapital vermehrt. Diese Arbeiter, die sich stückweise verkaufen müssen, sind eine Ware wie jeder andere Handelsartikel und daher gleichmäßig allen Wechselfällen der Konkurrenz, allen Schwankungen des Marktes ausgesetzt.»[47]

Das Leben der Arbeiterfamilien entsprach keineswegs dem bürgerlichen Ideal der Frau im Haus des eigenen Mannes. Um nicht zu hungern, mussten Männer und Frauen zu Beginn der Industrialisierung bis zu 16 Stunden täglich arbeiten. Kinder mussten zum Teil schon mit fünf bis sechs Jahren in der Textilindustrie, im Bergbau oder in Heimarbeit ihr Brot verdienen. Frauen und Kinder waren es vor allem, die die schlechtesten von den ohnehin schon schlechten Arbeitsbedingungen zu den niedrigsten Löhnen zu ertragen hatten. Kinder arbeiteten meist für die Hälfte des Lohnes eines Erwachsenen, bei ebenso langen Arbeitszeiten.[48] Lange Arbeitszeiten, ungesunde, belastende und unfallträchtige Arbeitsbedingungen, miserable hygienische Verhältnisse sowie unzureichende Wohnverhältnisse wirkten sich ungünstig auf den psychischen und physischen Zustand der ArbeiterInnen aus.[49] Von einem «behaglichen» Familienleben konnte kaum die Rede sein. Die zusätzliche Belastung durch die Versorgung von Haushalt und Kindern, die ungesunden Wohnverhältnisse und die prekäre Trinkwasserversorgung schädigten ganz besonders die Gesundheit der arbeitenden Frauen. Mit dem Anwachsen der Industrialisierung und dem stetigen Bevölkerungswachstum nahm auch die Zahl der Erwerbslosen und Hungernden zu. Durch Auftragsmangel im Handwerk und dem Zerfall des Heimgewerbes, in dessen Rahmen viele Kinder zum Unterhalt der Familien beitrugen, wurde die Situation zusätzlich verschärft.[50]

---

47 Karl Marx / Friedrich Engels: Manifest der Kommunistischen Partei, London 1848, zit. nach Karl Marx / Friedrich Engels-Werke, Berlin, Bd. 4, 6. Aufl. 1972, S. 469.

48 Jürgen Kuczynski: Die Geschichte der Lage der Arbeiter in Deutschland von 1800 bis in die Gegenwart, Berlin 1947, S. 37f.

49 Heinrich Herkner: Die Arbeiterfrage. Bd. I, Berlin und Leipzig 1922, S. 24.

50 Wolfgang Köllmann: Grundzüge der Bevölkerungsgeschichte Deutschlands im 19. und 20. Jahrhundert, Heidelberg 1959, S. 226 ff.

Obwohl es für die meisten Frauen der Arbeiterklasse ökonomisch notwendig war, der Fabrikarbeit nachzugehen, auch wenn sie in einer Familie lebten, unterschied sich die Vorstellung von dem, was eine Frau zu sein hat, bei den Männern der Arbeiterbewegung wenig von den bürgerlichen Wertvorstellungen ihrer Zeit. Die «Polarisierung der Geschlechtercharaktere», die Karin Hausen in einem analytischen Aufsatz beschrieben hat, hatte sich im Verlaufe des 19. Jahrhunderts bis in die Arbeiterschichten durchgesetzt.[51] Die Frau des Arbeitsmannes sollte demütig und bescheiden sein, sich auf das Haus beschränken und alles Übrige dem «Herren der Schöpfung» als Domäne überlassen, wie August Bebel das 1879 in seinem berühmt gewordenen Buch «Die Frau und der Sozialismus» kritisch bemerkte.[52]

2.1. Die gute alte Zeit ist eine Schimäre

«... Das von der guten alten Zeit,
wie sie immer sagen,
das kann man vergessen.»[53]

Dieser Ausspruch eines Bergbauern aus den Forschungsarbeiten des Wiener Soziologen und Kulturanthropologen Roland Girtler in Bezug auf die heile alte Bergbauernfamilie, die mit mehreren Generationen unter einem Dach lebte und in der (angeblich) alle gut versorgt waren, ist auch auf Familie im Allgemeinen zu übertragen. Die «goldenen» Zeiten sind eine Schimäre. Die Familie war nie ausschließlich ein Hort der Geborgenheit für junge, alte und mittelalte Personen. Es fanden dort immer auch leidvolle Auseinandersetzung, Gewalt und Ausgrenzung statt.

Wilhelm Heinrich Riehl beklagte in seinem Band «Die Familie» bereits 1855 den Verfall der Familie.[54] Damals meinte er das

---

51 Karin Hausen: Die Polarisierung der «Geschlechtercharaktere». Eine Spiegelung der Dissoziation von Erwerbs- und Familienleben, in: Werner Conze (Hg.): Sozialgeschichte der Familie in der Neuzeit Europas, Stuttgart 1976, S. 363–393.

52 August Bebel: Die Frau und der Sozialismus, Zürich-Hottingen 1879.

53 Roland Girtler: Die bergbäuerliche Familie der «guten alten Zeit», in: Alois Herlth / Klaus Peter Stromeier (Hg.): Lebenslauf und Familienentwicklung, Opladen, 1980, S. 257–277 1989; hier: S. 277.

54 Wilhelm Heinrich Riehl: Die Naturgeschichte des Volkes als Grundlage einer deutschen Socialpolitik, 1851–1862, vier Bände, Bd. III: Die Fami-

«ganze Haus» der vorindustriellen Gesellschaft, das noch heute viel zitiert und glorifiziert wird. Das war eine Familienform, zu der verwandte und nicht verwandte Personen zählten und deren Struktur eine Tätigkeitsbegrenzung von Frauen auf die rein hauswirtschaftlichen Arbeiten nicht vorsah. Nicht der Verwandtschaftsgrad, sondern die Position in der Hausgemeinschaft, in der Burg, dem Schloss, dem Gutshof, dem Fürstenhof oder dem angesehenen Handwerksbetrieb regelte die Beziehungen.

Zentrales Merkmal des «ganzen Hauses» war die Einheit von Produktion und «Familienleben». Knechte und Mägde auf den Bauerngütern und Gesellen und Lehrlinge bei den Handwerkern zählten in gleicher Weise zum Hausverband wie die miteinander verwandten Mitglieder der Familie. Eine Vielzahl von gesellschaftlich notwendigen Funktionen (Produktion, Konsumtion, Sozialisation, Alters- und Gesundheitsvorsorge) wurden dort erfüllt. Kinder, Frauen und Männer, Alte und das Gesinde beteiligten sich an der Erwerbsarbeit oder an der Landwirtschaft und an der Haus- und Sorgearbeit.[55]

Ausschlaggebend für die PartnerInnenwahl waren lange Zeit ökonomische Momente (Arbeitskraft, Mitgift der Frau). Zu den Kindern, die eher als potentielle Arbeitskräfte angesehen und behandelt wurden, bestanden gesindegleiche, relativ gefühlsarme Beziehungen. Diese Familie war ebenso wenig wie die folgenden Familientypen eine «heile Familie». Sie war – abgesehen davon, dass sie nur für eine kurze Zeitspanne, vornehmlich im adeligen, großbäuerlichen und großbürgerlichen Bereich existierte – bereits patriarchal organisiert und basierte auf der traditionellen zentralen Rolle des Vaters, der notfalls mithilfe des Faustrechts sein Patriarchat verteidigen konnte. Was mit dem «ganzen Haus» beschrieben wird, beschreibt ohnehin selten die Rolle des Gesindes, der Mägde, die den jungen und alten Herren ausgeliefert waren, und derjenigen Frauen, die so viele Kinder bekamen (oder besser: bekommen mussten), dass sie frühzeitig erschöpft und alt waren, wenn sie nicht schon im Kindbett gestorben waren. Damals war das Wissen über gut wirksame Verhütungsmittel beschränkt und sie waren schwer zugänglich. Verantwortung und Sorge waren offensichtlich bereits geschlechtspezifisch verteilt. Frauen waren für die Betreu-

---

lie, Stuttgart 1855.

55 Vgl. Rosemarie Nave-Herz: Frauen zwischen Tradition und Moderne, Bielefeld 1992, S. 13.

ung und Aufzucht der Kinder und für pflegebedürftige Personen sowie für den Haushalt zuständig, während der Mann «hinaus ins feindliche Leben» strebte, wie es Friedrich Schiller bereits im «Lied von der Glocke» besungen hat.[56] Frauen, die ihre «natürlichen» Aufgaben verweigerten, wurden schon damals als «nicht normal» bezeichnet und für eine inhumane Gesellschaft verantwortlich gemacht. Vor allem dann, wenn Männer in den Krieg zogen, waren Frauen nicht nur für das Hüten des Hauses zuständig, sondern auch für alle anfallenden Arbeiten.

«Denn in der Familie stecken die Frauen. Sie sollen wirken für das öffentliche Leben, aber man soll ihrer dabei nicht ansichtig werden, denn sie sollen zu Hause bleiben»[57], das war die eindeutige Ansage von Wilhelm Heinrich Riehl. Wie er dachten Mitte des 19. Jahrhunderts viele andere: Die Frau gehört ins Haus (des eigenen Mannes) und damit in die Familie. Das «Haus» und die Familie waren das «organische Vorgebilde der Gesellschaft» und die strenge Sitte des Hauses galt als das «Allerheiligste des nationalen Geistes, als dem Urquell der echten Loyalität»[58]. Deshalb sollten die Frauen darin wirken: für die Familie und für «Gott und Vaterland». Denn das war ihre naturgegebene Bestimmung, die unter allen Umständen erhalten werden sollte. Riehl ging so weit, dass er behauptete, mit seinen Positionen mache er sich zum «Mitkämpfer für die verrufene Emancipation der Frau». Schließlich kämpfte er für eine Erweiterung der Bedeutung der Familie im Staat und damit für die Aufwertung der Rolle der Frau im Hause. In der Rolle der Hausfrau sah Riehl «einen positiven politischen Beruf». Sie sollte die «Sitten des Hauses pflegen, auch im Sinne «unserer Nationalität»[59]. Kritisch sah Riehl die Verstädterung zur Zeit der beginnenden Industrialisierung, weil sie die Familie, wie sie damals bestand, zerstöre. Das war aber nur ein Teil seiner Sorge. Beängstigt war er auch darüber, dass sich der städtische Raum als «Nährboden für den socialistischen Geist der Gleichmacherei» entwickeln könnte. Als Grund dafür sah er die «Vereinzelung verzweifelter Individuen», was er wiederum der Zerstörung der Familien anlastete. Wegen solcher und ähnlicher geäußerten Befürchtungen werden ihm durch FamiliensoziologInnen später stark bewertende Beschrei-

---

56 Friedrich Schiller: Das Lied von der Glocke, 1799.

57 Wilhelm Heinrich Riehl, Die Familie, S. 12.

58 Ebenda, S. 219.

59 Ebenda, S. 15.

bungen und subjektive Generalisierungen seiner Theorien angelastet, aus denen sein Konservativismus ersichtlich wird.[60]

Riehl entwickelte in seinem Werk «Die Familie» ein familistisches System, das die Basis für alle sozialen Entwicklungen und Keimzelle der Gesellschaft sein sollte. Grundlegend war für sein Gedankengebäude dabei ein dichotomisches familialistisches Geschlechterbild: Die Differenz «zwischen Weib und Mann» sei ein Naturgesetz, aus dem sich «naturnotwendig» die «ungleichartige Gliederung der bürgerlichen und politischen Gesellschaft» ergebe. Das erklärte er folgendermaßen: «Die Familie ist der Urgrund aller organischen Gebilde in der Volkspersönlichkeit. [...] In dem Gegensatz von Mann und Weib z. B. läßt sich erst die sociale Ungleichheit als ein ewiges Naturgesetz im Leben der Menschheit erweisen. [...] Die theoretische Scheidung und das in der Praxis unlösbare sich Durchdringen der Gebiete des Staates, der Familie und der Gesellschaft konnte hier erst mit der rechten Klarheit erörtert werden.»[61] Deshalb galt es, die Familie als «die universellste aller Gliederungen der Volkspersönlichkeit»[62] zu verteidigen und damit auch den familistischen (National-)Staat.

Wilhelm Heinrich Riehl sah die durch ihn beschriebene großbürgerliche Familie schon damals vor allem wegen der zunehmenden Berufstätigkeit der Frauen in Gefahr, weil sich «eine große Zahl selbständiger weiblicher Berufszweige ausgebildet» hatte, «durch welche das Weib der Familie ganz entrückt wird. [...] Diese Erscheinung, die wohl immer im Kleinen vorhanden war, rückt jetzt massenhaft vor, verwirrt die Klarheit des Gegensatzes von männlichem und weiblichem Beruf und hemmt eine durchgreifende Reform der Familie»[63]. Er beklagte, dass die Familie für diese Frauen nur noch etwas Zufälliges sei, so wie auch ihr Geschlecht nur etwas Zufälliges sei. Die «Verflüchtigung des Familienbewusstseins im Volk» war nach seiner Meinung auch der Grund, dass Scheidungen und Trennungen zunahmen. Allerdings machte die Einführung der Zivilehe Scheidung überhaupt erst möglich.[64] Riehl vertrat die Meinung, dass nur durch den kirchlichen Segen die Ehe unlösbar wurde.

---

60 Rosemarie Nave-Herz: Familiensoziologie, S. 293

61 Wilhelm-Heinrich-Riehl, Die Familie, S. VI.

62 Ebenda, S. VIII.

63 Ebenda, S. 45.

64 Die Zivilehe wurde in den Herzogtümern zu unterschiedlichen Zeiten eingeführt. Im gesamten Deutschen Reich galt sie erst seit 1875.

Die Tatsache, dass es auch viel früher schon andere Lebensformen gegeben hat, zum Beispiel alleinerziehende Mütter oder Frauen, die nicht heiraten wollten und ins Kloster oder in Beginenhöfe zogen, nahm Riehl scheinbar nicht zur Kenntnis. Den Zerfall der Großfamilie, die er und viele andere erhalten wollten, konnte er nicht aufhalten. Das «ganze Haus» existiert heute fast nicht mehr, geblieben sind «Hausvater» und «Hausmutter», wenn auch in veränderter Form.

2.2. Das «ganze Haus» zerfällt, der Familismus bleibt

Je mehr sich die Lösung der Landbevölkerung aus feudalen und halbfeudalen Fesseln durchsetzte, je mehr Fabriksystem und große Industrie sich ausbreiteten und hergebrachte Landarbeits-, Handwerks- und Heimarbeitsstrukturen zerstörten, je mehr Menschen gezwungen waren, um des Überlebens willen ihre Arbeitskraft den Besitzern von Produktionsmitteln (Fabrikherren und Großbauern) zu verkaufen, desto mehr griff die Trennung der Lebensräume in Wohn- und Arbeitsplatz um sich: hier der Ort, wo produziert wurde, und dort der Ort, an dem man ausruhte, aß, schlief, zeugte, aufzog, starb. Dieser Prozess der Trennung von Produktion und Reproduktion, von Arbeit und Familie, der im 18. Jahrhundert begann und das gesamte 19. Jahrhundert hindurch immer schärfer hervortrat, hatte zum Ergebnis, dass die Familie, wie wir sie heute als Idealbild kennen, sich als ein gesellschaftlicher Teilbereich neben anderen herausbildete.

Nach dem weitgehenden Verfall des «ganzen Hauses» galt die Zwei-Generationen-Familie mit dem leiblichen Vater als «Hauptternährer», der dazugehörigen Mutter als Hausfrau bzw. «Zuverdienerin» und ihren gemeinsamen Kindern als Normmodell in der bürgerlichen Gesellschaft, an der sich auch die Arbeiterklasse orientierte. Seit Ende des 19. Jahrhunderts wurde das traditionelle Familienbild auch für sie zum erstrebenswerten Ziel. Dieser Familientypus ist gekennzeichnet durch die Trennung von Erwerbstätigkeit und häuslichem Leben, das sich in einer nach außen abgekapselten Privatsphäre abspielt. In der bürgerlichen Familie beherrschte der Mann als Alleinverdiener (*bread-winner*) weiterhin unbestritten als Oberhaupt den Rest der Familie. Die Frau sollte vom Broterwerb gänzlich freigestelltund mit der Führung des Haushaltes, der Kindererziehung und der Repräsentation der Familie nach außen betraut werden. Das Idealbild entsprach freilich nicht immer der gelebten Wirklichkeit und die sah für Arbeiterfamilien anders aus als für bürgerliche. Art und Weise der gesellschaftlichen Produktion und der damit verbundenen Besitz- und Machtverhältnisse sowie Arbeits(ver)teilungen bestimmten nach wie vor die Struktur der Familie, die – wie auch vorher das «ganze Haus» – immer durch vielfältige andere Lebensformen ergänzt wurde.[65]

Mit fortschreitender Industrialisierung wurde die bürgerliche Kleinfamilie Inbegriff des Privaten und Hort des Gefühls. Dieses Ideal fand Eingang in die unterschiedlichsten sozialen Lebenszusammenhänge. Das Loblied auf die «heilige Familie» war fester Bestandteil herrschender Sozialpropaganda geworden. Das traute Heim im Kreis der Lieben als Gegenpol zur rauen Erwerbswelt wurde zum Idealbild des Bürgertums, an dem sich auch viele Arbeiterfamilien orientierten. Dies, obgleich es nur wenigen gelang, ohne den Broterwerb der Arbeiterfrauen zu existieren. Denn die beginnende Industrialisierung war von scharfen Klassengegensätzen gekennzeichnet. Neben der verarmten Industriebevölkerung traten, regional und lokal konzentriert, bürgerliche Gruppen hervor, die in ihrer Lebenshaltung mit Adel und Großbürgertum in Wettbewerb traten und einen großbürgerlich-feudalen Aufwand nach deren Vorbild entfalteten. Dazu gehörten ein oder mehrere DienstbotInnen.

Die Familie gilt seitdem für alle gesellschaftlichen Klassen als privater Raum: Was dort passiert, geht niemanden etwas an. Dieser (angestrebte) Familientyp war freilich auch für das Unternehmertum interessant. Deutlich wird das beispielsweise aus Alfred Krupps «Wort an seine Angehörigen» von 1877: «Genießet, was euch beschieden ist. Nach getaner Arbeit verbleibet im Kreise der Eurigen, bei den Eltern, bei der Frau und den Kindern und sinnt über Haushalt und Erziehung. Das sei Eure Politik, dabei werdet Ihr frohe Stunden erleben. Aber für die große Landespolitik erspart Euch die Aufregung. Höhere Politik treiben erfordert mehr freie Zeit und Einblick in die Verhältnisse,

65 Vgl. Gisela Notz: Verlorene Gewissheiten? Individualisierung, soziale Prozesse und Familie, Frankfurt/M. 2004, 3. völlig überarbeitete und aktualisierte Aufl., S. 9.

als dem Arbeiter verliehen ist. Ihr tut Eure Schuldigkeit, wenn Ihr durch Vertrauenspersonen empfohlene Leute erwählt.»[66]

Das deckte sich mit dem Wunsch derjenigen Arbeitsmänner, die ihre Frau zu Hause lassen wollten, was jedoch nur sehr wenigen vergönnt war. Aber es war auch ein Aufruf an die Arbeiter selbst, sich aus der großen Politik herauszuhalten, was nicht alle taten. Krupp beruft sich in seiner Rede auf seine unternehmerischen Leistungen und Sozialvorhaben, um seinen patriarchalischen Anspruch des «Herrn im Hause» zu unterstreichen und zu bekräftigen. Nicht nur sozialer Aufruhr und Streiks, sondern auch Sozialismus jeder Art stießen in dieser Ansprache bei Krupp auf klare Ablehnung.

Die Familie sollte für das industrielle Proletariat einen Schutzwall von Wärme, Emotionalität und sozialer Ganzheitlichkeit aufrichten. So wie früher das «ganze Haus» galt nun die bürgerliche Kleinfamilie als «Keimzelle des Staates» und Produzent einer neuen Generation. Neu hinzu kam ihre Funktion als Bollwerk, als kritischer Gegenpol gegenüber den Versachlichungsprozessen des kapitalistischen Wirtschaftens und zur kalten Rationalität der zerstörerischen Technisierung der männlichen Sphäre von Produktion und der bürokratischen Verwaltung.[67]

Mit der Entwicklung der kapitalistischen Produktion wuchs aber auch die Zahl der ehelosen Frauen, die auf eigenen Verdienst angewiesen waren. Frauen und Kinder machten zu Beginn der industriellen Revolution oft die Mehrheit der Beschäftigten in den Fabriken aus. Durch die außerhäusliche Erwerbsarbeit befand sich die Arbeiterin in der gleichen sozialen und ökonomischen Abhängigkeit vom Unternehmer wie der Arbeiter.[68] Die Frauen- und Kinderarbeit machte das angestrebte Familienleben bei den Proletariern oft unmöglich. Durch die ih-

---

66 Alfred Krupp: Eine Ansprache an seine Angestellten (11. Februar 1877), in: Wilhelm Berdow (Hg.): Alfred Krupps Briefe 1826–1887. Im Auftrage der Familie und der Firma Krupp, Berlin, 1928, S. 343–348.

67 Adorno 1956, zitiert nach: Yvonne Schütze: Zur Veränderung im Eltern-Kind-Verhältnis in der Nachkriegszeit, in: Rosemarie Nave-Herz (Hg.): Wandel und Kontinuität der Familie in der Bundesrepublik Deutschland, Stuttgart 1988, S. 95–112; hier: S. 103.

68 Vgl. Florence Hervé: «Dem Reich der Freiheit werb' ich Bürgerinnen». Die Entwicklung der deutschen Frauenbewegung von den Anfängen bis 1889, in: Florence Hervé (Hg.): Geschichte der deutschen Frauenbewegung, Köln 1995, 5., neu bearb. und vollst. veränd. Aufl., S. 11–35; hier: S. 13.

nen zugedachten Rollen im privaten Bereich waren Frauen einer doppelten Ausbeutung ausgesetzt.

Die bürgerlichen Frauen waren bis zum Beginn des 20. Jahrhunderts aus Bildungsgängen und vielen Berufen ausgeschlossen. Sie kämpften um das «Recht der Frauen auf Erwerb».[69] Einerseits, weil ihnen die Rolle der abhängigen Hausfrau nicht mehr ausreichte, andererseits, weil auch die «verheiratete Frau des Bürgerstandes» mehr und mehr auf Erwerbstätigkeit außerhalb des Hauses angewiesen war. Sie musste «von früh bis spät auf dem Posten sein, um ihren Pflichten zu genügen»[70], auch sie bedurfte der Hilfe ihrer Töchter, um die vielen im Haushalt anfallenden Arbeiten zu bewältigen.

2.3. Gewerkschaftsmänner als Hüter der Tradition

Das Leben der meisten Arbeiterfamilien zu Beginn der Industrialisierung entsprach keineswegs dem bürgerlichen familistischen Ideal: Um nicht zu hungern, mussten Männer und Frauen bis zu 16 Stunden täglich arbeiten. Die Kinder mussten zum Teil schon mit fünf bis sechs Jahren in der Textilindustrie, im Bergbau oder in Heimarbeit ihr Brot verdienen. Vertreter der Arbeiterbewegung kämpften immer wieder für das Verbot der Frauenarbeit, denn auch die (meisten) Männer der im Zuge der Industrialisierung neu entstandenen Arbeiterbewegung wollten ihre Frauen nach dem Vorbild der bürgerlichen Männer im eigenen Haushalt sehen. Es blieb aber aufgrund der materiellen Lebensumstände der Lohnabhängigen für die meisten ein nicht zu realisierender Traum. Der Wunsch der Arbeitsmänner, der Kaiser möge sich dafür einsetzen, dass die Löhne hoch genug seien, um «... so viel zu verdienen, daß wir unsere Familien ehrlich und ordentlich ernähren können»[71], entsprach dem Verlangen, dass ein ordentlicher Arbeiter auch eine ordentliche Familie ernähren

69 Louise Otto: Das Recht der Frauen auf Erwerb, Berlin 1866.

70 August Bebel: Die Frau und der Sozialismus, Berlin 1929, S. 120.

71 So der Bergarbeiter Siegel, einer der Wortführer und Organisatoren des großen Bergarbeiterstreiks im Mai 1899, an Kaiser Wilhelm II. Zitiert nach Holger Paul: Funktionäre. Biographische Profile, in: Lutz Niethammer u. a.: «Die Menschen machen ihre Geschichte nicht aus freien Stücken, aber sie machen sie selbst», Bonn 1985.

können muss. Er fiel allerdings denjenigen Frauen in den Rücken, die sich regelmäßige Einkommen und mehr persönliche Unabhängigkeit durch eine Beteiligung an der Fabrikarbeit erhofften, als sie sie bei den Handwerksmeistern, Feudalherren oder als Dienstmädchen in bürgerlichen Haushalten fanden.

Das Verhältnis von Gewerkschaften zur proletarischen Frauenbewegung bzw. zur Frauen(erwerbs)arbeit ist seit der Entstehung der Arbeiterbewegung von einer tiefen Ambivalenz geprägt. Gewerkschaftliche Praxis und Theorie sparten die Rolle und Bedeutung von Frauenerwerbsarbeit fast gänzlich aus. Immer wieder und immer noch wird übersehen, dass sich ein grundlegender Widerspruch nicht (nur) im Verhältnis von Lohnarbeit und Kapital widerspiegelt, sondern auch im Verhältnis von Lohnarbeit, Kapital und nicht entlohnter Arbeit in der Familie. Stattdessen tobte die Auseinandersetzung zwischen den Befürwortern und den Gegnern der Einbeziehung der Frauen in den Produktionsprozess, die bis zum Verbot der Arbeiterbewegung im Jahre 1933 anhielt. Immer wieder wurde auch von den Sozialisten die Beteiligung der Frauen an der Lohnarbeit unter dem Aspekt von Schicklichkeit, Moralität und Legalität diskutiert. Problematisiert wurde die Unvereinbarkeit von «Weiblichkeit» und Lohnarbeit. Konstruiert wurde ein Gegensatz zwischen Heim und Arbeit, Mütterlichkeit und Lohnarbeit sowie zwischen «Weiblichkeit» und Produktivität.[72] Die Argumentationen hören sich heute seltsam an, dennoch formten sie gesellschaftliche Normen und Werte, die bis heute wirken. So wurde behauptet, Frauen, die Männerarbeiten verrichten, wären geschlechtslos, oder Frauen, die zuviel Zeit außerhalb des Hauses und der Familie verbringen, «entmännlichten» ihre Ehemänner.[73]

Es war die familistische Ideologie, die dazu führte, dass Frauen zu den politischen und gewerkschaftlichen Zusammenschlüssen der Arbeiter zunächst keinen Zugang hatten. Einflussreiche Gewerkschaftsmänner begründeten das mangelnde Interesse: «Man befürchtete, es würde als Billigung der Frauenarbeit aufgefasst werden, wenn man sich um die Organisierung der

---

72 Alexandra Weiss: «Fraueninteressen und Gewerkschaftspolitik», in: Horst Schreiber / Rainer Hoffmann (Hg.): ÖGB-Tirol: Geschichte – Perspektiven – Biographien. Wien, S. 261–282; hier: S. 262.

73 Ebenda.

Frauen bemühte»[74]. Frauen, die sich gegen die miserablen Arbeitsbedingungen auflehnten, hatten es aus diesem Grund zu allen Zeiten besonders schwer, das stellte Clara Zetkin um die Jahrhundertwende fest. Ihnen sprach man, allzu oft auch von Seiten der Arbeiterbewegung, das Recht auf eigenständiges Agieren und auf solidarische Zusammenschlüsse ab: «Die Hüter der alten Tradition wollten in der Frau das Nur-Weib gelten lassen. Alles Menschliche in ihr sollte dem Nur-Weiblichen untergeordnet sein und bleiben, sollte mit Rücksicht auf ‹weibliche Eigenart› und ‹weibliche Sonderaufgaben› verkümmern»[75].

Bemängelt wurde fehlendes Klassenbewusstsein, mangelhaftes Solidaritätsgefühl, hohe Fluktuation, fehlende Zeit für gewerkschaftliches Engagement. In Wirklichkeit fürchteten auch die Arbeiter die Selbständigkeit der Frau, die auch Auswirkungen auf die Rolle in der Familie haben würde. Deshalb waren etliche gar nicht an deren gewerkschaftlicher Organisierung interessiert. Schließlich hatten sie Einiges zu verlieren. Hier ein Beispiel: Auf dem 3. Kongress der Internationalen Transportarbeiter Föderation (ITF) vom 4. bis 7. Juli 1902 in Stockholm beklagte sich der Hafenarbeiter Johann Döring aus Hamburg: «Die Frauen agitieren nicht da, wo es notwendig ist, bei den unverheirateten Arbeiterinnen, sondern bei den verheirateten. Mir ist ein Vorwurf daraus gemacht worden, dass meine Frau nicht organisiert ist, aber wo soll sie sich denn organisieren? Gewiss muss man Aufklärung unter die Frauen bringen [...]. Aber wenn man, wie es geschieht, Frauenvereine gründet, in die die Frauen gehen sollen, während der Mann zuhause die Kinder warten soll, so macht man natürlich Fiasko»[76].

In Reden auf Gewerkschaftstagen wurde immer wieder verlangt, die gewerbliche Frauenarbeit zu verbieten, weil sonst die «Familiengemütlichkeit» verloren gehe, die Kinder schlecht versorgt seien und die Männer ins Gasthaus müssten, da zu Hause kein Essen auf dem Herd stehe. Auch im 1863 gegründeten

74 August Winnung, stellvertretender Vorsitzender des Bauarbeiterverbundes 1917 in den «Sozialistischen Monatsheften», zit. nach Doris Jindra-Süß, «Die alten Schachteln sollten lieber zu Hause bleiben», in: Arno Klönne et. al.: Hand in Hand – Bauarbeit und Gewerkschaften, Frankfurt/M. 1989, S. 166–179.

75 Clara Zetkin: Der Student und das Weib, Berlin 1899, S. 3.

76 Zit. nach Claudia Pinl, Das Arbeitnehmerpatriarchat. Die Frauenpolitik der Gewerkschaften, Köln 1977, S. 17 f.

Allgemeinen Deutschen Arbeiterverein (ADAV), der heute als Vorläufer der SPD bezeichnet wird, war die Position zur Frauenerwerbsarbeit zunächst umstritten. Ein Pariser Delegierter formulierte auf dem Genfer Kongress 1866: «Die Familie ist die Grundlage der Gesellschaft. Der Platz der Frau ist am Herd [...], nein, wir möchten sogar nicht, wenn es möglich wäre, dass sie diesen Platz verlässt, um sich mit irgendeiner industriellen Arbeit zu beschäftigen.»[77]

Auch die ersten Gewerkschaften der Buchdrucker und Zigarrenmacher gingen ganz selbstverständlich davon aus, dass ein Verbot der Frauenlohnarbeit den Frauen selbst Verbesserungen bringen würde, weil sie dann von der «Doppelbelastung» durch Beruf und Familie befreit seien.[78]

Während verschiedene politische Gruppierungen der Arbeiterbewegung in der zweiten Hälfte des 19. Jahrhunderts uneinheitliche Beschlüsse zur Frauenarbeit vorlegten, beschloss der 1872 in Erfurt tagende Gewerkschaftskongress, der vom ADAV organisiert worden war, «gegen alle Frauenarbeit in den Fabriken und Werkstätten zu wirken und dieselbe abzuschaffen», den die Delegierten sahen in den Frauen Lohndrückerinnen und wollten einer weiteren Verelendung der Arbeiterfamlien entgegenwirken.[79] Drei Jahre später, auf dem Vereinigungsparteitag der Lassalleaner und Eisenacher 1875 in Gotha, wurde das Frauenarbeitsverbot relativiert, nun hieß es: «Verbot der Kinderarbeit und aller die Gesundheit und Sittlichkeit schädigenden Frauenarbeit».[80] Das war zweifelsohne gegen die industriearbeitenden Frauen zu verwenden. Diese Position wurde immerhin bis 1889 gehalten. Erst auf dem Parteitag in Erfurt 1891 wurde ins SPD-Programm die Forderung eingeschrieben: «Abschaffung aller Gesetze, welche die Frau in öffentli-

77 Zit. nach Clara Zetkin: Zur Geschichte der proletarischen Frauenbewegung Deutschlands, Berlin 1958, S. 104.

78 Vgl. Gisela Notz: Warum der Weberaufstand kein Weberinnenaufstand war, in: Ursula Bitzegeio / Anja Kurke / Meik Woyke (Hg.): Solidargemeinschaft und Erinnerungskultur im 20. Jahrhundert. Beiträge zu Gewerkschaften, Nationalsozialismus und Geschichtspolitik, S. 97–118; hier: S. 104.

79 Protokoll über die Sitzung des Gewerkschaftskongresses in Erfurt, den 15., 16. und 17. Juni 1872, Braunschweig 1872.

80 Protokoll des Vereinigungskongresses der Sozialdemokraten Deutschlands abgehalten zu Gozha von 22. bis 27. Mai 1875, Leipzig 1875, S. 54.

cher und privatrechtlicher Beziehung gegenüber dem Manne benachteiligt.»[81] Das war nun Programm, die Umsetzung sollte lange auf sich warten lassen.

Zählebige Vorbehalte unter den männerdominierten Arbeiterorganisationen waren ebenso schwer zu überwindende Hindernisse wie die vielfachen Belastungen der Arbeiterinnen durch Haushalt und Familie. Wen wundert es, dass die Arbeiterinnen für ihren Kampf um gleiche Rechte aus den Reihen der Arbeitsmänner wenig Fürsprecher hatten? Der von den Frauen immer wieder geführte und geforderte Kampf für gleichen Lohn für gleiche Arbeit wurde immer wieder von der Forderung nach dem Familienlohn überdeckt. «Es gibt Sozialisten, die der Frauenemanzipation nicht weniger abgeneigt gegenüberstehen, wie der Kapitalist dem Sozialismus»[82], war die Meinung des Parteivorsitzenden August Bebel. Stark hervorgehoben wurden immer wieder die biologischen Unterschiede zwischen Männern und Frauen. Sie dienten zur Legitimierung der geschlechterhierarchischen Ordnung in Beruf und Familie. Schließlich wurden sowohl Lohnarbeit als auch die Verantwortung für Familie zu räumlich getrennten Ganztagstätigkeiten, die Arbeiterin wurde zur Anomalie in dieser zweigeteilten Welt.[83]

Innerhalb der Erwerbsarbeit wurde die Arbeitsverteilung nach Geschlecht dazu benutzt, Frauenarbeit insgesamt geringer zu bewerten. Frauen sollten es «nicht nötig haben» zu arbeiten, und das hieß immer: gegen Lohn zu arbeiten. Die Folge war, dass Frauen Ende des 19. Jahrhunderts stärker als vorher auf Billiglöhne und die Rolle der «Zuverdienerin» festgelegt wurden. Diese Prämisse wurde schließlich von den männerdominierten Gewerkschaften aufgenommen, die den geringen Wert der weiblichen Arbeitskräfte wie selbstverständlich voraussetzten.[84] Vor diesem Hintergrund wurde die Arbeiterin an sich und nicht die schlechten Arbeitsbedingungen und der geringe Lohn zum Problem für die Gewerkschaften.

---

81 Protokoll der Verhandlungen des Parteitages der Sozialdemokratischen Partei Deutschlands, abgehalten zu Erfurt vom 14. bis 20. Oktober 1891, Berlin 1891.

82 Zit. Nach Zetkin, Zur Geschichte, S. 145.

83 Joan W. Scott: Die Arbeiterin, in: Geneviève Fraisse / Michelle Perrot (Hrsg.), Geschichte der Frauen. 19. Jahrhundert, Frankfurt/M. / New York 1994, S. 451–479, hier: S. 451–453 und 470.

84 Ebenda, S. 461–465.

Frauenlohnarbeit erhielt den «Anstrich des Anrüchigen, Unzuverlässigen und Unsittlichen»[85]. Frauen wurden für «schlechtes Männergehabe» verantwortlich gemacht, sie galten als «Schmutzkonkurrentinnen» des Mannes, als «Lohndrückerinnen» und nahmen den Männern angeblich die Erwerbsarbeitsplätze weg. Dass viele (Männer-)Löhne gar nicht ausreichten, um die Familie zu ernähren, und viele Frauen ebenso auf Erwerbsarbeit angewiesen waren wie die Männer, war zwar nicht zu übersehen, ging jedoch erst später in die Politik der patriarchal geprägten Arbeiterzusammenschlüsse ein. Es waren die Frauen der sozialistischen Arbeiterbewegung, die gegen das familistische Konzept der Gewerkschaftsmänner die mühsame Aufklärungsarbeit zu leisten hatten.

2.4. Familismus im Kaiserreich

Zwischen 1800 und 1880 stieg die Bevölkerungszahl in Deutschland von 24,5 Millionen auf 35,3 Millionen, also um 42 %. 1882 machte der Anteil der Frauen an der Gesamtbevölkerung 50,9 Prozent aus, es gab also 800.000 Frauen mehr als Männer.[86] Schon deshalb war es schwer möglich, das gewünschte Familienmodell in der gesamten Bevölkerung zu etablieren. Mehr und mehr von ihrer Existenz bedrohte Menschen aus den Städten und vom Lande zogen in der zweiten Hälfte des 19. Jahrhunderts in die expandierenden Industriestädte, weil sie sich regelmäßige Einkommen und mehr «Freiheit» erhofften. Während Frauen bürgerlicher Herkunft um das Recht auf Ausbildung und außerhäusliche Berufsarbeit kämpften, waren proletarische Frauen gezwungen, einer Lohnarbeit nachzugehen, um das Überleben zu sichern.[87] In der Textil- und der Bekleidungsindustrie, aber auch in der Tabakfabrikation waren Arbeiterinnen in der Mehrzahl. Mit zunehmender Technisierung wurden auch in der Metallindustrie, in der aufkommenden Elektroindustrie, in

85 Weiss, Gewerkschaftspolitik, S. 263.

86 Die Zahlen basieren auf den Angaben von: Olga Essig, Die Frau in der Industrie. Aus der Reihe: Emmy Beckmann / Irma Stoß (Hg.): Quellenhefte zum Frauenleben in der Geschichte, H. 18 Berlin/Hamburg 1933.

87 Astrid Franzke / Johanna Ludwig / Gisela Notz (Hg.): Neuauflage des 1866 erschienenen Buches von Louise Otto Peters, Das Recht der Frauen auf Erwerb. Mit einem aktuellen Nachwort versehen, Leipzig 1997.

der Feinmechanik und -optik, in der Bleistiftbranche und in der Spielwarenindustrie immer mehr Frauen in die Produktion eingegliedert.[88]

Der Überschuss erwerbsloser ProletarierInnen, der als «industrielle Reservearmee» auf die Löhne und Arbeitsbedingungen der Erwerbstätigen drückte, beförderte die schrankenlose Ausbeutung der Lohnarbeiter und besonders der Lohnarbeiterinweiter.

Ein großes Problem stellten für bürgerliche und proletarische Familien unerwünschte Schwangerschaften dar. Ein Kind zu erwarten und nicht verheiratet zu sein war um 1900 ein schlimmes Los für ein junges Mädchen; Kinder sollten in einer «Normalfamilie» aufwachsen. Frauen aus der Arbeiterklasse hatten es besonders schwer. Meist reichte das Geld nicht aus, um ein Kind großzuziehen. Abtreibungen waren verboten und so mussten sich vor allem schwangere Frauen aus der Arbeiterklasse in die Hände von «Engelmacherinnen» geben, die sie medizinisch nicht gut versorgen konnten. Nicht nur die Kindersterblichkeit war hoch, sondern auch die Sterblichkeit der jungen Frauen, die aufgrund einer Abtreibung oder aus Verzweiflung über eine Schwangerschaft sterben mussten.

Wie sehr das familistische Leitbild und die gelebte Realität auseinanderklafften, wird nicht nur an den zahlreichen berufstätigen Müttern und industriearbeitenden Kindern, sondern auch an der Situation der ledigen Mutter und der Frauen, die ihr Kind ohne Mann erzogen, deutlich.[89] Unverheiratete Mütter und nichteheliche Kinder waren in der aufkommenden bürgerlichen Gesellschaft stigmatisiert. Nicht eheliche Kinder wurden als «Bastard» oder «Hurenkind» beschimpft. Unehelichkeit wurde mit Armut, Kriminalität und unkontrollierter Sexualität (der Frau) in Verbindung gebracht. Ledige Mütter wurden nicht nur als «unsittlich» oder «unmoralisch» bezeichnet; sie wurden bis ins 19. Jahrhundert hinein durch rigide Strafen wegen «Unzucht» kriminalisiert und bestraft. Der Mann hingegen wurde zu keiner Zeit in den Blick genommen. Die Regelungen des Bürgerlichen Gesetzbuches machten es den Vätern leicht, sich ihrer

88 IG-Metall-Vorstand, Funktionsbereich Frauen- und Geschlechterpolitik (Hg.): Wir streiten für bessere Zeiten. Geschichte der Frauen in der IG Metall 1871–2005, Frankfurt/M. o. J., S. 14.

89 Sybille Buske: Fräulein Mutter und ihr Bastard. Eine Geschichte der Unehelichkeit in Deutschland 1900–1970, Göttingen 2004, S. 9.

Pflicht zum Unterhalt zu entziehen.[90] Die christlichen Kirchen sorgten dafür, dass Abtreibung verboten blieb, aber auch dafür, dass ledige Schwangere schwer bestraft wurden. Strafen konnten körperliche Züchtigungen, Geld- und Gefängnisstrafen, aber auch die öffentliche Zurschaustellung und der Ausschluss vom christlichen Abendmahl sein.[91] Für «nicht legitimierte Kinder» bestand ein weit höheres Risiko zu sterben, und ledige Frauen starben weit häufiger im Kindbett.[92]

Besser hatten es die Witwen als alleinlebende Frauen mit Kindern, aber es wurde erwartet, dass sie sich möglichst schnell wieder verheiraten. Meisterwitwen hatten das Recht, den Betrieb weiterzuführen. Die Familiengründung mit einer Meisterwitwe ermöglichte den Gesellen einen schnelleren Aufstieg zur eigenen Meisterschaft und stellte die alte «Ordnung» wieder her. Scheidung war schier unmöglich. Bis ins 20. Jahrhundert lehnten die meisten westlichen Kirchen Scheidung kategorisch ab. Aber auch in dieser Beziehung verfolgte die gelebte Realität andere Wege: Die Anzahl der «informell getrennten Ehen» stieg an. Aber auch sie mussten beantragt werden. Eine eigenmächtige Trennung der Partner war strafbar, allerdings schwer zu kontrollieren. Einen Anspruch auf Unterhalt hatte die Frau nach dem preußischen und anderen Landesrechten nur nach einer vollzogenen Scheidung, und auch nur dann wenn die «Schuld» (sic!) beim Ehemann lag. Nach dem Bürgerlichen Gesetzbuch von 1900 galt das Prinzip der eindeutigen Schuldzuweisung, nach der die «schuldig» geschiedene Frau keinerlei Anspruch auf Unterhalt hatte; die «schuldlos» Geschiedene nur, wenn sie kein Vermögen hatte oder/und ihren Unterhalt nicht aus eigener Erwerbsarbeit bestreiten konnte.[93]

Trotz der erwähnten Probleme wurde mit Beginn des 20. Jahrhunderts das Loblied auf die «heil(ig)e Familie» mit klassischer personeller Besetzung und Rollenverteilung und möglichst vielen Kindern sozialpolitisch neu ideologisiert. Der Kaiser brauchte Soldaten «für Gott und Vaterland».

---

90 Ebenda, S. 40.

91 Vgl. Beate Harms-Ziegler: Illegitimität und Ehe. Illegitimität als Reflex des Ehediskurses in Preußen im 18. und 19. Jahrhundert, Berlin 1991, S. 325.

92 Vgl. Hugo Neumann: Die unehelichen Kinder in Berlin, Jena 1900, S. 50.

93 Andreas Gestrich: Geschichte der Familie im 19. und 20. Jahrhundert, München 1999, S. 33 f.

2.5. Familismus im Ersten Weltkrieg

Mit Auslösung des Ersten Weltkrieges war das gewünschte «geordnete» Familienleben zwar nicht mehr möglich, weil selbst in den Familien, in denen es gelebt wurde, die meisten Frauen nun alleine mit ihren Kindern im «trauten Heim» saßen. Die geschlechtsspezifische Arbeitsteilung verstärkte sich noch, auch wenn sie andere Züge annahm. Der Satz: «Der Mann [muss] ‹hinaus ins feindliche Leben›, die Frau zur stillen, helfenden, dienenden Liebesarbeit im Innern»[94], kam von den «Bürgerlichen», schien jedoch bei allen Schichten Zustimmung zu finden. Die aus bürgerlichen Verhältnissen stammende Frauenrechtlerin und Sozialdemokratin Lily Braun (1865–1916) schrieb sogar, dass der Krieg endlich wieder zeige, was wahre Männlichkeit und Weiblichkeit ist.[95] Während der Kriegsjahre wuchs die Not ins Unermessliche. Die Kinder der in den Rüstungsfabriken arbeitenden Mütter, Kriegerwitwen, Waisen und Kriegsversehrten mussten versorgt werden. Bezahlt und unbezahlt geleistete Arbeit der zu Hause gebliebenen Frauen nahm einen ungeahnten Aufschwung. Frauen – ob mit oder ohne Familie – galten nun vor allem als «soziale Wesen». Die Wohlfahrtsverbände appellierten an «Vaterlandsliebe» und Opferbereitschaft der Frauen. «Geistige oder soziale Mütterlichkeit» wurde den proletarischen Familienfrauen durch «ehrenamtliche Damen» der Bürgerschaft zur Seite gestellt.[96]

An der sogenannten «Heimatfront» schaffte und wirkte die «weibliche Heimarmee», wie sie Barbara Guttmann in ihrer gleichnamigen Studie beschrieb.[97] Gemeinsame Erfahrung aller Frauen war, dass sie nie gefragt wurden, ob Kriege stattfinden sollten und ob sie von ihren Männern und Söhnen wirklich «verteidigt» werden wollten. Die vermeintliche Friedfertigkeit, die Frauen als Teil ihres «Wesens» oder ihrer «Natur» unterstellt

---

94 Einladung zum Vortrag «Saat und Ernte in der Kriegsarbeit» von Agnes Harnack, in: Neckar-Zeitung, Heilbronn vom 18.3.1916, S. 5.

95 Zit. nach: Christa Hämmerle im Interview mit Heide Oestreich, in: Die Tageszeitung (taz), Berlin vom 28.3.2014, S. 8.

96 Vgl. Gisela Notz: «Freiwilligendienste» für alle. Von der ehrenamtlichen Tätigkeit zur Prekarisierung der «freiwilligen» Arbeit, Neu-Ulm 2012, S. 88 f.

97 Vgl. Barbara Guttmann: Weibliche Heimarmee, Frauen in Deutschland 1914–1918, Weinheim 1989.

wird, wies ihnen die Aufgabe zu, an der «Heimatfront» nicht nur die anfallende unbezahlte Mehrarbeit am heimischen Herd und in den Lazaretten zu leisten, sondern sie war notwendige Ergänzung zur heroisierten kriegerischen Männlichkeit. Während ihre Männer eingetrichtert bekamen, sie müssten ihre Frauen und Kinder in der Heimat beschützen, galten sie als soziale Wesen und versorgende Helferinnen.[98] Sozialistische wie bürgerliche Frauen nähten Wäsche und strickten Strümpfe für die «Helden an der Front», verpflegten die durchziehenden Truppen an den Bahnhöfen und trugen maßgeblich das «Liebesgabenwesen». Liebesgaben waren Millionen von Päckchen an die Frontsoldaten und Verwundeten, um sie zum Durchhalten in den Schützengräben zu ermuntern.[99] Mit Soldaten verheiratete «Kriegerfrauen» empfingen staatliche Familienunterstützung, und so hatten vor allem bürgerliche Familienfrauen Verfügungsgewalt über finanzielle Mittel, die sie früher nicht kannten. Das eröffnete ihnen neue Handlungsspielräume. Von der Familienunterstützung konnten die «Kriegerfrauen» allerdings spätestens ab 1916 kaum noch leben und andere Methoden der Daseinsvorsorge wurden vor allem in der Arbeiterklasse immer wichtiger, so dass die Begeisterung für die an der «Heimatfront» übernommenen Aufgaben mit dem Andauern des Krieges, der Not und Elend über breite Bevölkerungsanteile brachte, merklich zurückging.

Nach Ende des Ersten Weltkrieges waren 2 Millionen Menschen tot und 4,2 Millionen (zum Teil stark) verwundet. In Deutschland lebten nun 2,7 Millionen mehr Frauen als Männer.[100] In (fast) allen deutschen Städten und Gemeinden erinnerten bald Denkmäler und Tafeln mit langen Namensreihen an die im Krieg zu Tode gekommenen «Kameraden». «Kriegerwitwen» wurden als «trauernde Frauen» bedauert. Als «alleinstehende» Mütter trugen sie nun die Konsequenzen dafür, dass sie sich auf die Versprechungen des familistischen Systems eingelassen hatten.

98 Vgl. auch: Gisela Notz: Durch die Frauenbewegung ging ein Riss. Sozialistische Frauen und der Erste Weltkrieg, in: Emanzipation. zeitschrift für sozialistische theorie und praxis, Nr. 7, Sommer 2014, S. 18–33; hier: S. 24.

99 Vgl. Christa Hämmerle. Heimat/Front. Geschlechtergeschichte/n des Ersten Weltkrieges in Österreich-Ungarn, Wien 2014.

100 Hans Mottek u. a.: Wirtschaftsgeschichte Deutschlands – Ein Grundriß, Bd. 3, Berlin 1974, S. 224.

2.6. Familismus in der Weimarer Republik

«Nie wieder Krieg» lautete das Motto der Massenkundgebungen, welche die pazifistischen Organisationen anlässlich des «Antikriegstages» jedes Jahr Anfang August in Deutschland veranstalteten – als Mahnung an den Beginn des schrecklichen Ersten Weltkriegs. PazifistInnen erinnerten während der neu gegründeten Weimarer Republik immer wieder an das Leiden, das Kriege verursachen. Sie forderten Abrüstung und ein friedliches Miteinander der Völker. Für den Mitteldeutschen Jugendtag der Sozialistischen Arbeiterbewegung entwarf Käthe Kollwitz (1867–1945) 1924 die Gestalt einer kämpferischen Frau mit dem mahnend hochgereckten Arm, die mit den Worten «Nie wieder Krieg» entschlossen für die Sicherung des Friedens eintritt. In ihr Tagebuch schrieb sie dazu: «Wenn ich mich mitarbeiten weiß in einer internationalen Gemeinschaft gegen den Krieg, hab' ich ein warmes, durchströmendes und befriedigendes Gefühl. [...] Ich bin einverstanden damit, dass meine Kunst Zwecke hat. Ich will wirken in dieser Zeit, in der die Menschen so ratlos und hilfsbedürftig sind»[101]. Ihr Sohn Peter war bereits im Oktober 1914 auf den Schlachtfeldern ermordet worden. Nicht nur sie wollte, dass niemand mehr dem «Vaterland» geopfert wird.

Mit der Gründung der Weimarer Republik konnten einige Verbesserungen der rechtlichen Situation der Frauen erreicht werden. Am 19. Januar 1919 konnten Frauen – egal ob mit oder ohne Familien – zum ersten Mal wählen und gewählt werden. Reichspräsident Friedrich Ebert verkündete auf der Eröffnungssitzung der Nationalversammlung, dass die Gleichberechtigung nun verwirklicht sei. Und bürgerliche wie sozialdemokratische Frauen pflichteten ihm bei. Lediglich Clara Zetkin warnte vor zu viel Euphorie, auch wenn das Gleichberechtigungsprinzip in Art. 109, Abs. 2 der Weimarer Verfassung eingeschrieben worden war. Der Grundsatz: «Männer und Frauen haben grundsätzlich die gleichen staatsbürgerlichen Rechte und Pflichten» lud zu Interpretationen und Ausnahmeregelungen ein. Die Vorherrschaft der Männer in der Kleinfamilie blieb durch das geltende Familienrecht unangetastet. Frauendiskriminierende

101 https://www.dhm.de/lemo/kapitel/weimarer-republik/kunst-und-kultur/niewieder.html (Zugriff: 21.12.2014).

Gesetze des Kaiserreiches galten weiter. Die Frauen, die nun im Reichstag saßen, kamen – soweit es die Sozialistinnen betraf – meist aus der Arbeiterklasse. Sie bewirkten zumindest, dass soziale Probleme öffentlich diskutiert wurden. Der Vorschlag der USPD, der die Gleichstellung von «ehelichen» und «unehelichen» Kindern vorsah, wurde von den «Bürgerlichen» abgelehnt.[102] Frauen, deren Männer (angeblich) genug verdienten, wurden aus der Erwerbsarbeit entlassen und zurück in die Familien geschickt, damit die heimkehrenden Krieger ihre Arbeitsplätze einnehmen konnten.

Auch SPD und Gewerkschaften befürworteten die Refamilialisierung. Auf dem Görlitzer SPD-Parteitag von 1921 betonte die Reichstagsabgeordnete Hedwig Wachenheim: «In gewisser Hinsicht sind die Demobilisierungsverordnungen berechtigt, vor allem dort, wo sie Frauen, die durch die Arbeit ihres Mannes wirtschaftlich sichergestellt sind, aus der Erwerbsarbeit entfernen»[103]. Mit dieser Meinung war sie unter ihren GenossInnen nicht alleine. Obwohl Ausnahmebestimmungen gemäß Art. 128 der Weimarer Verfassung verboten waren, wurden Beamtinnen entlassen, wenn sie heirateten oder ein uneheliches Kind bekamen. Nach wie vor prägte das traditionelle Ehe- und Familienmodell, das den Familienvater zum Unterhalt der Familie verpflichtete und Frauen an den Herd des eigenen Mannes verbannte, das Rollenverständnis. Mit der zunehmenden Verschärfung der Lage auf dem Arbeitsmarkt durch die Weltwirtschaftskrise von 1929 traten erneut Widerstände gegen die Berufstätigkeit der Frauen auf. Polemisiert wurde nun gegen das «Eindringen der Frau in den Lebensraum des Mannes»[104]. Schließlich wurden am 30. Mai 1932 mit dem «Gesetz über die Rechtsstellung der weiblichen Beamten» alle «verheirateten weiblichen Beamten» aus dem Dienst entlassen, «wenn die wirtschaftliche Versorgung des weiblichen Beamten nach der Höhe des Familieneinkommens dauernd gesichert erscheint»[105]. Zurück in die Familie mussten damit viele verheiratete Lehrerinnen. Sie sollten zu Hause in der Familie bleiben und (eigene) Kinder bekommen.

---

102 Ute Gerhardt: Unerhört. Die Geschichte der deutschen Frauenbewegung, Hamburg 1990, S. 322.

103 Protokoll des SPD-Parteitages zu Görlitz, 18.–24.9.1921, S. 41.

104 Irmgard Weyrather: Die Frauen im Lebensraum des Mannes, in: beiträge zur feministischen theorie und praxis 5/1981, 25–38, hier: 25 f.

105 Reichsgesetzblatt I, 1932, S. 245.

2.7. Familismus im Nationalsozialismus

Trotz des Familismus, der in der Weimarer Republik fortbestand, verwies die Ideologie des Nationalsozialismus auf den Stellenwert der bürgerlichen Familie, der in der Weimarer Republik zu kurz gekommen sei, weil Frauen ihre Aufgaben und Pflichten als Mütter vernachlässigt hätten, um mit den Männern um politische Macht, Berufe und Geld zu konkurrieren. «Die deutsche Frau» brauchte sich, nach der Meinung der Nazis, nicht «zu emanzipieren»[106]. Demokratische Rechte wurden für Frauen *und* Männer außer Kraft gesetzt. Aber es waren Frauen, denen das passive Wahlrecht entzogen wurde und die an den heimischen Herd zurückkehren sollten. Die nationalsozialistische Propaganda, Frauen sollten sich aus der Öffentlichkeit zurückziehen, den ihnen gemäßesten Platz in der Familie einnehmen, um sich der «wunderbarsten Aufgabe, [...] ihrem Land und Volk Kinder zu schenken»[107], zu widmen, verfehlte ihr Ziel nicht. Mit noch größerem Aufwand und mit neuen gesetzlichen Regelungen wurde gegen berufstätige Frauen als «Doppelverdienerinnen» vorgegangen. Ab 1933, nach der «Machtübernahme»,durften an vielen deutschen Universitäten nur noch zehn Prozent der Studienplätze an Frauen vergeben werden. In einigen Bereichen wie der Justiz kam es zu Berufsverboten für Frauen. Die «Normalfamilie» sollte die «Keimzelle des Staates» sein, mit dem Mann als Ernährer und Beschützer und der Hausfrau, die die Kinder versorgte.

Ehen wurden mit Ehestandsdarlehen, die rund 75 % des Jahreseinkommens eines Angestellten entsprachen, von staatlicher Seite gefördert.[108] Mit jedem geborenen Kind musste ein Viertel des Kredits nicht mehr zurückgezahlt werden. Allerdings galt das nur für junge, «reinrassige» Familien, bei denen die Frau ihren Beruf aufgab, um Kinder zu bekommen. Diese erhielten zudem Steuererleichterungen, Kredite für Wohnungseinrichtungen und Zuschüsse für Kinder. Zum jährlichen Muttertag im Mai wurde die «deutsche Mutter» gefeiert. Das Mutterkreuz wurde seit 1939 als Auszeichnung für «deutsche Mütter an das deutsche Volk» an Frauen mit mehr als vier Kindern

106 Gisela Notz: Feminismus, Köln 2011, S. 60.

107 Goebbels, zit. nach Renate Wiggershaus: Frauen unterm Nationalsozialismus, Wuppertal 1984, S. 15.

108 sunday-news.wider-des-vergessens.de/?tag=rudolf-frick (Zugriff: 4.3.2015).

verliehen.[109] Mutterkreuze bekamen nur «vollwertig rassische deutschblütige» Frauen, die dem Führer zur Verfolgung seiner Blut- und Bodenideologie «arische» und «erbgesunde» Kinder schenkten. Schließlich ging es um «völkisch wertvollen Nachwuchs». Das Mutterkreuz sollte eine ähnliche Funktion für die Mütter erfüllen wie das «Eiserne Kreuz» für die Soldaten, indem es einen Ehrenplatz in der Volksgemeinschaft symbolisierte. Die kinderreiche Mutter wurde für ihren Einsatz von «Leib und Leben» bei der Geburt und Kinderaufzucht ausgezeichnet. Reichskanzler Adolf Hitler, in dessen Namen die Ehrung verliehen wurde, bezeichnete die Mutterschaft analog zum männlichen Schlachtfeld als das «Schlachtfeld» der Frau. Nur wenige Mütter lehnten die Verleihung ab.[110] Und das, obwohl der zunächst geplante Ehrensold für die Ordensträgerinnen aus Kostengründen entfiel. Tatsächlich nahmen zu Beginn der Regierungszeit der Nazis die Familiengründungen zu, gingen dann aber wieder zurück. Ähnlich verhielt es sich mit der Geburtenrate. Sie stieg zwar bis zum Kriegsbeginn um 33 Prozent, doch die Kinderzahl pro Familie sank gleichzeitig von 2,2 auf 1,8.[111] Viele Frauen wollten ihre Selbstständigkeit, die sie während der Weimarer Republik zum ersten Mal durch die Teilnahme an der Erwerbsarbeit erhalten hatten, nicht aufgeben.

Diese hatten es schwer, denn im nationalistischen und familistischen System wurden Frauen, die keine Kinder bekamen, diffamiert. Ihnen wurde «Verrat am deutschen Volk» vorgeworfen, und ihre Ehemänner konnten sich problemlos scheiden lassen. Ein entsprechender Paragraf wurde 1938 im Scheidungsrecht eingefügt. Die Abtreibung «arischer» Kinder wurde streng bestraft.[112] Ab 18. März 1943 wurde mit der «Verordnung zum Schutz von Ehe, Familie und Mutterschaft» die Todesstrafe für «Täter, die die Lebenskraft des deutschen Volkes fortgesetzt beeinträchtigen», eingeführt. Es ging nicht einfach um «mehr Kinder», sondern um Kinder «deutscher» und «erbgesunder» Menschen. Behinderte Menschen durften

---

109 Reichsgesetzblatt Nr. 224 vom 24. Dezember 1938.

110 Frauengruppe Faschismusforschung: Mutterkreuz und Arbeitsbuch. Zur Geschichte der Frauen in der Weimarer Republik und im Nationalsozialismus, Frankfurt/M. 1981.

111 Rainer Horn: Die Familien-Ideologie im Dritten Reich, in: Hamburger Abendblatt vom 11.9.2007.

112 Ebenda.

keine Familie gründen. Wenn eine Verheiratung im Sinne der «Volksgemeinschaft» nicht wünschenswert erschien, wurde sie schlicht verboten. Das galt auch für sogenannte «Mischehen» mit Juden.[113] Bereits am 14. Juli 1933 trat das «Gesetz zur Verhütung erbkranken Nachwuchses» in Kraft, mit dem die Nazis Zwangssterilisationen in vielen Tausend Fällen ermöglichten. Es bot auch die gesetzliche Grundlage für die Unfruchtbarmachung lediger Mütter, die (angeblich) diesen Kriterien unterlagen, da uneheliche Mutterschaft mit weiblichem Schwachsinn in Verbindung gebracht wurde. Ab August 1939 mussten Hebammen und Ärzte Neugeborene mit genetischen Fehlern bis zum Alter von drei Jahren melden. Mehr als 5000 Kleinkinder wurden in den Folgewochen im Zeichen nationalsozialistischer Familienpolitik ermordet.[114]

Für «arische» Mütter sollte vor allem während des Zweiten Weltkrieges eine Reihe von Maßnahmen dazu beitragen, das Statusproblem, das sich mit der ledigen Mutter verband, zu beseitigen. Schließlich war die nationalsozialistische Führung, anders als in den dreißiger Jahren, in den letzten Kriegsjahren offen für außereheliche Beziehungen zwischen «wertvollen Volksgenossen». Sybille Buske führt das Zugeständnis allein auf die «militärische Nachwuchssicherung an der Front»[115] zurück. Ledige Mütter wurden aufgrund der Kinderwunschpolitik (scheinbar) akzeptiert, aber sie mussten als «Frauen und Mädel guten Blutes […] in tiefem sittlichem Ernst Mütter der Kinder ins Feld ziehender Soldaten»[116] werden. Ledige Mütter wurden ebenfalls nach rassischen Gesichtspunkten beurteilt. In diesem Zusammenhang ist auch der Verein «Lebensborn e. V.» zu sehen, der Anlass zu vielen Legendenbildungen bietet. Festzustehen scheint, dass er ebenfalls den gewünschten «arischen» Kinderreichtum unterstützen sollte. Dies geschah nicht nur zum Schutz der alleinstehenden Mütter und ihrer Kinder, die in ihren Heimatorten häufig Beschimpfungen und Angriffen ausgesetzt waren, sondern auch zur Bewahrung eben dieses «wertvollen Bluts» für Deutschland, indem «Lebensborn» die Fürsorge von

---

113 www.zeitklicks.de/nationalsozialismus/zeitklicks/zeit/alltag/gesellschaft-1/die-nationalsozialistische-familie/ (Zugriff: 21.12.2014).

114 Rainer Horn: Die Familien-Ideologie.

115 Sybille Buske, Fräulein Mutter, S. 171.

116 Reichsführer SS und Chef der deutschen Polizei: SS-Befehl für die gesamte SS und Polizei vom 28.10.1939.

Mutter und Kind übernahm. Nur wenige der Kinder konnten nach dem Krieg identifiziert und ihren Eltern zurückgegeben werden.[117]

Im Hinblick auf die Arbeitsmarktpolitik für Frauen änderte sich die Nazi-Politik im Laufe der Herrschaft ebenfalls. Zielte sie zu Beginn darauf hin, Frauen aus dem Erwerbsleben zu verdrängen, auch um die Erwerbslosenzahlen zu senken, so änderte sich dies bald wieder. Viele Arbeitgeber stellten lieber Frauen ein, weil sie diesen meist weniger Lohn zahlen mussten. Als es dann keine Erwerbslosen mehr gab, brauchte man plötzlich wieder die Frauen. So hob man am Ende sogar das Beschäftigungsverbot für Ehefrauen auf, das mit der Auszahlung des Ehestandsdarlehens verbunden war. Die nationalsozialistische Familienpolitik zeigte so, wie sehr der theoretische Anspruch und die gesellschaftliche Wirklichkeit im Widerspruch zueinander standen bzw. wie abhängig die Umsetzung der jeweiligen Ideologie von der wirtschaftlichen und militärischen Situation war und ist. Schließlich sollte den Männern bald erneut eingetrichtert werden, sie müssten in den Krieg ziehen, um ihre Familien in der Heimat zu beschützen, während Frauen wieder die Rolle der sozialen Wesen und versorgenden Helferinnen an der «sozialen Front», wie sie jetzt hieß, einnehmen sollten. Frauen, deren Männer im Krieg waren, erzogen die Kinder wiederum fast die gesamte Zeit allein. Im Laufe des Krieges wurden viele von ihnen zu Kriegerwitwen, die Kinder wurden zu Waisen oder ihre Väter waren vermisst . Die Kinder sahen ihre Väter, die sie doch beschützen sollten, nicht mehr wieder.

117 Vgl. Julia Kerfin, Deutsches Historisches Museum: https://www.dhm.de/lemo/kapitel/ns-regime/innenpolitik/lebensborn.html (Zugriff: 22.12.2014).

3. Historischer Rückblick auf frühe Kritik am Familismus

Immer wieder in der Geschichte gab es Frauen, die die ihnen zugewiesenen Familienrollen nicht einnehmen wollten. Dazu gehörten auch die in den Klöstern in Frauengemeinschaften lebenden Frauen.[118] Meist waren es besser situierte, in der Regel unverheiratete Frauen, die Adel oder reichem Bürgertum angehörten. Dank ihrer Herkunft und ihres Vermögens waren sie nicht auf eigene Arbeit angewiesen. So konnten sie einem tyrannischen Vater oder Ehemann entfliehen oder sich erst gar nicht auf ein Familienleben einlassen. Ihr ererbtes Geld brachten sie in die Klöster ein, legten ein Gelübde ab und verschrieben sich ganz dem Dienst an Gottvater und -sohn. Freilich gab es Frauen, die das Klosterleben dem frustrierende Leben in der patriarchalen Gesellschaft vorzogen, das einigen Bildungsmöglichkeiten und wissenschaftliche Betätigung erlaubte. Aber nicht alle Klosterfrauen lebten freiwillig im Kloster. Viele waren schon im frühen Kindesalter von ihren Familien an einen Konvent übergeben worden, weil die Familie sich dadurch von der Last der Versorgung befreien konnte. Zwar musste eine Mitgift gezahlt werden, diese erreichte jedoch nicht den gleichen Umfang wie der finanzielle Aufwand, der für die Verheiratung einer Tochter aufgewendet werden musste. Auch manche mit ihren Frauen unzufriedene Ehemänner gaben diese ins Kloster, denn sie durften den Aufenthalt «ihrer» Frau bestimmen; ihnen oblag die Munt, die Schutzgewalt. Eine wirkliche Alternative zum Leben in der patriarchalen Familie war das Kloster nicht. Armut und Keuschheit, Askese und absoluter Gehorsam, stundenlanges Beten, das konnten und wollten nur wenige der adeligen und der bürgerlichen Frauen leisten.

118 Vgl. Anke Wolf-Graaf: Die verborgene Geschichte der Frauenarbeit, München 1983.

3.1. Die Beginen als «freie Frauen» ohne Familie

Anders war das bei den Beginen, die vor allem in Flandern (12. Jhd.) und später auch in Deutschland (13. Jhd.) in Frauengemeinschaften lebten. Um sie kreisen viele Theorien und Mythen. Die heterogenen Strukturen des Beginenwesens erschweren zudem allgemeine Aussagen.[119] Beginen entstanden zu einer Zeit, in der Frauen aufgrund ihrer Arbeitsleistung durchaus Entscheidungsspielräume im Erwerbsleben erworben hatten, in Ehe und Familie aber unterdrückt und abhängig von Vater oder Ehemann geblieben sind. Diesem Widerspruch wollten sie entrinnen, indem sie sich in Frauengemeinschaften zusammenschlossen und sich auf die gesellschaftlichen Rollenerwartungen nicht einließen. Sie wollten ein selbstbestimmtes, aktives Leben führen. Inwiefern die Organisationsstrukturen – immerhin gab es eine Meisterin – im Einzelfall tatsächlich einer Hierarchie entbehrten, muss angesichts der Heterogenität ebenso unklar bleiben wie die Frage, ob die sexuelle Verweigerung bzw. gelobte Keuschheit gegenüber Männern zu anderen Beziehungsformen führte.

Rebekka Habermas erscheint die beginische Lebensform als «weibliche Gegenkultur» zu einer von Männern geprägten hierarchischen Ordnung. Sie geht davon aus, dass Beginen mit ihrem Lebensstil die mittelalterlichen Vorstellungen von Weiblichkeit durchbrochen haben.[120] Dafür spricht, dass es den Beginen gemeinsam war, dass sie «freie Frauen» waren, die sich zu Wirtschaftsgemeinschaften zusammenschlossen, um jenseits von Ehe und Familie und außerhalb von Klostermauern (ohne Männer) ein geistliches, christliches Leben zu führen. Im Unterschied zu den Nonnen gehörten sie keinem Orden an und legten kein Gelübde ab. Sie konnten auch jederzeit wieder aus der Gemeinschaft austreten. Vermögen und Einkommen wurde meist vergemeinschaftet. Gemeinsame Gebete standen auf der Tagesordnung. Teilweise sollen sie jedoch auch mit freigeistigen Strömungen sympathisiert haben. Die Haltung der Kirchen ge-

119 Vgl. u. a.: Herbert Grundmann: Zur Geschichte der Beginen im XIII. Jahrhundert, in: Archiv für Kulturgeschichte 16 (1931), S. 292–320; Rebekka Habermas: Die Beginen – eine «andere» Konzeption von Weiblichkeit?, in: Die ungeschriebene Geschichte. Historische Frauenforschung. Dokumentation des 5. Historikerinnentreffens, hrsg. von Wiener Historikerinnen, Wien 1984, S. 199–207.

120 Rebekka Habermas: Die Beginen, S. 38. Im Folgenden beziehe ich mich im Wesentlichen auf die in FN 118 und 119 angegeben AutorInnen.

genüber den Beginen war schwankend. Zeitweise wurden sie von der offiziellen Kirche hochgelobt und mit Privilegien bedacht, zu anderen Zeiten verfolgt, verboten und als Hexen verbrannt. Es gab sesshafte und wandernde Zusammenschlüsse, die umherzogen und von Almosen lebten. Ihre Regeln des Zusammenlebens bestimmten die jeweiligen Beginen-Zusammenschlüsse in Hausordnungen, sogenannten Beginenordnungen, selbst.

Einige Beginen-Konvente unterlagen der «kirchlichen oder weltlichen Obrigkeit». Trotz dieser Heterogenität gab es einige Grundregeln, dazu gehörte das Gelöbnis der Keuschheit und des gottgefälligen Lebens in Bescheidenheit sowie der Gehorsam gegenüber der Meisterin, die an der Spitze jedes Beginenkonvents stand und die Einhaltung der Ordnung überwachte. Bei ihr fanden die wöchentlichen oder monatlichen Versammlungen statt. Sie war für die Wirtschaftsführung und Vermögensverwaltung zuständig und besaß mehr oder weniger Macht. Beginen webten Leinen, klöppelten und häkelten Spitze, sie wuschen Wäsche für reiche Frauen, unterrichteten ihnen anvertraute Mädchen, versorgten Arme, pflegten Alte und Kranke und begleiteten sie in den Tod. Die sozialen Arbeiten wurden im Wesentlichen unentgeltlich ausgeführt. Mit männlichen Handwerkern kamen vor allem die Weberinnen nicht selten in Konflikt. Sie wurden beschuldigt, den männlichen Webern und ihren Familien «das Brot zu nehmen». Die Türen und Tore der Beginenhöfe standen von Sonnenaufgang bis Untergang offen. Beginen verfügten frei über ihr Hab und Gut und einige über Ländereien. Sie hatten eine gemeinsame Küche, einen Raum für gemeinsame Gebete. Manche besitzende Beginen ließen die Hausarbeit durch ärmere Mitschwestern machen. Besonders mit dem Aufblühen Mitte des 14. Jahrhunderts lebten Frauen aus allen sozialen Schichten in den Höfen. Um 1317 begannen – regional unterschiedlich – Verfolgung und Versuche, Beginenhäuser zu schließen. Die Vorwürfe gegen die Beginen zielten vor allem auf Ketzerei und Sittenlosigkeit. Kirchlichen «Obrigkeiten» richteten sich auch gegen «Semireligiosität» und Unterwanderung der kirchlichen Ordnung. Um 1580 findet sich in den Vorschlägen zur «geistlichen Reformierung» der Kirchen, die Beginenhöfe aussterben oder eintrocknen zu lassen. Martin Luther war daran interessiert, weil er der Meinung war, Frauen sollten in der Familie und bei ihren eigenen Kindern sein. Einige

Beginenhöfe passten sich offensichtlich freiwillig klösterlichen Strukturen an; andere wurden zwangsweise übernommen. Für Kirche und Staat ein einträgliches Geschäft.

3.2. Frühsozialistische Kritik am Familismus

Etliche Frühsozialisten entwickelten eine kritische Distanz zu Ehe und Familie. Einige lehnten die auf Privateigentum beruhende Familie rundweg ab. In diesem Zusammenhang sollen exemplarisch nur einige ihrer frühen Utopien dargestellt werden, die sich explizit gegen den Familismus wandten. Im 17. und 18. Jahrhundert entwickelte Utopien für eine gleichberechtigte Gesellschaft gingen selbstverständlich davon aus, dass eine Gesellschaft von Gleichen auch aus Frauen und Männern, bestehen müsse, die ebenbürtig in selbstgewählten «Liebesgemeinschaften» zusammen leben, arbeiten, lieben, sich vergnügen und ihre Kinder gemeinsam erziehen.

In der 1825 gegründeten frühsozialistischen, basisdemokratisch organisierten Kommune des Schotten Robert Owen (1771–1858), New Harmony in Indiana (USA), waren die Auflösung patriarchalisch-autoritärer Ehe- und Familienstrukturen und die Gleichberechtigung von Frauen und Männern wichtige Anliegen. Die Hausarbeit sollte kollektiv organisiert und vergesellschaftet sein. Frauen und Männer waren ebenbürtig an der Erwerbsarbeit beteiligt und konnten gleichermaßen politisch partizipieren; z.B. sollten beide Geschlechter das Wahlrecht wahrnehmen. Das war damals eine revolutionäre Forderung, denn Frauen waren bis zum Ende des Ersten Weltkrieges vom Wahlrecht ausgeschlossen. Leider scheiterte die Kommune nach zwei Jahren, lediglich die Bildungseinrichtungen konnten überleben. Owens Erwartung, dass aus seinen Projekten ein völlig neues Menschengeschlecht hervorgehen werde, das den utopischen Sozialismus so lange verbreiten werde, bis die ganze Gesellschaft davon erfasst war, ging leider nicht in Erfüllung.[121]

Charles Fourier (1772–1837) verwarf nicht nur die soziale und politische Unterordnung der Frau unter den Mann, sondern lehnte die Familie und die Ehe prinzipiell ab. Für ihn waren

---

121 Robert Owen: New View of Society, London 1813.

sie Instanzen, die durch die Verknüpfung von Eigentums- und Geschlechterverhältnissen zur «ärgsten Brutstätte aller Falschheit» geworden waren. Fourier wollte die unauflösliche Ehe und den isolierten Haushalt durch eine gemeinschaftliche Ordnung ersetzen, in der «die organisierte Arbeit» mit der Liebe vereint ist.[122]

Scharf kritisierte er die Ehe, wenn er feststellte: «Das männliche Geschlecht, wiewohl das stärkere, hat die Gesetze nicht zu seinem Vorteil gemacht, als es die isolierten Haushalte und deren Folgeerscheinungen, die lebenslange Ehe einführte. [...] Konnte es etwas Besseres erfinden als den isolierten Haushalt und die unauflösliche Ehe, um die Liebesbeziehungen und die Sinnenlust mit Langeweile, Käuflichkeit und Falschheit zu vergiften?» Sein Konzept sah vor, dass sowohl die gesellschaftliche Arbeit als auch die Geschlechterbeziehungen verändert werden. Deshalb entwickelte er die Utopie einer genossenschaftlichen Ordnung, die er «Harmonie» nannte. Die «Harmonie» sollte nicht nur eine Wirtschaftsgemeinschaft, sondern auch eine Liebesgemeinschaft sein.[123]

In seinem Werk «Aus der Neuen Liebeswelt», das um 1820 erstmals veröffentlicht wurde, kritisiert er die mit der Familie verbundene geschlechtshierarchische Arbeitsteilung: «Die Harmonie entsteht nicht, wenn wir die Dummheit begehen, die Frauen auf Küche und Kochtopf zu beschränken. Die Natur hat beide Geschlechter gleichermaßen mit der Fähigkeit zu Wissenschaft und Kunst ausgestattet.»[124] Aus dieser Überzeugung heraus, war die Unfreiheit der Frau durch nichts zu rechtfertigen. Er war seiner Zeit weit voraus, wenn er schrieb: «Der gesellschaftliche Fortschritt fällt immer zusammen mit der zunehmenden Emanzipation der Frau, und der Rückschritt der Völker hat seine Ursache in der Schmälerung der weiblichen Freiheiten [...]. Die Erweiterung der Vorrechte der Frauen ist die Grundvoraussetzung für jeden gesellschaftlichen Fortschritt.»[125]

Für ihn war die Befreiung der Arbeit ohne eine Befreiung der Sexualität nicht möglich. Damit stellte er sich klar gegen

---

122 Charles Fourier: Theorie der vier Bewegungen und der allgemeinen Bestimmung, Frankfurt/M. / Wien 1966, S. 131, 166 f., 242.

123 Charles Fourier: Aus der neuen Liebeswelt, Berlin 1977.

124 bibliothekderfreien.de/texte/vormaerz-und-fruehsozialismus.html (Zugrif: 26.2.2015

125 swiki.hfbk.de/lebensreform/152 (Zugriff: 26.7.2015)

ein familistisches System, das Frauen und Männern eindeutige Rollen und monogame Liebesbeziehungen zuwies.

Männer und Frauen sollten gleichberechtigt arbeiten, sich vergnügen und sich lieben, wie die Neigung sie zueinander führte. Hauswirtschaft, Handel und Gewerbe, Künste und Wissenschaft und die gemeinsame Kindererziehung sollten genossenschaftlich betrieben werden.[126] Die Familienhaushalte sollten durch Gemeinschaftshäuser mit kollektiver Infrastruktur ersetzt werden. Öffentliche Küchen, Speisesäle, Schulen, Festsäle, Erholungsräume, Geschäfte, Bibliotheken, Musikräume und Bereiche für Kinder und Alte sollten allen offenstehen.

3.3. Anarchistische Kritik am Familismus

Seit dem 19. Jahrhundert haben AnarchistInnen immer wieder versucht, Lebens- und Arbeitsgemeinschaften als Alternativen zum kapitalistischen und zum familistischen System zu gründen. Menschen lebten und arbeiteten in kleinen Gruppen bis hin zu großen Siedlungsgemeinschaften und Vernetzungen. Einige waren erfolgreich, andere gingen wieder unter – an eigenen inneren Widersprüchen oder durch den Druck des Staates. Die Gemeinschaften sollten auf freier Assoziation der Individuen, Produktionsgemeinschaften und Kommunen gründen und zur größtmöglichen Unabhängigkeit und Selbstbestimmung führen, zu einer Ordnung, «die keine andere Grundlage hat als die Interessen, Bedürfnisse und die natürliche Affinität der Bevölkerung».[127]

Von den Anhängern der Anarchie wird eine anarchistische Gesellschaft als freiwilliger Zusammenschluss von selbstbestimmten Individuen und Kollektiven propagiert. Unter Anarchie wird ein gesellschaftlicher Zustand verstanden, «wo die wirtschaftliche Ausbeutung und die politische Unterdrückung der breiten Volksmassen durch privilegierte Minderheiten unmöglich ist». Mit anderen Worten, ein gesellschaftlicher Zustand, in dem «die Produzenten selbst Besitzer und Verwalter der Produktionsmittel und aller sozialen Reichtümer sind und

126 Vgl. auch: Gisela Notz: Theorien alternativen Wirtschaftens. Fenster in eine andere Welt, Stuttgart, 2012, 2. Aufl., S. 35.

127 Michail Bakunin: Die revolutionäre Frage. Föderalismus, Sozialismus, Antitheologismus. Münster 2005, S. 32.

wo folglich jede Form der politischen Herrschaft und des wirtschaftlichen Monopolismus Dinge der Vergangenheit sind»[128]. Wirtschaftliche Gleichheit, politische und geistige Freiheit bilden eine Synthese und sollen die volle Entwicklung der individuellen Fähigkeiten und die größtmögliche persönliche Unabhängigkeit gewährleisten. Die Idee des Anarchismus ist, dass kein Mensch über den Anderen herrscht. Wichtigen Raum nimmt dabei die Emanzipation und die Gleichstellung der Frau ein.[129] An die Stelle der durch Staat und Kirche legalisierten Ehe tritt die «freie Ehe», also ein freiwilliger Bund zweier Menschen ohne Besitzansprüche.[130] Staat, Kirche und Familie sollen der Vergangenheit angehören. Sie stehen dem Fernziel der klassenlosen, herrschaftslosen, von allen Institutionen befreiten Gesellschaft im Wege.

Exemplarisch soll hier Gustav Landauers Utopie des «Anarchismus der Tat» aufgezeigt werden. Gustav Landauer (1870–1919), der seine Ideen mit den Anarchisten Pjotr Kropotkin (1842–1921), Erich Mühsam (1878–1934), Rudolf Rocker (1873–1958) und zahlreichen AnarchistInnen seiner Zeit teilte, initiierte 1908 die Gründung des Sozialistischen Bundes (SB) und veröffentlichte dessen zwölf Artikel zum «Aufbau einer neuen Gesellschaft».[131] Danach sollten «die Sozialisten zu Lebensgemeinschaften zusammentreten und so nach jeweiliger Möglichkeit ihren Austritt aus der kapitalistischen Wirtschaft betätigen» (Art. 3). Innerhalb sozialistischer Siedlungen sollten sich Gruppen selbstbestimmter Individuen nach freier Vereinbarung zu Wirtschafts- und Konsumgemeinschaften zusammenschließen und einander den notwendigen Rückhalt bieten, um kollektiven Widerstand gegen herrschende Institutionen und Lebensformen organisieren zu können und sich Anpassungszwängen zu widersetzen. In den antikapitalistischen Gemeinschaften sollte es «zu einer Verbindung von Landwirtschaft, Industrie

128 So die Anarchistin Milly Witkop am 28.8.1916 während einer Anhörung in London, die über ihre weitere Inhaftierung entschied. Zit. nach: Rudolf Rocker: Hinter Stacheldraht und Gitter. Erinnerungen aus der englischen Kriegsgefangenschaft, Berlin 1925, S. 292 f.

129 Michail Bakunin: Die revolutionäre Frage, S. 59.

130 Michail Bakunin: Revolutionärer Katechismus. In: Max Nettlau: Michael Bakunin. Gesammelte Werke. Band III, Berlin 1924, S. 28.

131 Vgl. Der Sozialist. Organ des Sozialistischen Bundes, Bern, vom 15.6.1910.

und Handwerk, von geistiger und körperlicher Arbeit und zu dem starken Gefühl der Arbeitsfreude und Gemeinschaftsinnigkeit, durch die wir Menschen zu Gemeinden und zum Volk erhoben werden», kommen. An die Stelle des Staates sollte der «Bund freier Gemeinden und Verbände: die Gesellschaft»[132] treten. Im Gegensatz zu Erich Mühsam, der «Frauenrecht und Frauenfreiheit» darin sah, dass Frauen ihre Männer frei wählen dürfen, ohne dass diese Vaterrechte bekämen,[133] trat er für Ehe (die auch eine Vielehe hätte sein können) und Familie als völlig freiwillige Bünde ein. Die von Staat und Kirche gesegnete «bürgerliche Ehe» sah er als veraltet an.[134]

Landauer selbst setzte seine Theorie nicht in die Praxis um. Dennoch gab es eine Reihe von Siedlungsversuchen nach seinem Konzept. Die sozialistische Anarchistin Margarethe Faas Hardegger (1882–1963), mit der Landauer ab 1908 eine heftige Liebesaffäre hatte und die Mitbegründerin des Sozialistischen Bundes war, gründete 1915 mit Gleichgesinnten im Berner Pflugweg eine Kommune nach Landauers Theorie.[135] Sie lebte wie Emma Goldman (1869–1940)[136] und viele andere AnarchistInnen das Ideal der «freien Liebe», die auf gegenseitiger Achtung, nicht aber bürgerlichen Zwängen basieren sollte, und teilte nicht nur mit Gustav Landauer, sondern auch mit Erich Mühsam, Ludwig Arthur und anderen Anarchisten «Meinungen und Lager»[137].

Die Gruppe, für die die gemeinsame Kasse genauso wichtig war wie die gemeinsame Gesinnung, vereinte Intellektuelle und Handwerker ebenso wie heimatlose Kriegsdienstverweigerer und wurde pedantisch von der Polizei überwacht. Die Gründung einer größeren anarchistischen Kolonie scheiterte. Margarethe Hardeggers «Seele (fiel) in Ohnmacht», als sie 1919 im Zuge der Niederschlagung der Räterepublik die Nachricht von der Ermordung ihres Geliebten Gustav Landauer erhielt. In Erinnerung an ein Zitat des Freundes: «Sozialismus ist die Willenstendenz geeinter Menschen, um eines Ideals willen Neues zu

---

132 Ebenda vom 1.1.1912.

133 Erich Mühsam: Frauenrechte, in: Der Sozialist vom 15.9.1910.

134 Gustav Landauer: Von der Ehe, in: Der Sozialist vom 1.10.1910.

135 Vgl. Ina Boesch: Gegenleben. Die Sozialistin Margarethe Hardegger und ihre politischen Bühnen, Zürich 2003.

136 Vgl. Emma Goldmann: Living my Life, New York 1931.

137 Ina Boesch, Gegenleben, S. 48.

schaffen»[138], machte sie noch weitere Versuche, Gemeinschaften zu gründen. Den Kampf um eine freie Gesellschaft hat Margarethe Hardegger bis zu ihrem Tod 1963 trotz vieler politischer und persönlicher Niederlagen nicht aufgegeben.

3.4. Marxistische und sozialistische Kritik am Familismus

Friedrich Engels (1820–1895) führte 1884 in seinem Buch «Der Ursprung der Familie, des Privateigentums und des Staates»[139] den Übergang großer Clans und mutterrechtlicher Verbände zur monogamen Familie mit patrilinealer Abstammungsfolge auf die Ausbildung des Grundeigentums und der Sklaverei zurück. Das patrilineale Verwandtschaftsprinzip erlaubt nach Engels sowohl die Anhäufung und Vererbung von Privateigentum als auch die Herrschaft des Mannes über die Frau. Der Übergang zur monogamen Gattenehe ist nach Engels Ausdruck ökonomischer Kriterien bei der Partnerwahl. Die Grundlage der modernen Kleinfamilie sei die «offene und verhüllte Haussklaverei der Frau»[140]. In der Industriegesellschaft unterliege die Hausfrau einem ähnlichem Ausbeutungsverhältnis durch den Mann, wie der Mann durch den Kapitalisten. Monogamie (Einehe zwischen Mann und Frau) und bürgerlicher Kleinfamilie mit ihren Besitzverhältnissen wären durch Vergemeinschaftung des Besitzes die ökonomischen Grundlagen entzogen: «Die Monogamie entstand aus der Konzentrierung größerer Reichtümer in *einer* Hand – und zwar der eines Mannes – und aus dem Bedürfnis, diese Reichtümer den Kindern dieses Mannes und keines andern zu vererben. Dazu war Monogamie der Frau erforderlich, nicht die des Mannes, so dass diese Monogamie der Frau der offenen oder verdeckten Polygamie des Mannes durchaus nicht im Wege stand. Die bevorstehende gesellschaftliche Umwälzung wird aber durch Verwandlung wenigstens des unendlich größten Teils der dauernden vererbbaren Reichtümer

138 Gustav Landauer: Aufruf zum Sozialismus, Basel, Zürich, Roßdorf 2012

139 Friedrich Engels: Der Ursprung der Familie, des Privateigentums und des Staats, Hottingen-Zürich 1884, MEW 21.

140 Ebenda, S. 73.

– der Produktionsmittel – in gesellschaftliches Eigentum diese ganze Vererbungssorge auf ein Minimum reduzieren.»[141]

Engels sah «nur die auf Liebe gegründete Ehe sittlich, so auch nur die, worin die Liebe fortbesteht»[142]. Wenn die Zuneigung aufhört, oder durch eine neue leidenschaftliche Liebe verdrängt wird, so sei «die Scheidung für beide Teile wie für die Gesellschaft»[143] eine Wohltat. Damit stellte er nicht die Ehe an sich in Frage, wohl aber deren Untrennbarkeit, wie sie von den christlichen Kirchen gepredigt wurde und wird. Friedrich Engels und Karl Marx (1818–1883) setzten auf eine Vergemeinschaftung der gesellschaftlichen Reichtümer, des Besitzes und der Produktionsmittel. Sie sollten in die Hände des arbeitenden Volkes übergehen. Monogamie und Erbrecht Ehe hätten dann keine Funktion mehr. Damit wäre auch der bürgerlichen Familie die Grundlage entzogen. Frauen und Männer hätten die gleichen Pflichten.

Während es auch unter den Sozialdemokraten und Sozialisten Gegner der Frauenerwerbsarbeit gab,[144] forderten die Befürworter der sozialistischen Frauenemanzipation die dem Manne gleichberechtigte Frau. Sie sahen die Emanzipation der Frau im Zusammenhang mit der Emanzipation der gesamten Arbeiterschaft. Und die konnte nur durch ebenbürtige Individuen erreicht werden. Die sozialistischen TheoretikerInnen stützten sich dabei auf Arbeiten von Marx und Engels, die die Befreiung der Frau durch ihre Teilnahme am Produktionsprozess und die Einsicht in die historische Wandelbarkeit der Struktur der Familie anstrebten. Ihnen ging es um die Abschaffung des Kapitalismus, dem alleine die Schuld an dem großen Elend der Arbeiterinnen und Arbeiter zukam. Nach ihrer Meinung sollte die Frau die Möglichkeit erhalten, zur gleichberechtigten Partnerin des Mannes zu werden, ohne ökonomische Abhängigkeit. Deshalb sollte sie als volles Mitglied in die Arbeit von Gewerkschaften und Arbeiterpartei einbezogen werden.[145] Darin sahen sie die Voraussetzung für die Beseitigung der Unterdrückung der Frau,

141 Ebenda, S. 77.
142 Ebenda, S. 84.
143 Ebenda.
144 Vgl. Kapitel 2.3.
145 Gisela Losseff: Gleichberechtigung oder Emanzipation in der historischen Entwicklung, in: Gewerkschaftliche Monatshefte 11,172, S. 725 ff.; hier: S. 729.

nicht nur in der Fabrik, sondern auch in der Familie. Schließlich ging es um «die volle gesellschaftliche Befreiung der Frau» und eine Umgestaltung der Gesellschaft, durch die «jede wirtschaftliche Abhängigkeit des Menschen von dem Menschen»[146] unmöglich wird.

Der Vereinstag Deutscher Arbeitervereine (VDAV) betonte unter dem Einfluss August Bebels (1840–1913) die Notwendigkeit der Teilnahme der Frauen an der Erwerbsarbeit. Sie sollten so mit gesellschaftlich-öffentlichen Problemen außerhalb ihres Hauses in Berührung kommen, auf dass sich ihr Horizont dadurch erweitere und sie durch die Zwangsorganisation in der Fabrik zu kollektivem Handeln ermuntert würden.[147]

Bebels berühmtestes Werk «Die Frau und der Sozialismus» schließt mit einer Realutopie, die er «die soziale Revolution» nennt.[148] Danach sollten im Sozialismus, wie er ihn verstand, nicht nur die Arbeit in der Industrie, sondern auch die Haus- und Sorgearbeit ebenso wie Kunst und Literatur neu gestaltet werden. Alle Arbeitsmittel sollten in Gemeineigentum überführt werden, Männer und Frauen sollten die gleichen Rechte und Pflichten und das gleiche Vergnügen haben. Die Umwandlung des häuslichen Lebens würde von der individualisierten zur zentral organisierten Arbeit führen und zahllose Arbeiten erübrigen. In seinem Kapitel «Kommunistische Küche» schreibt Bebel: «Die Technik der großen Küchen hat schon gegenwärtig eine Vollkommenheit erreicht, welche die aufs beste eingerichtete Familienküche nicht kennt.»[149] Die kleinfamiliäre «Privatküche» bezeichnet er als eine «rückständige und überwundene Einrichtung». Auch in der «Liebeswahl» soll die Frau gleich dem Manne frei und ungehindert sein. «Sie freit oder lässt sich freien und schließt den Bund aus keiner anderen Rücksicht als auf ihre Neigung.» Die bürgerliche Ehe als «Zwangsehe» wird durch einen «Privatvertrag ohne Dazwischentreten» eines Funktionärs

146 Motto der SPD-Frauenzeitschrift «Die Gleichheit, Zeitschrift für die Interessen der Arbeiterinnen», gegründet am 28.12.1891.

147 Vgl. Ilse Fischer: August Bebel und der Verband Deutscher Arbeitervereine 1867/68, Bonn 2001; sowie Gisela Notz: Zur feministischen Kritik des marxistischen Arbeitsbegriffs, in: Ingrid Artus u. a.: Marx für SozialwissenschaftlerInnen. Eine Einführung, Wiesbaden 2014, S. 161–180; hier: S. 166.

148 August Bebel: Die Frau und der Sozialismus, Neuauflage von 1879, Bonn 1980, S. 337ff.

149 Ebenda, S. 418.

ersetzt, der jederzeit gelöst werden kann. Die «Normalehe für die bürgerliche Gesellschaft» wird auch in seiner Utopie überflüssig, weil es in der sozialistischen Gesellschaft nichts mehr zu vererben gibt.[150]

3.5. Frühe feministische Kritik am Familismus

Im 17. Jahrhundert stellten englische Feministinnen im Umfeld des Bürgerkrieges das geltende familistische Wertesystem auf den Kopf, indem sie ihre Kritik an der patriarchalischen Familie als soziale Norm auch praktisch umsetzten und Mann und Familie verließen, um in demokratisch organisierten und auf Gleichheit der Geschlechter beruhenden Gemeinschaften ein neues Leben zu führen.[151] Damit agitierten und handelten sie nicht nur gegen die Vorstellungen des Christentums und des Pauluswortes von der Unterlegenheit der Frau, sondern auch gegen die herrschenden Vorstellungen von Sitte und Moral, denn sie sprachen ihren Ehemännern das Recht ab, über ihre Frauen zu bestimmen.

«Freiheit für die Frauen, Freiheit für das Volk – durch eine Neuorganisierung des Haushaltes und der Industrie», das war das Motto von «La femme libre» («Die freie Frau»), gegründet 1832 in Frankreich von Anhängerinnen des Frühsozialisten Henri de Saint Simon (1760–1825).[152] Neuorganisierung und Neuverteilung des Haushaltes, sprich der Arbeit in Familie und anderen Zusammenlebensformen, *und* der Industrie, sprich der Arbeit im Beruf, auf Frauen und Männer, also die Vereinbarkeit von Erwerbsarbeit und Privatleben in einer gleichberechtigten Gesellschaft, das war 1832 eine konkrete Utopie. Die «Freien Frauen», die die erste feministische Zeitschrift gleichen Namens gegründet hatten, beließen es nicht bei Forderungen, sondern riefen zur Bildung von Lebens- und Arbeitsgemeinschaften auf, in denen die Frauen in sozialer, ökonomischer und rechtlicher Hinsicht gleichgestellt waren. Sie gingen noch weiter, indem sie eine gesamtgesellschaftliche Dominanz «weiblicher» Normen forderten, die zur Veränderung der gesamten Gesellschaft führen und den Weg für eine friedliche Zukunft ebnen sollte. Durch ihre feministische Theorie und Praxis wollten sie eigene

150 Ebenda, S. 424f.
151 Vgl. Gisela Notz, Feminismus, S. 35.
152 Ebenda, S. 42.

Wege suchen, sich nicht in die bestehenden patriarchalen Hierarchien einordnen und die männlich konnotierten familistischen Normen nicht akzeptieren. In dieser feministischen Gesellschaft sollte nach ihrer Parole: «Nie mehr Krieg, nie mehr nationales Gegeneinander», dafür aber «Liebe für alle» möglich sein.[153]

Mit den Saint Simonistinnen identifizierte sich auch die französische Sozialistin und Feministin Flora Tristan (1803–1844). Nach einer schrecklichen Kindheit und Jugend lebte sie in Paris und besuchte die Veranstaltungen der Früh- und utopischen SozialistInnen. Die Saint Simonistinnen gefielen ihr vor allem deshalb, weil sie die Ausbeutung und Tyrannei anprangerten, keinem Manne untertan sein wollten und weil sie nicht nur theoretisch, sondern auch an der praktischen Umsetzung ihre Forderungen arbeiteten. Wahrscheinlich als erste Frau formulierte Tristan wichtige Einsichten zur Unterdrückung der Frauen in Europa und Lateinamerika. Ihre Erkenntnis, dass die Befreiung der Frauen mit der Befreiung der ArbeiterInnen und anderer ausgebeuteter Individuen einhergehen müsse, prägten auch die späteren sozialistischen Frauengenerationen.[154] Flora Tristan rief in ihrer Streitschrift «Arbeiterunion» bereits 1843 zu gewerkschaftlichen und genossenschaftlichen Vereinigen auf, noch bevor Karl Marx und Friedrich Engels das «Kommunistische Manifest» 1848 veröffentlicht hatten. Tristan überschrieb in der «Arbeiterunion» ein ausführliches Kapitel mit «Warum ich die Frauen erwähne».[155] Und sie erklärte die aus ihrer Sicht notwendige Erwähnung damit: «Die Frau (das ist die Hälfte der Menschheit) wurde aus der Kirche, aus dem Gesetz, aus der Gesellschaft ausgeschlossen.»[156] Tristan forderte die Ebenbürtigkeit zwischen Frau und Mann, eine berufliche Erziehung für Mädchen wie für Jungen und Gleichbehandlung auch für «die Versehrten und die Alten». Die Ehe bezeichnete sie als Unterdrückungsinstitution, sie trat nicht nur für die «freie Liebe» ein, sondern sie lebte sie auch. «Überwindet eure Isolierung: Arbeiterinnen und Arbeiter einigt euch!», rief sie allen Ausgebeuteten und Unterdrückten und damit auch den Frauen zu.[157]

---

153 Ebenda, S. 42.

154 Zu Flora Tristan siehe Florence Hérvé: Flora Tristan oder: der Traum vom feministischen Sozialismus, Berlin 2013.

155 Union ouvrière, paris 1943

156 Zit. nach Hervé 2015, S. 109.

157 Zit. nach www.antjeschrupp.de/flora-tristan (Zugriff: 26.7.2015)

3.6. Halbherzige Kritik der «ersten alten» Frauenbewegungen am Familismus

Der 1865 als erster bürgerlicher Frauenverein gegründete Allgemeine Deutsche Frauenverein verteidigte zwar das Modell der Kleinfamilie als Leitbild, kämpfte jedoch – ebenso wie der eher radikale Teil der bürgerlichen Frauenbewegung – leidenschaftlich um das Recht der Frauen auf «Teilhabe am Staatswesen» und auf die Zulassung der Frauen zu Bildung, Ausbildung und existenzsichernder Erwerbsarbeit.[158] Der Verein kritisierte die Beschränkung der Entfaltungsmöglichkeiten des «weiblichen Geschlechts» auf ihre abhängige Rolle vom Ehemann und in der Familie, die er vor allem durch die ökonomische Abhängigkeit gegeben sah. Obwohl viele der im Verein führenden Frauen ohne Mann und Kinder lebten, wurde die Wichtigkeit der monogamen bürgerlichen Kleinfamilie als Leitbild nicht in Frage gestellt. Sie sollte jedoch auf ökonomischer Gleichberechtigung beruhen: «Wer nicht frei für sich erwerben darf, ist Sklave», stellte Louise Otto (1819–1895), die später als die Gründerin der Bürgerlichen Frauenbewegung in die Geschichte eingehen sollte, 1866 in ihrer Schrift «Das Recht der Frauen auf Erwerb» fest. Sie sah die Versklavung der Frauen durch eine menschenunwürdige Abhängigkeit von den Hausherren, und aus dieser ökonomischen Abhängigkeit galt es sich zu lösen. Deshalb ging es ihr schon damals nicht um irgendeine Arbeit, sondern die Erwerbsarbeit sollte die Selbständigkeit der Frauen ermöglichen: «Selbständig kann schon dem Sprachgebrauch nach nur sein, wer selbst zu stehen vermag, d.h., wer sich selbst auf seinen eigenen Füßen ohne fremde Beihülfe erhalten kann.»[159]

Louise Otto – nach ihrer Verheiratung Otto-Peters – verwies auf die positiven Auswirkungen der ökonomischen Selbständigkeit der Frauen auf das Geschlechterverhältnis innerhalb der Familie, weil nur eine Frau, die ihre Existenz aus eigenem Erwerb sichern konnte, in der Lage war, sich von der untergeordneten Rolle der Ehefrau zu lösen. Keine Frau sollte gezwungen sein, sich von anderen ernähren zu lassen, wie es auch keinem arbeitsfähigen Manne zugemutet wird. Für unwürdig hielt sie

---

158 Astrid Franzke / Johanna Ludwig / Gisela Notz (Hg.): Louise Otto-Peters. Das Recht der Frauen auf Erwerb, Neuherausgabe, Leipzig 1997, S. 103,

159 Ebenda

es, dass Frauen wegen der Versorgung von Kindern und hilfsbedürftigen Eltern ans Haus gefesselt werden. Kindergärten und Kinderkrippen forderte sie als unabdingbare Voraussetzung für die Berufstätigkeit der Frauen, und eine gute Ausbildung der Kindergärtnerinnen als Notwendigkeit für eine kindgerechte Erziehung.[160] Selbständige Frauen werden «weder die bloße Haushälterin, noch die Puppe, noch die Leibeigene und Sklavin des Mannes sein»[161]. Damit verurteilte sie nicht nur die geschlechtsspezifische Arbeitsteilung innerhalb der Erwerbsarbeit, sondern die gleichberechtigte Arbeitsteilung sollte sich auch auf die Familienpflichten, also auf die Beteiligung der Männer an der Hausarbeit innerhalb der Familie, auswirken. Ohne die Einbeziehung der Männer in die Hausarbeit sah sie ihr Emanzipationskonzept verfehlt. Wie das in einer familistischen patriarchalen Gesellschaftsordnung durchführbar ist, blieb offen. Es bedurfte eines harten Kampfes, bis das Anliegen der Frauen, ebenbürtige Partnerinnen in der Familie zu werden, überhaupt auf die politische Agenda kam. Erledigt ist der Kampf bis heute nicht.

3.7. Familismuskritik der sozialistischen Frauenbewegung

Die bürgerliche und die sozialistische Frauenbewegung unterscheiden sich in ihrer Konzeption grundsätzlich voneinander. Forderten die einen die Reform der bürgerlichen Gesellschaft, so waren die anderen der Meinung, dass nur durch die Revolution und die Aufhebung der kapitalistischen Wirtschaftsordnung eine Befreiung der Arbeiterklasse und damit auch der Frauen dieser Klasse möglich ist. Clara Zetkin betonte als wichtigstes Unterscheidungsmerkmal, «daß die bürgerliche Frauenbewegung einen Kampf gegen die Männer ihrer eigenen Klasse führe, während die Proletarierinnen im Verein mit den Männern ihrer Klasse für die Abschüttelung der Kapitalherrschaft kämpften»[162]. Die Vertreterinnen der sich seit 1871 herausbil-

160 Ebenda, S. 98 f.

161 Ebenda, S. 64.

162 Zitiert nach Werner Thönnessen: Die Frauenemanzipation in Politik und Kultur der deutschen Sozialdemokratie (1863–1933), Diss., Frankfurt/M. 1958, S. 49.

denden sozialistischen Frauenbewegung wiesen immer wieder darauf hin, dass eine «Befreiung» von der Fabrikarbeit und ein Verbleib in der Familie, wie sie auch Arbeitsmänner immer wieder forderten, im sich weiter entwickelnden Industriesystem nicht ihrer Emanzipation förderlich sein konnte. Denn sie sahen die Gefahr, dass sie dann in noch stärker ausbeuterischen Strukturen in der Heimarbeit festgehalten bzw. in die Abhängigkeit der fabrikarbeitenden Männer gebracht worden wären.

Es waren Frauen der Arbeiterklasse, die darauf verwiesen, dass die tragende Grundlage für die soziale Gleichberechtigung des «weiblichen Geschlechts» die Berufsarbeit bildet, weil «ohne wirtschaftliche Unabhängigkeit des Weibes vom Manne, von der Familie, die Emanzipation unmöglich wird», wie Clara Zetkin hervorhob. In ihrem Text «Die ‹neue› Familie» forderte sie 1906 eine die Familie ergänzende öffentliche Erziehung und eine Aufteilung der Erziehungsarbeit zwischen den Eheleuten.[163] Trotz der maßlosen Überforderung, die ein «Familienleben» kaum möglich machte, sehnten sich die meisten nach der Aufrechterhaltung «der kleinen in sich geschlossenen Dreieinigkeit – Mann, Weib und Kinder».[164] Die Kleinfamilie blieb auch bei den SozialistInnen letztendlich das Refugium der Frauen. Zwar wurde die Frau, auch wenn sie verheiratet war und Kinder hatte, durch die Einbeziehung in die Erwerbsarbeit stundenweise dem «Bannkreis des Hauses entzogen», die alte Form der Familie wurde jedoch nicht wirklich untergraben. Frauen schleppten nun die doppelte Last wie ihre männlichen Arbeitsgenossen. Ihnen blieb die Haus- und Sorgearbeit neben der Erwerbsarbeit. Im Kapitalismus ist dieser Konflikt nicht zu lösen, jedenfalls sah das Clara Zetkin so: «Die kapitalistische Gesellschaftsordnung macht aber in den meisten Fällen einen Konflikt zwischen Berufspflichten und Familienpflichten unvermeidlich. Bald müssen die einen, bald die anderen leiden; nur ausnahmsweis starke Frauenindividualitäten können beiden gerecht werden, und auch sie nur um den Preis einer vorzeitigen Hinopferung ihrer Kraft. Ein harmonisches Ausleben als Vollmensch wird damit der Mehrzahl der Frauen zur Unmöglichkeit.»[165]

---

163 Clara Zetkin: Die «neue» Familie. In: Dies.: Ausgewählte Reden und Schriften, Bd. 1. Berlin 1960, zuerst 1906.

164 Lily Braun: Die Frauenfrage, Leipzig 1901, S. 496.

165 Clara Zetkin: Der Student und das Weib, Verlag der Sozialistischen Monatshefte, Berlin, 1899.

Es war die Sozialistin Lily Braun (1865–1916), die – sehr zum Leidwesen von Clara Zetkin und deren Anhängerinnen – immer wieder versuchte, zwischen der bürgerlichen und der sozialistischen Frauenbewegung zu vermitteln, die neue Formen des Zusammenlebens propagierte. Braun brachte zu Beginn des 20. Jahrhunderts das Konzept der zentralisierten Wirtschaftsführung mit dem Konzept des «Einküchenhauses» in die Debatten der sozialistischen Frauenbewegung ein.[166] Explizit argumentierte sie gegen den kleinfamilialen Haushalt und schlug stattdessen den «genossenschaftlichen Haushalt oder die zentralisierte Wirtschaftsführung» vor. Sie versuchte in ihrem Konzept für ein «anderes Wohnen und Arbeiten», sowohl die Situation der Proletarierfrauen, die die körperlich anstrengende Fabrikarbeit leisteten, als auch die Situation der bürgerlichen Frauen zu berücksichtigen, die den Zugang zur Erwerbstätigkeit anstrebten. Ihrer Ansicht nach waren Wirtschaftsgenossenschaften eine Voraussetzung für die Befreiung der Frau. Um dies zu unterstreichen, zitierte sie den Anarchisten Pjotr Kropotkin: Frauen «von dem Kochherd und dem Waschfaß befreien, heißt solche Einrichtungen treffen, die ihr gestatten, ihre Kinder zu erziehen und am sozialen Leben Theil zu nehmen»[167].

Lily Braun warb für einen mitten in einen Garten gebauten Häuserkomplex mit 50–60 Wohnungen. Sie stützte sich auf Kropotkins Kritik am Einzelhaushalt und auf August Bebels Gedanken zur Vergemeinschaftung der Reproduktionsarbeit: «An Stelle der 60 Küchen, in denen eine gleiche Zahl Frauen zu wirthschaften pflegt, tritt eine im Erdgeschoß befindliche Zentralküche, die mit allen modernen arbeitsparenden Maschinen ausgestaltet ist. Giebt es doch schon Abwaschmaschinen, die in drei Minuten zwanzig Dutzend Teller und Schüsseln reinigen und abtrocknen!»[168] Die neue Haushaltstechnik erschien den Arbeiterinnen als Befreiung, denn anders als die Bürgerinnen konnten sie die Haus- und Sorgearbeiten in ihrer Familie nicht an Dienstbotinnen delegieren. Durch die Dienstbotinnenfrage trat der Klassencharakter der Frauenbewegungen deutlich hervor. Das sah auch August Bebel: «Wird aber in der angedeuteten Weise das häusliche Leben von Grund aus umgestaltet,

166 Lily Braun: Frauenarbeit und Hauswirtschaft, Berlin 1901.
167 Ebenda, S. 27.
168 Ebenda, S. 21.

so ist der Dienstbote, dieser ‹Sklave für alle Launen der Herrin› verschwunden.»[169]

Lily Brauns Vorschläge einer Vergesellschaftung der Hausarbeit durch Zentralisierung lösten innerhalb der sozialistischen Frauenbewegung heftige Debatten aus. Clara Zetkin war eine der vehementesten Gegnerinnen.[170] Sie unterzog den Vorschlag in mehreren Aufsätzen in der sozialdemokratischen Frauenzeitschrift «Die Gleichheit» einer umfassenden und vernichtenden Kritik: Die zentralisierte Hauswirtschaft sei sowohl für Massenarbeiter wie für Facharbeiter nicht realisierbar, da sie in ihren Arbeitsbedingungen den kapitalistischen Konjunkturschwankungen unterworfen seien und sich nicht längerfristig finanziell binden könnten. Wenn überhaupt, dann sei das Modell nur für eine «Arbeiteroberschicht» materiell möglich. In diesen Familienverhältnissen aber seien die Frauen gerade nicht berufstätig. Da für die arbeitenden Frauen der ärmeren Haushalte das Einküchenhaus nicht bezahlbar sei, hebe sich das Modell in seinen Voraussetzungen selber auf. Zudem fände in der Zentralküche die Ausbeutung der dort angestellten Wirtschafterinnen und Küchenmädchen statt. Aus alledem werde abermals deutlich, dass eine Haushaltsgenossenschaft erst eine Errungenschaft des realisierten Sozialismus sein könne. Genossin Brauns Vorschlag erwecke falsche Hoffnungen und hieße, «die Arbeiterklasse in ihrer Energie lähmen, statt sie zu stärken»[171]. Es ging wieder einmal um die Frage: Reform oder Revolution?

---

169 August Bebel, Die Frau, S. 420.

170 Clara Zetkin: Zur Geschichte der proletarischen Frauenbewegung Deutschlands, Frankfurt/M. 1971, S. 95ff.

171 Clara Zetkin: Die Wirtschaftsgenossenschaft; in: Die Gleichheit, 11. Jahrgang, Nr. 14, Juli 1901.

3.8. Familismuskritik durch die Theorie der neuen Ethik

Eine der wichtigsten Protagonistinnen, die sich gegen die herkömmliche Familienordnung wandte, war die Frauenrechtlerin, Sexualreformerin und Pazifistin Helene Stöcker (1869–1943).[172] Ihre «Theorie der neuen Ethik» kritisierte das familistische Konzept der Protagonistinnen der bürgerlichen Frauenbewegung. Sie forderte eine gleichberechtigte Beziehung zwischen Frau und Mann, die nicht auf die bürgerliche Kleinfamilie beschränkt sein sollte. Danach sollten Frauen nicht nur berufstätig sein können und als Staatsbürgerinnen anerkannt sein, sondern ihr Leben auch auf ihrer erotischen Eigenständigkeit aufbauen können. Sie selbst wollte ihr Leben danach gestalten und eine Lebensgemeinschaft nach ihren Vorstellungen aufbauen, stieß aber bald an die Grenzen des Wunsches, vorbehaltlos zu lieben und den Anforderungen einer selbständigen Frau gerecht zu werden. Männer, so schrieb sie damals, seien diejenigen, die noch nicht in der Lage seien, mit einer Frau mit eigener Persönlichkeit und eigenen politischen Interessen zu leben.

Im Jahre 1905 gründet Helene Stöcker den «Bund für Mutterschutz und Sexualreform». Damit wollte sie vor allem ledigen Müttern mit ihren Kindern helfen. Der Bund war mehr als nur eine Hilfsorganisation für «uneheliche» Mütter und Kinder. Er verband seine Arbeit mit der Kritik am gesellschaftlichen Vorurteil, wonach diese Kinder «minderwertiger» seien, als «ehelich» in eine «Normalfamilie» hineingeborene Kinder. Damit grenzte er sich gegen damals gültige biologistische Formen der Rassenhygiene ab.[173] Der Bund forderte auch gesetzliche Reformen wie die Gleichstellung «unehelicher» Kinder mit den «ehelich» geborenen und eine über Zuschüsse und Beiträge von den Frauen mitfinanzierte Mutterschaftsversicherung.

Außerdem kämpfte er für die Streichung des §218 aus dem Strafgesetzbuch sowie gegen die Bestrafung von männlicher Homosexualität. Im Mittelpunkt der Arbeit standen die Forderung nach sozialreformerischer Sexualaufklärung und die Kritik an der «herrschenden Moral». In der von Stöcker zwischen 1907 und 1933 herausgegebenen Zeitschrift «Die neue

---

172 Zu Helene Stöcker siehe: Christl Wickert, Helene Stöcker 1869–1943. Frauenrechtlerin und Pazifistin. Eine Biographie, Bonn 1991.

173 Ebenda, S. 66f.

Generation» wurden diese Probleme erörtert. Die Frauen sollten nach der von ihr entwickelten Theorie der «neuen Ethik» nicht nur Objekt der Fortpflanzung und männlicher Lust sein, sondern ihre weibliche Sexualität in und gegebenenfalls auch außerhalb der Ehe in einem freien Liebesverhältnis mit einem selbst gewählten Partner leben dürfen. Ihr Ziel war letztendlich die sexuelle Befreiung der Frau aus wilhelminischer Prüderie und Doppelmoral.

Mit der Aufnahme des Themas der Sexualität brach Helene Stöcker ein Tabu auch in der bürgerlichen Frauenbewegung, der sie vorwarf, «kühle Neutralität allen Liebesproblemen gegenüber zu bewahren»[174]. Sie hingegen fand es an der Zeit, den Forderungskatalog der bürgerlichen Feministinnen um das weibliche Selbstbestimmungsrecht über den eigenen Körper zu erweitern. Damit erntete sie in der Frauenbewegung nicht nur Zustimmung, sondern auch harsche Kritik. Ihre Forderungen waren mit dem familistischen System und seinen AnhängerInnen – auch in den bürgerlichen und sozialdemokratischen Frauenbewegungen – nicht zu vereinbaren und für viele waren sie viel zu radikal. Ihre Gegner sahen in der «neuen Ethik» die Gefahr des sittlichen Verfalls von Familie und damit der gesamten Gesellschaft.

174 Zit. nach Hiltrud Schroeder: Helene Stöcker: www.fembio.org/biographie.php/frau/biographie/helene-stoecker/ (Zugriff: 25.12.2014).

4. Die Einschreibung des Familismus in das Grundgesetz für die Bundesrepublik Deutschland und seine Wirkungen auf die Familienpolitik

4.1. Vorgeschichte

*D*ie Zweigenerationenfamilie mit Vater, Mutter und einem oder mehreren (eigenen) Kindern wurde – trotz des «Frauenüberschusses» von über 7 Millionen und trotz der Tatsache, dass in Deutschland in den westlichen Besatzungszonen und in Berlin fast 4 Millionen Frauen ohne die Anwesenheit eines Mannes wirtschafteten und 2,5 Millionen Kriegerwitwen mit Kindern lebten[175] – nach dem Zweiten Weltkrieg zum Leitbild der Nachkriegsgeneration. Auch der Umstand, dass viele Ehen zerbrachen, als die Männer aus Krieg oder Gefangenschaft heimkehrten und ihren angestammten Platz einforderten, änderte daran nichts. In den Wirren der Nachkriegszeit schien die bürgerliche Kernfamilie «die letzte Stabilität in einer sich auflösenden Welt» zu sein, jedenfalls hat sie der Soziologe Helmut Schelsky (1912–1984) so beschrieben.[176] Anhand seiner umfassenden Sozialstrukturanalyse über die deutsche Nachkriegsfamilie konstatierte er, dass trotz einer massiven Bedrohung der Familienstabilität durch Vertreibung, Deklassierung, jahrelange Abwesenheit der Männer u. a. die Familie nicht nur nicht zerbrach, sondern mit einer Stärkung des Zusammenhalts reagierte. Die in seiner Untersuchung immer wiederkehrende Aussage von Frauen, «nur noch für die Familie leben zu wollen», kennzeichnet für ihn die allgemeine Bewusstseinslage derjenigen, für die «in einer Welt des Verlustes die Familie den Wert des einzigen und aus eigener Kraft geretteten und gewonnenen sozialen Gutes trägt.»[177] In dieser Familienform hätten die Menschen in

175 Annette Kuhn (Hg.): Die Chronik der Frauen, Dortmund 1992, S. 520.

176 Helmut Schelsky: Wandel der deutschen Familie in der Gegenwart, Stuttgart 1953.

177 Ebenda, S. 96.

den furchtbaren Kriegs- und Hungerjahren Sicherheit und Lebenshalt gefunden.

Dass es auch nach dem Zweiten Weltkrieg Frauengemeinschaften gab, die die verschiedenen zu bewältigenden Aufgaben in Produktion und Reproduktion teilten, ist kaum mehr bekannt.[178] Frauen halfen sich nicht nur, indem sie über den Kreis der Familie hinaus Nahrungsmittel, Möbel und (Kinder-)Kleider austauschten, sondern auch, indem sie sich in selbst gewählten Lebensformen zusammenschlossen. Offenbar verloren sich diese, als die Männer aus der Kriegsgefangenschaft nach Hause kamen oder weil das Streben nach «Normalität» Experimenten mit anderen Lebensformen im Wege stand. Dennoch entwickelten «alleinstehende» Frauen offenbar ein neues Bewusstsein. Sie werden als stark und selbstbewusst beschrieben. Sie hätten erkannt, dass Männer auf allen Gebieten versagt hatten und nun die Frauen «an der Reihe seien».[179] Häufig war nach 1945 sogar die Rede davon, dass Frauen jetzt selbstbewusst und verantwortungsvoll, im Zeichen von Frieden und Mütterlichkeit eine bessere Gesellschaft aufbauen müssten.[180]

Tatsächlich nahmen nach Kriegsende hunderttausende Frauen eine Erwerbsarbeit in fast allen Wirtschaftsbereichen auf.[181] Überall wurden sie dringend gebraucht, sogar in «typisch männlichen Berufen» «durften» sie Aufbauarbeit leisten. «Berühmt» geworden sind dennoch fast ausschließlich die «Trümmerfrauen», um die viele Mythen gesponnen wurden.[182] Von «Trümmermännern» ist in der historischen Überlieferung keine

178 Vgl. Barbara Böttger: Das Recht auf Gleichheit und Differenz, Münster 1990.

179 Annette Kuhn: 1945 – Versäumte Emanzipationschancen? Feministische Überlegungen zur Refamiliarisierung nach 1945, in: Friedrich-Ebert-Stiftung, Gesprächskreis Frauenpolitik (Hg.): Frauen in den neuen Bundesländern: Rückzug in die Familie oder Aufbruch zur Gleichstellung in Beruf und Familie, Bonn 1991, S. 17–43; hier: S. 18f.

180 Vgl. Nori Möding: Die Stunde der Frauen? Frauen und Frauenorganisationen des bürgerlichen Lagers, in: Martin Broszat / Klaus Dietmar Henke / Hans Woller: Von Stalingrad zur Währungsreform. Zur Sozialgeschichte des Umbruchs in Deutschland, München 1988, S. 619–647; hier: S. 619.

181 Klaus-Jörg Ruhl: Unsere verlorenen Jahre, Darmstadt/Neuwied 1985, S. 7.

182 Siehe hierzu: Gisela Notz: Frauen in der Mannschaft, Sozialdemokratinnen im Parlamentarischen Rat und im Deutschen Bundestag 1948/49–1957, Bonn 2003, S. 30f.

Rede. Selten werden die überparteilichen und überkonfessionellen Frauenausschüsse erwähnt, die sich bereits im Sommer 1945 in allen Zonen Deutschlands bildeten, um am Aufbau einer friedlichen, demokratischen Gesellschaft von Ebenbürtigen zu arbeiten.[183]

4.2. Männer und Frauen sind gleichberechtigt?

Es war eine Sternstunde im Leben der beiden SPD-Abgeordneten Frieda Nadig (1897–1970) und Elisabeth Selbert (1896–1986), als am 23. Mai 1949 diejenigen Abgeordneten des Parlamentarischen Rates, die dem Grundgesetz für die Bundesrepublik Deutschland zugestimmt hatten, bei Orgelmusik das Grundgesetz unterzeichneten. Fast neun Monate hatte der Parlamentarische Rat daran gearbeitet. Dass das Grundgesetz frauenpolitisch ein Erfolg wurde, war vor allem Elisabeth Selberts und Frieda Nadigs Hartnäckigkeit und ihren über- und außerparteilichen Aktivitäten zu verdanken. Nach heftigen Auseinandersetzungen gelang es, den eindeutigen Grundsatz: «Männer und Frauen sind gleichberechtigt» gegen die konservativen männlichen Abgeordneten und gegen die beiden anderen im Parlamentarischen Rat vertretenen Geschlechtsgenossinnen durchzusetzen.[184]

Nach dem Grundgesetz für die Bundesrepublik Deutschland (Artikel 3, Abs. 2) war Frauen nun die Gleichberechtigung mit den Männern garantiert, allerdings sollten sie im «neuen Deutschland» Bestandteil von («Normal-»)Familien sein. Nach Art. 6 des GG (Abs.1) wurde – nach einigen Auseinandersetzungen im Parlamentarischen Rat – «Familie» in der Verknüpfung mit Ehe unter den besonderen Schutz des Staates gestellt: «Ehe und Familie stehen unter dem besonderen Schutz der staatlichen Ordnung». Während der neun Monate der Formulierung des Grundgesetzes gab es heiße Diskussionen um diesen Artikel. Schließlich nahm er die von den konservativen Parteien (CDU/CSU und Zentrum) und den christlichen Kirchen mit Nachdruck vertretene Auffassung von der Familie als wich-

183 Ebenda, S. 41f.

184 Vgl. Gisela Notz: Frauen in der Mannschaft, mit Biografien zu Nadig und Selbert. In der Verfassung der DDR hieß es beinahe zu gleicher Zeit: Mann und Frau sind gleichberechtigt.

tigstem Baustein einer Gesellschaft auf und verfestigte einen konservativen Familismus, der Frauen und Männern eindeutige Rollen zuwies und bis heute wirkt.[185] Das Ziel der Verwirklichung der Gleichberechtigung von Frauen und Männern war also nicht erreicht. Denn die Ungleichbehandlung bestand weiterhin, unterstützt durch das Bürgerliche Gesetzbuch (BGB), das die Vorherrschaft des Mannes in der Familie und die geschlechtsspezifische Aufgabenverteilung in Familie und Beruf zementierte. Dem Manne stand das «Letztentscheidungsrecht» in allen das gemeinschaftliche Eheleben betreffenden Angelegenheiten zu. Frauen konnten nur dann erwerbstätig sein oder ein politisches Mandat wahrnehmen, wenn ihre Männer einverstanden waren und wenn sie ihre Pflicht in Ehe und Familie nicht vernachlässigten.

Nach dem Willen der Mütter und Väter des Grundgesetzes sollte der Gleichberechtigungsgrundsatz von 1949 auch Konsequenzen für die Gleichstellung in der übrigen Gesetzgebung, also auch im Familien- und Arbeitsrecht, haben. Das Grundgesetz (Artikel 117) sah daher vor, dass bis März 1953 alle Gesetze, die dem Gleichberechtigungsparagrafen entgegenstanden, geändert sein mussten: «Das dem Artikel 3 Abs. 2 entgegenstehende Recht bleibt bis zu seiner Anpassung an diese Bestimmung des Grundgesetzes in Kraft, jedoch nicht länger als bis zum 31.3.1953» war die eindeutige Vorgabe. Ein noch zu verabschiedendes zusätzliches Gleichberechtigungssgesetz sollte die familien- und arbeitsrechtliche Benachteiligung der Frau aufheben. Die Frist für diesen Stichtag lief jedoch – trotz wiederholter Interventionen und Anstrengungen der sozialdemokratischen Fraktion – ohne jegliche entsprechende Gesetzesänderung ab. Der 1949 gewählte Bundestag ließ die Frist verstreichen. Auch in der folgenden Wahlperiode schien man es nicht besonders eilig zu haben. Die Rechtsunsicherheit war perfekt.[186]

185 Vgl. Ebenda sowie Gisela Notz / Christl Wickert: Die geglückte Verfassung. Sozialdemokratische Handschrift des Grundgesetzes, Berlin 2009, besonders S. 54ff.

186 Vgl. auch Gisela Notz: Ein permanenter Verfassungsbruch. 50 Jahre Gleichstellung, in: Der Freitag vom 6.7.2007.

4.2.1. Die «natürliche Ordnung» von Ehe und Familie

Die Anpassung des Familien-, Ehe- und Erbrechts brachte manchen hitzigen Kampf in den Bundestag.[187] Die damaligen konservativen/liberalen Regierungsparteien blockierten den Prozess der Gleichstellung, indem sie die patriarchalen, christlichen Bestimmungen im Familienrecht mit allen Mitteln verteidigten. Ihnen lag daran, die Familie als vermeintlichen Rückzugsort für Männer, als «Hort des Privaten», zu re-etablieren. Zu diesem Familienbild gehörte auch die nicht berufstätige Hausfrau und die Hausversorgung von Kindern und Pflegebedürftigen. Die konservative Mehrheit im Parlament hatte kein Interesse daran, wegen des Gleichberechtigungsgesetzes den Status quo zu ändern. Sie war sich darin einig, dass das «geordnete» Ehe- und Familienleben nicht «durch eine falsch verstandene Gleichberechtigung» Schaden nehmen dürfe. Immer wieder wurde die «natürliche Ordnung» von Ehe und Familie als gefährdet betrachtet, wenn das Entscheidungsrecht des Mannes, dem die alleinige Entscheidung in allen das gemeinschaftliche Eheleben betreffenden Angelegenheiten zustand, als Rechtsanspruch entfiele.[188]

Eine Einigung war schwer zu erreichen, da die Diskussionen zudem quer durch alle Parteien und Fraktionen kontrovers verliefen. Auch wurden die spezifischen Eigenarten und die «Andersartigkeit» der Frau, die bereits im Parlamentarischen Rat als Rechtfertigung für eine unterschiedliche gesetzliche Behandlung der Geschlechter herangezogen worden waren, wieder aufgerollt. Obwohl zunächst einvernehmlich war, dass das Familienrecht dem Grundsatz der Gleichberechtigung im Grundgesetz widersprach, waren es bald nur noch die Abgeordneten der SPD, die sich gegen die Vorstellung wandten, der Schutz der Familie könne die Begrenzung der individuellen Grundrechte rechtfertigen.

Frieda Nadig hatte bei den Verhandlungen immer wieder an die Bundestagsabgeordneten appelliert, mit dem Gesetz ein «lang geübtes Unrecht gegenüber der Frau wieder gutzumachen» und «das Gemeinschaftsleben» durch die wirkliche Gleichbehandlung der Geschlechter auf eine höhere Ebene zu

187 Gisela Notz, Frauen in der Mannschaft, S. 50.
188 Ebenda, S. 69.

heben.[189] Durchsetzen konnte sie sich nicht. Bereits bei der ersten Beratung des «Gesetzentwurfs über die Gleichberechtigung von Mann und Frau auf dem Gebiete des bürgerlichen Rechts und über die Wiederherstellung der Rechtseinheit auf dem Gebiete des Familienrechts» am 27.11.1952 hatte sie in einer Rede daran erinnert, dass der Parlamentarische Rat es mit der «echten Gleichberechtigung zwischen Mann und Frau» ernst gemeint habe.[190] Das im Gesetzentwurf enthaltene Entscheidungsrecht des Ehemannes bezeichnete sie als «familienfeindliche und verfassungswidrige Bestimmung», die das Vorrecht des Mannes erhalten wolle und damit gegen die Verfassung verstoße. Auch das Elternrecht kritisierte sie, weil es als «Vaterrecht» zu bezeichnen war, das dringend dahingehend revidiert werden müsse, die «elterliche Gewalt» auf die Schultern beider Elternteile zu legen.[191] Argumente der Regierungsparteien, nach denen die männliche Entscheidung in der Ehe der «göttlichen Ordnung» entspreche, mochte sie nicht gelten lassen.

4.2.2. Mann und Frau sind in der Familie nicht gleichberechtigt

Erst als das Bundesverfassungsgericht Ende 1953 feststellte, dass «Mann und Frau auch im Bereich von Ehe und Familie gleichberechtigt» seien, ging es voran. Mitte 1957 verabschiedete der Bundestag nach heißen Debatten das Gesetz über die Gleichberechtigung von Mann und Frau auf dem Gebiet des bürgerlichen Rechts (kurz: Gleichberechtigungsgesetz). Am 1. Juli 1958 trat es in Kraft. Danach ist die Frau in erster Linie zur Haushaltsführung, der Mann zum finanziellen Unterhalt der Familie verpflichtet. Die Ehefrau darf nur dann berufstätig sein, wenn sie dadurch ihre familiären Verpflichtungen nicht vernachlässigt; wenn die Einkünfte des Mannes für den Familienunterhalt nicht ausreichen, ist sie aber verpflichtet zu arbeiten.

---

189 Sozialdemokratische Partei Deutschlands, Frauenbüro. Pressenotiz vom 5.12.1949, S 1.

190 Protokoll Deutscher Bundestag: Erste Beratung eines Gesetzes über die Gleichberechtigung von Mann und Frau auf dem Gebiet des bürgerlichen Rechts und über die Wiederherstellung der Rechtseinheit auf dem Gebiet des Familienrechts, 239. Sitzung am 27. November 1952, S. 11061.

191 Ebenda., S. 11062.

Im Beruf oder Geschäft des Mannes musste sie mitarbeiten, «soweit dies nach den Verhältnissen, in denen die Ehegatten leben, üblich ist». Für diese Mitarbeit innerhalb des Üblichen bekommt sie nichts.

Das Gesetz brachte den bundesdeutschen Frauen einige Neuerungen. Jedoch war die rechtliche Gleichstellung von Männern und Frauen noch lange nicht erreicht, denn die harten Auseinandersetzungen zwischen den Parteien hatten aufgrund der vielen Kompromisse zu erheblichen Mängeln geführt. Das Gesetz beseitigte das Alleinentscheidungsrecht des Mannes in Ehe- und Familienangelegenheiten. Auch der Letztentscheid (Stichentscheid) des Vaters bei Meinungsverschiedenheiten der Eltern nach §1628 BGB wurde bei Ehestreitigkeiten im Prinzip aufgehoben. Er wurde aber beibehalten, wenn es um die Erziehung der Kinder ging. Erst die Verfassungsbeschwerden vierer verheirateter Mütter kippten die Rechte des «Familienoberhauptes». Es durfte seit dem 29. Juli 1959 nur noch mitbestimmen. Das Bundesverfassungsgericht hatte die Letztentscheidungsbefugnis aufgehoben und erklärte sie für verfassungswidrig.[192] Die väterlichen Vorrechte in der Kindererziehung wurden erst 1979 vollständig beseitigt. Aber auch damit war das «Familienoberhaupt» noch nicht abgeschafft. Das neue Gesetz anerkannte zwar das Recht der Frauen auf außerhäusliche Erwerbstätigkeit – allerdings mit der Einschränkung des §1356 BGB: «soweit dies mit ihren Pflichten in Ehe und Familie vereinbar ist». Der Vorstoß des DGB für die ersatzlose Streichung dieses Paragraphen war nicht durchsetzbar.

Die arbeitsrechtliche Seite klammerte das «Gleichberechtigungsgesetz» ohnehin nahezu ganz aus. Dass die Forderung nach gleichem Lohn für gleiche Arbeit im Gleichberechtigungsgesetz nicht verankert war, war besonders für die gewerkschaftlich aktiven Parlamentarierinnen ein Skandal, zumal die Römischen Verträge und der EWG-Vertrag in Artikel 119 diesen Grundsatz für alle Mitgliedsstaaten bereits 1957 festgeschrieben hatten. Liesel Kipp-Kaule (SPD) hatte schon in einem Beitrag auf der Frauenkonferenz des SPD-Parteivorstandes vom 6. und 7. Mai 1950 vorgeschlagen, wegen der noch nicht erfolgten Gleichstellung der Frau in der Wirtschaft ein zusätzliches Gesetz zum Artikel 3 Abs. 2 des Grundgesetzes zur «Ökonomischen

192 Gisela Notz, Frauen in der Mannschaft, S. 74.

Gleichstellung» zu schaffen, weil die Frauenlöhne immer noch niedriger als die Männerlöhne seien und die Unternehmer eine diesbezügliche Diskussion ablehnten.[193] Es dauerte bis 1994, bis in das Grundgesetz für das wiedervereinigte Deutschland zusätzlich «Der Staat fördert die tatsächliche Durchsetzung der Gleichberechtigung von Frauen und Männern und wirkt auf die Beseitigung bestehender Nachteile hin» eingeschrieben wurde. In Ost wie West ergaben sich Diskrepanzen zwischen Wunsch, gesetzlichen Ansprüchen und Wirklichkeit. Die Umsetzung des Rechts auf Gleichberechtigung dauert im wiedervereinigten Deutschland bis heute an. Elisabeth Selbert bezeichnete es in einem Interview als «Verfassungsbruch in Permanenz», dass die Realität anders aussieht als die Gesetzeslage und Frauen selbst bei gleicher Qualifikation immer noch weniger Lohn bekommen.[194]

4.3. Hoch-Zeit des Familismus in den 1950er-Jahren

In den 1950er-Jahren wurde unter dem CDU-Bundeskanzler Konrad Adenauer (1876–1967) die bürgerliche Kleinfamilienform als die einzig akzeptable Form des Zusammenlebens dargestellt. Dies trotz der Tatsache, dass nach dem Zweiten Weltkrieg in vier von zehn Familien die Mütter alleinerziehend waren und dass das Grundgesetz für die Bundesrepublik Deutschland Männern und Frauen gleiche Rechte garantierte. Koalitionspolitische Überlegungen und die Berücksichtigung der Anliegen einflussreicher Interessen- und Wählergruppen, vor allem von christlicher Seite, veranlassten Konrad Adenauer, nach der Bundestagswahl von 1953 ein eigenständiges «Ministerium für Familienfragen» zu bilden. Mit dem Anliegen, die Familienpolitik in den Rang eines Ministeriums zu erheben, unterstützte er nicht nur den Artikel 6 des GG («Schutz von Ehe und Familie»), sondern er war auch sicher, die Wünsche der christlich-konservativen Wählerklientel zufrieden zu stellen.[195]

---

193 Ebenda, S. 299f.

194 Antje Dertinger: «In die Parlamente müssen die Frauen!» Elisabeth Selbert: Hundertster Geburtstag im September, zehnter Todestag im Juni, in: Frankfurter Rundschau vom Juni 1996, Archiv der sozialen Demokratie, Sammlung Personalia Elisabeth Selbert.

195 www.kas.de/wf/de/71.9969/ (Zugriff: 13.12.2014).

Den konservativen Parteien und den christlichen Kirchen ging es um eine Familienpolitik, die die heterosexuelle «Normalfamilie» in den Mittelpunkt stellte, nach der sich alles auszurichten hatte. Vor allem bei den «besser situierten Leuten» sollte sie im Zentrum stehen.[196] Wieder einmal war die geburtensteigernde Intention der familienpolitischen Maßnahmen nicht zu übersehen. Schließlich waren im Zweiten Weltkrieg Millionen Menschen im Krieg umgebracht worden. Nun waren die meisten Trümmer aufgeräumt und die Not der Nachkriegszeit für viele (längst nicht für alle) Menschen vom beginnenden Wirtschaftswunder abgelöst worden.

In seiner Regierungserklärung vom 20. Oktober 1953 begründete Adenauer die Einrichtung eines Familienministeriums mit der Notwendigkeit der Stärkung staatlicher Familienpolitik aufgrund «der wachsenden Überalterung des deutschen Volkes» durch «die Verluste während der beiden Kriege». Durch konstante Zunahme der Geburten müsse dringend der Prozentsatz der im produktiven Alter stehenden Personen wachsen. Von den Regierungsparteien erhielt er «starken Beifall» für seine Aussage : «Helfen kann nur eines: Stärkung der Familie und dadurch Stärkung des Willens zum Kind.»[197] Deshalb sei eine «zielbewußte Familienpolitik [...] ein wesentliches Anliegen der Bundesregierung.» Eine «zielbewusste Familienpolitik» war immer auch Bevölkerungspolitik.

4.3.1. Ein Ministerium zum «Schutze der Familie» wird neu erfunden

CDU-Familienminister Franz-Joseph Wuermeling (1900–1986) hätte «sein» Ministerium nach eigenen Angaben am liebsten «Bundesministerium zum Schutze der Familie» getauft.[198] Das «Ministerium für Familienfragen», seit 1957 «Ministerium für Familien- und Jugendfragen», übernahm er dennoch und hatte es bis 1962 inne. Er setzte auf Bevölkerungswachstum auch als «Schutzmaßnahme» gegen das sogenannte sozialistische System im «Osten» und war sich sicher, dass «Millionen innerlich

196 Gunter Schmidt: Das neue DERDIEDAS. Über die Modernisierung des Sexuellen, Gießen 2004, S. 154.

197 Titelgeschichte ohne Autor: Wuermeling: Des Papstes Garde, in: DER SPIEGEL vom 15.9.1954 Nr. 38/1954, S. 8 und 10–15; hier: S. 10.

198 Wuermeling, Des Papstes Garde, S. 12.

gesunder Familien mit der gesunden Schar rechtschaffen erzogener Kinder […] als Sicherung gegen die drohende kommunistische Gefahr der kinderfreudigen Völker des Ostens mindestens so wichtig wie alle militärischen Sicherungen»[199] sind. Während seiner Amtszeit propagierte er die auf einer «natürlichen Ordnung» beruhende Kleinfamilie und die Hausfrauen- und Mutterrolle. Er wertete sie systematisch ideologisch auf, förderte sie finanziell und bezeichnete sie als die «natürliche Familienform». Berufstätige Mütter waren ihm verhasst, denn er war sich sicher: «Für Mutterwirken gibt es nun einmal keinen vollwertigen Ersatz» und «Eine Mutter daheim ersetzt vielfach Autos, Musiktruhen und Auslandsreisen»[200].

Mit der Parole «Gesunde Familie – gesundes Volk» war Wuermeling, selbst fünffacher Familienvater und «mit seinem ganzen Wesen» glühender Katholik, 1957 für die CDU in den Bundestagswahlkampf gezogen. Dem Bundestag gehörte er bereits seit 1949 an; seitdem führte er in der CDU/CSU-Fraktion die «Kampftruppe für die Familie» an.[201] Ziel seiner Politik war es, die «Normalfamilie» als Norm (wieder-)herzustellen. «Normal» waren danach heterosexuelle verheiratete Paarfamilien, in denen die Mutter mindestens zweier Kinder nicht erwerbstätig war, während der Mann als Ernährer und für die wichtigen Entscheidungen Verantwortlicher fungierte. Diese «Normalfamilie» sollte laut Wuermeling dazu beitagen, «den für die künftige Schaffung des Sozialprodukts erforderlichen Nachwuchs heranzubilden», da war er sich mit Bundeskanzler Adenauer einig.[202] Für Wuermeling war die Familie von seinem katholischen Glauben her Ordnungseinheit, die Menschen waren um der Familie willen auf der Erde, und diejenige Familie war die beste, die viele Kinder hatte. Um die Familie zu retten, wollte er, angesichts der nach dem Zweiten Weltkrieg hohen Scheidungsraten, ein neues Scheidungsrecht einführen, wonach die Ehe nur noch geschieden werden könne, wenn die «Fortführung

199 Wuermeling, zit. nach Lena Corell: Anrufung zur Mutterschaft. Eine wissenssoziologische Untersuchung zur Mutterschaft, Münster 2010, S. 118.

200 www.bmfsfj.de/BMFSFJ/Ministerium/geschichte.html (Zugriff: 27.12.2014).

201 Ebenda.

202 Wuermeling, Des Papstes Garde, S. 12.

der Ehe beiden Teilen nicht mehr zumutbar»[203] sei. Durchsetzen konnte er sich damit nicht.

Ende der 1940er-Jahre war es zu einem regelrechten «Scheidungsboom» gekommen. Oft waren es Frauen der aus dem Krieg oder aus der Kriegsgefangenschaft heimgekehrten Männer, die sich nicht in alte Hierarchien und Abhängigkeiten innerhalb einer Ehe fügen wollten. Sie reichten die Scheidung ein, weil sie den Ehegatten nicht als Oberhaupt über die Gestaltung ihrer Leben, ihrer Körper, ihrer Reproduktionsleistungen oder ihres Eigentums anerkennen wollten. Zwar wurde die Möglichkeit der Ehescheidung von der Gesellschaft überwiegend bejaht, der soziale Status der geschiedenen Frau allerdings war dem der Ehefrauen und Witwen untergeordnet. Die Geschiedenen verfügten über ein geringeres Ansehen, weil sie persönlich versagt zu haben schienen: «Das Ende einer Ehe als individuelles Versagen zu beschreiben, war die vorherrschende Deutungsweise und ist bis in die Gegenwart üblich».[204]

Damit korrespondiert auch eine Umfrage aus dem Jahre 1963, in welcher nur neun Prozent der geschiedenen Frauen meinten, sie seien glücklich. Kirsten Plötz schließt daraus, dass die fehlende gesellschaftliche Anerkennung große Auswirkungen auf das seelische Wohlbefinden der Frauen hatte. «Glück» wurde für eine geschiedene Frau nur durch eine zweite Heirat als denkbar angesehen. Tatsächlich hatte Bundeskanzler Adenauer in seiner Regierungserklärung angesichts des bestehenden «Frauenüberschusses» die berufstätigen Frauen ohne «Familienglück» bedauert. Denn für ihn war Glück «Familienglück», und das war für ihn ohne Heirat mit einem Partner nicht denkbar.[205] Besonders diskriminiert wurden junge Frauen, die Beziehungen zu Soldaten der «Besatzungsmächte» eingingen.[206] Auch die Anerkennung längst gelebter Lebensformen wie das Zusammenle-

203 Bis 1977 war eine Scheidung bei Feststellung der «Schuld» eines oder beider Partner möglich. Ab 1. Juli 1977 können Ehen geschieden werden, wenn sie zerrüttet sind.

204 Kirsten Plötz: Als fehlte die bessere Hälfte. «Alleinstehende» Frauen in der frühen BRD 1949–1969, Königstein/Taunus 2005, S. 175.

205 Gisela Notz: Alles verklemmt. Frauen und Familie in der Nachkriegspolitik, in: Eckart Spoo (Hg.): Tabus der bundesdeutschen Geschichte, Hannover 2006, S. 126–133.

206 Vgl. Merith Niehuss: Familie, Frau und Gesellschaft. Studien zur Strukturgeschichte der Familie in Westdeutschland 1945–1960, Göttingen 2001, S. 123.

ben heterosexueller unverheirateter Paare, Frauenwohngemeinschaften, «wilder» Ehen und sogenannte «Onkelehen»[207] galt als moralisch verwerflich. 1962 war jede vierte Frau, die vor das Standesamt trat, schwanger. Der Druck zur Heirat (sogenannte Muss-Ehen) war groß.[208] In der Bundesrepublik war Sexualität außerhalb von Ehe und Familie Tabu. Nur wer verheiratet war, durfte zusammenleben. Wer nicht-eheliche Beziehungen tolerierte, machte sich der «Kuppelei» schuldig. Schließlich galt der Kuppeleiparagraf (§180, Abs. 2 StGB), der «die gewohnheitsmäßige oder eigennützige Begünstigung der Unzucht durch Vermittlung, Gewährung oder Verschaffung von Gelegenheiten» regelte und der sich auch auf Erwachsene erstreckte. Erst 1974 wurde der Paragraph gegen die Stimmen von CDU/CSU abgeschafft. Die Anerkennung von schwulen und lesbischen Lebensweisen stand in weiter Ferne. Homosexualität wurde nach §175 StGB bestraft.[209] Die christliche Kirche betrachtete sich als Leitinstanz in Fragen der «Moral». Unterstützt wurde sie vom Volkswartbund, der sich seit 1951 «Bischöfliche Arbeitsstelle zu Fragen der Volkssittlichkeit» nannte.[210]

Im November 1953 legte Wuermeling ein Acht-Punkte-Programm vor, das Leitlinie seiner Familienpolitik sein sollte. Der Forderungskatalog reichte «vom familiengerechten Wohnungsbau und Ausbau des Kindergeldes über mehr Steuergerechtigkeit für Familien und Familienermäßigung bei der Bundesbahn bis zum Schutz überbeanspruchter Mütter und schuldlos verlassener Frauen und Kinder». Familienpolitik bedeutete für Wuermeling «nicht Sozialpolitik im herkömmlichen Sinne, sondern Staats- und Gesellschaftspolitik». Familienpolitik müsse von der Erkenntnis getragen sein, «daß unsere Familien und unsere Kinder nicht nur da unser wertvollstes Gut sind, wo sie vor der ärgsten Not bewahrt werden müssen, sondern daß sie in allen sozialen Schichten die zukunftssichernden Träger auch unserer kulturellen und geistigen Entwicklung sind».[211]

---

207 In «Onkelehen» lebten Kriegerwitwen, die eine neue heterosexuelle Beziehung aufgenommen hatten, aber unverheiratet bleiben wollten; manche auch, um die Kriegswitwenrente weiter zu bekommen.

208 Der Spiegel Nr. 36 vom 5.9.1962.

209 Vgl. Gisela Notz, Alles verklemmt, S. 131.

210 Siehe: Sybille Steinbacher: Wie der Sex nach Deutschland kam. Der Kampf um Sittlichkeit und Anstand in der frühen Bundesrepublik. Mnchn 2011.

211 www.kas.de/71.9969 (Zugriff: 5.2.2015).

Unsere Familien, unsere Kinder, unsere Kultur, das meinte weiße deutsche «Normalfamilien». Wuermelings Familienbild war christlich-konservativ geprägt, mit einer klaren Aufgabenverteilung zwischen dem Mann als Ernährer der Familie und der Mutter mit ihrer Verantwortung für die Kindererziehung und den Haushalt. Alle anderen Lebensformen wurden an den Rand gedrängt bzw. ignoriert oder diffamiert. In den ersten beiden Jahrzehnten der Bundesrepublik waren es lediglich die «verwitweten Frauen», die unter den «alleinstehenden» Frauen geachtet wurden, vor allem die so genannten Kriegerwitwen, deren Männer «für Gott und Vaterland» gefallen waren. Allerdings stellte Kirsten Plötz fest, dass auch diese einen deutlich geringeren gesellschaftlichen Status als Ehefrauen hatten, da sie eben ohne Ehemann waren. Dass Witwen generell wegen ihrer angeblichen Einsamkeit bedauert wurden, half ihnen wenig. Es wundert deshalb nicht, dass die Gatten weniger als konkrete Persönlichkeiten vermisst wurden, sondern eher hinsichtlich der sozialen Funktionen, die sie ausgefüllt hatten.[212] Das Ansehen der Witwen nahm bis Mitte der 1960er-Jahre zunehmend ab, weil sie innerhalb der Gesellschaft nun mehr und mehr als «Relikt der Vergangenheit» wahrgenommen wurden.[213] Nun wurden ledige Berufstätige sowohl als Ausdruck des Wirtschaftswunders als auch als potenzielle Gattinnen angesehen. Eine Partnerschaft sollte – der gesellschaftlichen Norm entsprechend – allerdings nur in einer Ehe stattfinden. Aber auch dann galt die patriarchale Kleinfamilie als nicht intakt, wenn eine Mutter berufstätig war. Die Kinder aus solchen Familien wurden als so genannte «Schlüsselkinder» von Film, Funk und Presse in die Kategorie der Entwurzelten und Verwahrlosten eingereiht.[214]

---

212 Kirsten Plötz: Als fehlte die bessere Hälfte, S. 258.

213 Ebenda.

214 Als Schlüsselkinder wurden in den 1950er-Jahren Kinder bezeichnet, die nach Schulschluss regelmäßig ohne Betreuung waren, weil die Mutter berufstätig war. Sie bekamen einen Schlüssel um den Hals gehängt. Vgl. Gisela Notz: Überleben nach dem Kriege, in: Barbara Mettler-v. Meibom (Hrsg.): Alltagswelten. Erfahrungen – Sichtwechsel – Reflexionen, Münster 1996, S. 21–42; hier: S. 35; auch der Erste Familienbericht der Bundesregierung spricht von «unter 50 000 ‹Schlüsselkindern›». Deutscher Bundestag, V. Wahlperiode, Der Bundesminister für Familie und Jugend, Drucksache V-2523, Bericht der Bundesregierung über die Lage der Familien in Deutschland vom 23.6.1965.

Gelebt wurden als «unsittlich» bezeichnete Lebensformen dennoch. Das an die Wand gemalte Idealbild entsprach wie bereits zu früheren Zeiten nicht der Realität. Auch in den 1950er- und 1960er-Jahren waren viele Familien nicht wirklich (dauerhaft) «normalbesetzte» Familien. Aus konservativer Sicht war Familienpolitik zwar vordergründig auf die Förderung und den Schutz der Familie gerichtet. In Wirklichkeit war sie jedoch immer nationale Bevölkerungs- und auch Militärpolitik und abhängig von der Arbeitsmarktpolitik. Nicht nur die Träger politischer Verantwortung bestimmten die Politik, sondern gesellschaftliche Gruppen – nämlich die christlichen Kirchen und zahlreiche, meist konservative, Familienverbände – bestimmten wesentlich mit.[215]

4.3.2. Die Hausfrauenehe soll gestärkt werden

Auch wenn Wuermeling für die angestrebten familienpolitischen «Verbesserungen» bisweilen hart kämpfen musste, konnte er bei der Verwirklichung seines Programms beachtliche Erfolge in seinem Sinne vorweisen: Förderung des Familieneigenheimbaus durch unverzinsliche Darlehen an Familien, Einführung eines monatlichen Kindergeldes für alle dritten und weiteren Kinder, Fahrpreisermäßigungen für kinderreiche Familien bei der Bundesbahn, Verdoppelung der Steuerfreibeträge für Kinder, Ausbau der Mütterschulen und des Müttergenesungswerkes[216] sowie kinderzahlorientierte Zulagen bei Rentnern und im öffentlichen Dienst. Die Konzentration der Maßnahmen auf kinderreiche Familien ab dem dritten Kind zeigt die implizit vorhandene demographische Ausrichtung dieser Politik.

1958 wurde das Ehegattensplitting eingeführt. Wie es dazu kam, verdeutlicht ein Blick in die Geschichte: Vor 1934 wurden in der Weimarer Republik nach der Eheschließung beide Partner individuell veranlagt. Es war die NS-Regierung, die die gemeinsame Veranlagung von Eheleuten einführte und verheiratete kinderlose Alleinverdiener mit der damaligen Steuerklasse II gegenüber ihren ledigen Kollegen besser stellte. Damit

215 Angela Delille / Andrea Grohn: Blick zurück aufs Glück. Frauenleben und Familienpolitik in den 50er-Jahren, Berlin 1985, S. 9.

216 Zu Mütterschulen und Müttergenesungswerk vgl. Christiane Kuller: Familienbildung im föderativen Sozialstaat; die Formierung eines Politikfeldes in der Bundesrepublik 1949–1975, München 2004, S. 253ff.

wurde die Frau zum steuerrechtlichen Anhängsel des Mannes gemacht und «Doppelverdiener» sollten bestraft werden. Der Vorteil der Steuerklasse II sollte entfallen, wenn das (arische) Paar nicht binnen fünf Jahren Kinder zeugen würde. Angesichts des Krieges 1939 wagte das NS-Regime nicht, den Steuervorteil für Ehepaare aufzuheben und er blieb bis heute erhalten.

Mit demselben Ziel, «die Ehefrau ins Haus zurückzuführen», wie es in einer Denkschrift des Bundesfinanzministeriums hieß, übernahm die Regierung Adenauer 1951 das Gesetz. Wollte eine Frau auch in der Ehe partout nicht von der Erwerbstätigkeit lassen, wurde ihr Gehalt einfach dem des Mannes hinzuaddiert und die Gesamtsumme besteuert. 1957 urteilte das Bundesverfassungsgericht, das sei aufgrund der steuerlichen Progression eine klare Schlechterstellung gegenüber Unverheirateten und entschied: nicht verfassungskonform. Anstatt nun aber lediglich die beanstandete Ungleichbehandlung durch eine Individualbesteuerung zu korrigieren, votierten die Parlamentarier für ein System, das ihrem eigenen konservativen Familienideal der 1950er-Jahre entsprach: Das Gesamteinkommen eines Ehepaares wird seitdem durch zwei dividiert und jeder Teil einzeln versteuert, das Paar profitiert von der Abmilderung der Progression. So wurde der Splittingvorteil für die gut situierte Einverdiener-Ehe geschaffen. Damit sollten eindeutig die «Hausfrauenehe» gestärkt und die geschlechtsspezifische Arbeitsteilung innerhalb der Familie unterstützt werden[217]. Das Ehegattensplitting kommt vor allem einer Personengruppe zugute: den Einverdiener-Ehen mit mittlerem und hohem Einkommen. Steuerlich begünstigt wird das damals schon in der Realität emanzipierter Ehefrauen nicht mehr gewünschte Modell der westdeutschen Mittelstandsfamilie mit der Hausfrau, die für das Haus des (eigenen) Mannes zuständig ist oder ein bisschen hinzuverdient.

Obgleich zwanzig Prozent der Ehepaare keine Kinder hatten[218] und viele Frauen ihre Kinder alleine erzogen, blieb es bei der Subventionierung der Ehe. Die Behandlung zweier Menschen als Steuersubjekt schaffte durchaus beabsichtigte Abhängigkeiten, denn Ehescheidungen sah die christliche Familienpolitik ohnehin nicht vor. Noch 1982 verteidigte das Bundesverfassungsgericht

217 Vgl. Ingrid Langer: (K)ein Grund zum Jubeln; Ist die Familie in der Krise oder die Familienpolitik?, in: Theorie und Praxis der sozialen Arbeit, H. 10/1994, S. 362–370; hier: S. 366.

218 Heute sind es drei von fünf Ehepaaren.

das Ehegattensplitting mit dem Hinweis, dass zusammenlebende Eheleute eine Erwerbs- und Verbrauchsgemeinschaft bildeten, in welcher ein Ehegatte an den Einkünften und Lasten des anderen wirtschaftlich zur Hälfte teilhätte. Zudem unterstellte das Bundesverfassungsgericht grundsätzlich die «wirtschaftliche Realität der intakten Durchschnittsehe [...], in der ein Transfer steuerlicher Leistungsfähigkeit zwischen den Partnern stattfindet»[219]. Dass das Ehegattensplitting negative Anreizwirkungen für die (vollzeitige) Erwerbstätigkeit von Frauen hat, ist kaum mehr umstritten. Im Sinne der Geschlechtergerechtigkeit wird als Alternative dazu eine Individualbesteuerung der Ehepartner gefordert, die sich nicht am Haushaltseinkommen, sondern an individuellen Einkünften und Aufwendungen orientiert, wie sie in anderen Ländern längst üblich ist und wie sie auch in Deutschland vor 1934 Realität war. Das Ehegattensplitting gilt hier nur als ein Beispiel für familistische Maßnahmen. Viele Normen, Regelungen und infrastrukturelle Einrichtungen sind bis heute an den Strukturen der bürgerlichen Kleinfamilie orientiert, gegen ein egalitäres Geschlechterverhältnis gerichtet und damit als familistisch zu bezeichnen.

Kein Wunder, dass bei so viel «Familiensinn» der Ausbau von Kindergärten und Ganztagsschulen von Wuermelings Familienpolitik als nachrangig, ja unnötig bewertet wurden. Schließlich ging es ihm um eine Förderung der familistischen Struktur. Berufstätigen Frauen warf Wuermeling «Wohlstandsfieber» und «Geltungsstreben» vor.[220] Mit solchen Aussagen sorgte er beim politischen Gegner zwar für heftige Kritik, seine Politik konnte er jedoch fortsetzen.

4.3.3. Kernfamilie – immer noch eine soziale Gruppe besonderer Art

Franz-Josef Wuermelings CDU-Nachfolger Bruno Heck (1917–1989), der zwischen 1962 und 1968 das Amt übernahm, verfolgte die katholische Familienpolitik seines Vorgängers im Wesentlichen weiter. Nach den geistig-moralischen Verheerungen des Nationalsozialismus machte Heck es sich zur Aufgabe, «ein sittlich-verantwortliches Familienleben auf gesunder räumlicher und wirtschaftlicher Grundlage wieder möglich zu

219 Bundesverfassungsgericht, Urteil vom 3.11.1982.

220 /www.kas.de/wf/de/71.9969 (Zugriff: 26.7.2015).

machen», so steht es auf der Website der Konrad-Adenauer-Stiftung.[221] Heck verantwortete den Ersten Familienbericht der Bundesregierung «Lage der Familien in Deutschland»[222]. Der Bericht geht weiter von einer familistischen Gesellschaft aus: Unter Familie wird eine Gruppe verstanden, in der ein Ehepaar mit seinen Kindern zusammen lebt. Diese «Kernfamilie» stellt nach dem Bericht «eine soziale Gruppe besonderer Art dar, gekennzeichnet durch eine biologisch-soziale Doppelnatur, und eine in anderen sozialen Gruppen in diesem Unfang nicht anzutreffende ‹Totalität› der sozialen Beziehung»[223]. «Unvollständige Familien», bei denen «ein Elternteil fehlt», im Bericht auch als «alleinstehende Mütter» oder «Halbfamilien» bezeichnet, werden partiell einbezogen, fallen aber aus dem Familienbegriff heraus, weil sie von der «Normalfamilie» abweichen. Die Erziehungssituation in «unvollständigen Familien» wird im Bericht als «ungünstiger: unausgewogener, einseitiger, stärker mutterbezogen, zu wenig umweltoffen und zu wenig durch väterliche Berufserfahrung und Leistungsanforderung ausgeglichen und bereichert» dargestellt.[224] Nach der Defizitanalyse folgen keine Lösungsvorschläge zur Verbesserung der Situation der Alleinerziehenden. Kriegswaisen erhielten im günstigsten Falle bis zum 27. Lebensjahr eine Rente. Besonderes Augenmerk legte det Bericht dagegen auf die ökonomische Lage der «kinderreichen Familien». Diese wurde als besorgniserregend bezeichnet und sie gelte es vor allem zu verbessern.

Der Bericht übte allerdings bereits vorsichtige Kritik am Rollenmodell der Frauen in der Familie. Nachdem das reine Hausfrauenmodell in der Gesellschaft bereits Widerstand erfuhr und mehr und mehr Frauen in den Arbeitsmarkt integriert wurden, hatte sich Heck für das «Dreiphasenmodell» für das Leben der Frauen ausgesprochen: Das heißt: *Berufstätigkeit* nach einer Ausbildung bis zur Geburt des ersten Kindes, *Familienphase* und «aktive Mutterschaft» und *Rückkehr zur Erwerbsarbeit*, sobald die Kinder älter sind.[225] Das Drei-Phasen-Modell wurde in

221 Ebenda.

222 Der Bundesminister für Familie und Jugend (Hg.): Drucksache V/2532: Bericht über Lage der Familien in der Bundesrepublik Deutschland, Bonn 1968.

223 Ebenda, S. 7.

224 Ebenda, S. 81f.

225 www.bmfsfj.de/BMFSFJ/Ministerium/geschichte.html (Zugriff: 14.12.2014).

den fünfziger Jahren vor allem von Alva Myrdal und Viola Klein propagiert und entwickelte sich in Westdeutschland während der sechziger Jahre zum Leitbild.[226] Es versucht, die Teilhabe von Müttern an der gesellschaftlichen Entwicklung und die Fürsorge für Kinder in einem zeitlichen Nacheinander zu organisieren. Der Nachteil dieses Modells liegt auf der Hand: Es bezieht sich lediglich auf den weiblichen Lebenslauf. Und dieser wird alleine um die Sozialisationsbedürfnisse von Kindern geordnet, die Teilhabe der Mütter an Bildung und beruflicher Entwicklung tritt hinter die Bedürfnisse der Kinder zurück. Die Konsequenz ist mittlerweile empirisch gut belegt: Mütter, die sich für ein solches Modell entscheiden, erleben in der Regel keinen beruflichen Aufstieg und die Rückkehr in den Beruf entwickelt sich zum Drahtseilakt, besonders zu Zeiten hoher Erwerbslosigkeit.[227] Die Möglichkeit, nach etwa 15 Jahren Ausstieg dort wieder einzusteigen, wo sie aufgehört haben, und die Karriereschritte nachzuholen, die kontinuierlich Erwerbstätige schon vollzogen haben, ist äußerst begrenzt. Mit dem Modell wurde die berufstätige Frau nicht mehr ausschließlich diskriminiert, wohl aber die berufstätige Mutter. Auch die Diskussion um «Rabenmütter» und «Schlüsselkinder» wurde fortgeführt.[228] So wurde die familistische Norm lediglich «modernisiert». Die Hausfrauen-Ernährer-Ehe wich mehr und mehr einer Versorger-Ehe mit Zuverdienst der Frauen.[229] An der traditionellen Arbeitsteilung, nach der der besser verdienende Partner (kontinuierlich) einer Erwerbsarbeit nachgeht, während die Partnerin für die Sorgearbeiten zuständig ist, änderte sich nichts. Dequalifizierung und Rückkehr in schlecht oder unbezahlte Arbeit war oft die Folge der Unterbrechung.[230]

Bruno Heck wurde als Familienminister abgelöst von Aenne Brauksiepe (CDU). Die erste Ministerin war nur ein Jahr lang im Amt (1968–1969), dann wurde die sozial-liberale Koalition zwischen SPD und FDP gebildet. Im Gegensatz zu ihren beiden Vor-

---

226 Alva Myrdal / Viola Klein: Women's Two Roles: Home and Work, London 1956.

227 Vgl. hierzu: Gisela Notz: Zurück in den Beruf, Köln 1992.

228 Der Bundesminister für Familie und Jugend, 1968, S. 58.

229 Vgl. Elke Holst / Friederike Maier: Normalarbeitsverhältnis und Geschlechterordnung, in: Mitteilungen aus der Arbeitsmarkt- und Berufsforschung, H. 3, 21. Jg. 1998, S. 6.

230 Vgl. Gisela Notz: Zurück in den Beruf.

gängern wollte Brauksiepe in ihrer kurzen Amtszeit den berufstätigen Müttern das Leben erleichtern, indem sie sich für die Ausweitung von Teilzeitarbeit und Ganztagsschulen einsetzte. Damals war Teilzeitarbeit noch ein Novum, vom dem die Arbeitgeberseite nicht begeistert war, und Ganztagsschulen standen eigentlich nicht auf dem CDU-Programm. Dennoch war das der Beginn der fortdauernden Diskussion, wie die Teilhabe von Frauen am Beruf und die Fürsorge für Kinder auch zeitgleich geleistet werden könnte.

4.3.4 Exemplarische Kritik sozialdemokratischer PolitikerInnen an der Familienpolitik

Im Folgenden sollen einige Beispiele der Kritik sozialdemokratischer Politikerinnen an der Familienpolitik der Bundesregierung aufgezeigt werden. Zum Teil gingen die Vorstellungen zwischen den Frauen der konservativen und der sozialdemokratischen Parteien weit auseinander. Es ging (damals) nicht nur um unterschiedliche Familienbegriffe, es ging auch um unterschiedliche politische Auffassungen. Helene Weber (1881–1962), 1948/1949 Mitglied des Parlamentarischen Rates für die CDU und 1949–1962 im Bundestag, erklärte noch 1961 in einem Interview, dass sich die Frauen in der Politik in erster Linie um Themen wie Jugend, Familie und Frauen kümmern sollten: «Es gibt in der Politik wie überall zwischen Mann und Frau eine Partnerschaft. Die Frau ergänzt. Sie soll es nur immer wissen. Sie soll nicht versuchen, so zu reden wie der Mann. Sie soll auch nicht versuchen, so zu begründen wie der Mann. Sie soll *ihre* Begründung bringen, das ist ein Reichtum für die Politik. Es ist kein Reichtum, wenn sie anfängt, den Mann nur nachzuahmen.»[231] Auch andere VertreterInnen der konservativen Parteien betonten immer wieder die behaupteten «naturgegebenen Unterschiede», die trotz Gleichberechtigungsgesetz eine gleiche Behandlung der Geschlechter unmöglich machten.[232]

Die heftige Verteidigung der heterosexuellen christlichen «Normalfamilie» stand oft im Gegensatz zu den von den Frauen selbst gelebten Modellen. Wie viele andere Frauen lebten auch

231 «Warum ich in die Politik ging», Interview mit Helene Weber, in: Das Ruhrwort vom 18.3.1961.

232 Petra Holz: Zwischen Tradition und Emanzipation. Politikerinnen in der CDU in der Zeit von 1945 bis 1957, Königstein/Taunus 2004, S. 170f

viele Politikerinnen der Nachkriegszeit in keiner «Normalfamilie». Auch Helene Weber war nicht verheiratet und hatte keine Kinder. Die Jugendwohlfahrtspflegerin, familienpolitische Sprecherin der SPD, Bundestagsabgeordnete, Gewerkschafterin und stellvertretende Vorsitzende der Arbeiterwohlfahrt Marta Schanzenbach (1907–1997) erzog ihre beiden Kinder alleine, nachdem ihr Mann im Krieg umgebracht worden war. Anlässlich der 2. Bundes-Frauenkonferenz des DGB 1955 gab sie zu: «Es gehört ein starker Glaube dazu, um manchmal in der praktischen Arbeit nicht zu verzweifeln».[233] Damit meinte sie sicher nicht nur die politische Arbeit. Marta Schanzenbach lag daran, dass für die verschiedensten Formen familialen Zusammenlebens differenzierte Hilfs- und Unterstützungsangebote entwickelt werden. Eine «Einheitsfamilienpolitik», die sich auf den Schutz und die Förderung von «Normalfamilien» beschränkte, lehnte sie schon damals ab.[234] Es entsprach der von ihr in der sozialen Arbeit bevorzugten Hilfe zur Selbsthilfe, wenn sie die Frauen aufforderte, Frauenwohngemeinschaften zu bilden: «Manche alleinstehende Frau kann einer anderen alleinstehenden Frau oder Witwe mit Kind einen Halt geben, wenn sie eine Wohngemeinschaft bilden»[235], so Marta Schanzenbach. Solche Gemeinschaften erschienen ihr geeignet, bislang vernachlässigte Beziehungen zu Mit- und Nebenmenschen zu knüpfen und soziale Verhältnisse zu erreichen, in denen alle Menschen akzeptiert werden, unabhängig von ihrer Lebensform. Daher sollte die Förderung von Familien nach ihren Politikvorstellungen vor allem der Verbesserung der Situation der Kinder und der sozial benachteiligten und diskriminierten Familien dienen. Schanzenbach bedauerte es, dass sich für die junge Generation eine Jugendbewegung, die sie selbst in den 1920er-Jahren als einzigartige außerfamiliale Sozialisationsinstanz erlebt hatte, in der Zeit nach dem Zweiten Weltkrieg nicht wieder herausgebildet hatte.[236]

Marta Schanzenbach fühlte sich als familienpolitische Sprecherin zwar dem SPD-Anliegen «die Familie zu schützen, zu fördern und zu stärken», wie es ab 1959 auch im Godesberger

233 Marta Schanzenbach: Frauen, Mütter, Familien in der heutigen Gesellschaft. In: Deutscher Gewerkschaftsbund Bundesvorstand (Hg.): Frauen helfen – bauen auf! Düsseldorf 1955, S. 77–111.

234 Gisela Notz, Frauen in der Mannschaft, S. 230f.

235 Ebenda, S. 55.

236 Ebenda, S. 439.

Programm festgeschrieben wurde, von Anfang an verpflichtet. Sie selbst vertrat dennoch einen für die 1950er-Jahre sehr fortschrittlichen Familienbegriff. «Familien» hießen für sie: Unterschiedliche Formen des Zusammenlebens mit Kindern, die nicht an die Institution «Ehe» gekoppelt sein mussten.[237]

«Warum reden wir nur immer von einem Teil in unserer Gesellschaft, warum sehen wir nicht auch das Unglück und das Glück des anderen Teils unserer Gesellschaft?»[238] sagte sie 1955 in einer Rede zu einer DGB-Frauenkonferenz. Schließlich war die Anzahl derjenigen, die in anderen Lebensformen lebten, besonders die lediger Frauen und alleinerziehender Mütter, nicht unerheblich. Sie forderte bessere Infrastruktur durch Kinderbetreuungseinrichtungen und «familienbegleitende Maßnahmen», denn eines ihrer Hauptanliegen war, dass Frauen nicht gezwungen sein sollten, ihren Beruf aufzugeben, wenn sie Kinder hatten. Durchsetzen konnte sie sich in den 1950er-Jahren mit diesen unkonventionellen Positionen nicht; auch nicht in ihrer Partei.

Um ihre Vorstellungen von anderen Wohn- und Lebensformen durchzusetzen, hätte es beim Wiederaufbau anderer städtebaulicher Konzepte und einer anderen Wohnungspolitik bedurft. In den 1950er-Jahren fehlten noch immer Wohnungen, besonders für «alleinstehende» Frauen und ältere Menschen. Viele Schulen waren selbst in den 1960er-Jahren noch überfüllt und die Versorgung mit Kindergärten in der Bundesrepublik war völlig unzureichend. Diese infrastrukturellen Mängel konnten Hausfrauen, die die Familie zu Hause versorgten, am besten bewältigen. Die politische Praxis unter den Ministern Wuermeling und Heck sah deshalb bei der Wohnungsvergabe eine Bevorzugung der so genannten Gattenfamilie vor.

Die Sozialdemokratin Hedwig Meermann (1913–2000), die selbst die Nazi-Zeit mit ihrem Kleinkind in einer Wohngemeinschaft im Schwäbischen überlebt hatte, kritisierte das und brachte alternative Wohnkonzepte in den Bundestag ein.[239] Sie

---

237 Elfriede Eilers / Marta Schanzenbach: Zur Nachkriegsgeschichte der Familienpolitik aus sozialdemokratischer Sicht, in: Reinhart Bartholomäi u.a. (Hg.): Sozialpolitik nach 1945. Geschichten und Analysen, Bonn 1977, S. 229–238; hier: S. 231.

238 Ebenda, S. 230 f.

239 Siehe hierzu: Gisela Notz: Mehr als bunte Tupfen im Bonner Männerclub, Sozialdemokratinnen im Deutschen Bundestag 1957–1969, Bonn 2007, S. 196–229.

war ab 1961 wohnungs- und städtebaupolitische Sprecherin der SPD-Bundestagsfraktion und setzte sich für die Berufstätigkeit der Frauen, für Kindergärten und Kinderhorte ein. Ihr Hauptanliegen war die Verbesserung des Wohnungs- und Städtebaus. Wohnen war für sie mehr als «ein Dach über dem Kopf zu beanspruchen»[240]. Drei Punkte waren ihr dabei wichtig: «Erstens, die Menschen sollen gut wohnen, […] zweitens, sie sollen sicher wohnen […] und drittens, sie sollen die Wohnungen bezahlen können».[241] Vor allem setzte sie sich für bestimmte Zielgruppen, die im Wohnungsbau vernachlässigt worden waren, ein. Dazu gehörten alleinstehende Frauen und Ältere, die nicht von den kulturellen und gesellschaftlichen Prozessen ausgeschlossen werden sollten. Die damalige Politik, Heime für Ältere außerhalb der Innenstädte auf der grünen Wiese zu bauen, lehnte sie ab. Sie ging davon aus, dass diese Zielgruppen gerne selbständig und unabhängig leben wollten. Eine räumliche Distanz zu erwachsenen Töchtern oder Söhnen konnte nach ihrer Meinung oft die Aufrechterhaltung guter Familienbeziehungen erleichtern.[242] Die Heime und Wohnungen für Ältere sollten an den öffentlichen Nahverkehr und die städtische Infrastruktur angeschlossen sein.

Sie wandte sich auch gegen die Demontage des sozialen Wohnungsbaues, gegen die Aufhebung der Mitpreisbindung, und forderte den Bau von Sozial- und Genossenschaftswohnungen. Scharf kritisierte sie «eine ganze Generation von Wohnungspolitikern», die förmlich an der Vorstellung hänge, «dass es außer dem freistehenden Einfamilienhaus mit Garten wohl kaum eine geeignete Wohnform […] geben könne»[243]. Auf diese Weise würde die Förderung und Propagierung alternativer Wohnformen vernachlässigt, die den gelebten Lebensformen gerecht würden. Utopisch klang 1971 immer noch ihre Forderung nach bezahlbaren Service-Häusern, die den BewohnerInnen Teile ihrer häuslichen Arbeiten abnehmen und «Expe-

240 Stadt Tuttlingen, Museen (Hg.): Tuttlinger Frauen, Tuttlingen 2000, S. 83.
241 SPD-Ortsverein Tuttlingen: Hedwig Meermann zum 80. Geburtstag. Unsere Frau in Bonn. Stationen eines politischen Lebens, Tuttlingen o. J.
242 Hedwig Meermann: Wohnungsbau für alte Menschen. Eine Verpflichtung für uns alle, in: SPD-Pressedienst P/XX/53 vom 18.3.1965, S. 3–5.
243 Hedwig Meermann: Der §218 und die Wohnung, in SPD-Pressedienst P/XXVII/121 vom 28.6.1972, S. 5.

rimenten, die ein offenes Zusammenleben von Ein- und Mehrpersonenhaushalten zum Ziel haben»[244].

Durchsetzen konnte auch sie sich in der großen Politik nicht. Gefördert wurde das «traditionelle» Eigenheim, das vor allem von den Bedürfnissen von Kleinfamilien «mit nichtberufstätiger Hausfrau und dem Wunsch nach Privatheit geprägt» war und die Isolation von Frauen förderte. Deshalb sollte es nach ihrer Meinung der Vergangenheit angehören.[245]

4.4. Christlicher Familismus und Fundamentalismus

In diesem Zusammenhang geht es um christlichen Fundamentalismus[246], auch wenn heute eher vom islamischen Fundamentalismus die Rede ist. Hauptmerkmal der christlichen Fundamentalisten ist, dass sie die Bibel als «Wort Gottes» wörtlich nehmen. Christliche Fundamentalisten sind evangelikale ChristInnen. In Bezug auf die katholische Kirche kann auch von kirchlichem Struktur-Fundamentalismus gesprochen werden. Das Hauptinteresse des christlichen Fundamentalismus besteht darin, hergebrachte und nach Ansicht der VertreterInnen «altbewährte Werte» zu erhalten. Dazu gehören vor allem die heterosexuelle, monogame «Normalfamilie» in ihrer traditionellen Zusammensetzung, die Zweiteilung der Arbeitswelt in Frauendomäne (Reproduktionsbereich) und Männerbereich (Produktionsarbeit) sowie die Ablehnung von Abtreibung und Homosexualität.

Durch die Berufstätigkeit der Frauen sehen die christlichen FundamentalistInnen die «Familienwerte» bedroht. Die Zunahme anderer Lebensgemeinschaften bedeutet den Zerfall der heil(ig)en Familie, sie sind somit «wider die Natur». Ebenso wie die Liberalisierung oder gar Freigabe der Abtreibung als eine persönliche Gewissensentscheidung.[247]

---

244 Hedwig Meermann: Soziale Chancengleichheit im Wohnungsbau. Exemplifizierung am Fall alleinstehender Frauen, in: frau und gesellschaft, Nr. 46 vom 29.11.1973.

245 Ebenda.

246 Fundamentalismus als Tendenz, sich auf moralische Grundsatzfragen zurückzuziehen, tritt sowohl im politischen, im Umweltbereich (Ökofundamentalismus) als auch im religiösem Bereich auf.

247 Weiterführende Literatur: Oda Lambrecht / Christian Baars: Mission Gottesreich. Fundamentalistische Christen in Deutschland, Berlin 2009;

Staatliche Familienpolitik in der BRD war in der Geschichte immer auch mit der Einmischung der christlichen Kirchen verbunden. Zentrumspartei, CDU und CSU waren seit ihrem Bestehen eng mit den FundamentalistInnen verbunden; zum Teil gab es personelle Überschneidungen. Bereits bei der Formulierung des Grundgesetzes haben die christlichen Religionsgemeinschaften versucht, auf den Parlamentarischen Rat einzuwirken. Im Nachlass der SPD-Politikerin Elisabeth Selbert findet sich z. B. ein Schreiben des Erzbischofs von Köln, Kardinal Josef Frings, vom 20.11.1948 an den PR, worin er die ParlamentarierInnen aufforderte, Einfluss auf die Gesetzgebung zu nehmen und «Ehe und Familie als die dem Menschen nächstliegenden Lebensgemeinschaften [...] unter den besonderen Schutz des Staates» zu stellen.[248] Bei den Debatten um die Festschreibung des Artikels 6 zum Schutz von Ehe und Familie im GG machte sich besonders die Katholikin Helene Wessel (1898–1969), die im PR die Deutsche Zentrumspartei (DZP) vertrat, für die Rettung der «Deutschen Familie» stark.[249] Sie setzte sich für eine stärkere materielle Förderung der christlichen «Normalfamilie» und für einen «gerechten Lastenausgleich für die Familie» ein. Ein von ihr geschriebener Artikel endete mit dem Aufruf: «Rettet die deutsche Familie und rettet Deutschland!» Den Antrag der SPD nach Gleichstellung des unehelichen mit dem ehelichen Kind lehnte Helene Wessel gemeinsam mit Helene Weber (CDU) aufgrund ihrer konservativen Wertvorstellungen, die sich auf den Schutz der traditionellen Familie richteten, vehement ab: «Wenn wir von diesem Ordnungsbegriff ausgehen, dass Ehe und Familie die Träger des Staates sind, können wir auf der anderen Seite etwas, das diesem Ordnungsbegriff widerspricht – ohne irgendwie ein wertmäßiges Urteil damit fällen zu wollen –, nicht in die gleiche Rangordnung stellen.» Zwar verdienten alle Kinder und alle Mütter staatlichen Schutz, der

---

Eike Sanders / Ulli Jentsch / Felix Hansen: «Deutschland treibt sich ab». Organisierter «Lebensschutz» Christlicher Funtamentalismus Antifeminismus, Münster 2014. Familienplanungszentrum-Balance (Hg.): Die neue Radikalität der Abtreibungsgegner_innen im internationalen Raum, Neu-Ulm 2012

248 Archiv der deutschen Frauenbewegung: Nachlass Elisabeth Selbert, zum Zeitpunkt der Einsichtnahme noch unverzeichnet.

249 Helene Wessel: Rettet die deutsche Familie, in: Neuer Westfälischer Kurier vom 5.9.1947. Wessel war von 1949–1953 für die DZP und von 1957–1969 für die SPD im Deutschen Bundestag.

«natürlichen Ordnung» entspreche jedoch nur der «Familienverband», wie sie ihn verstand. «Uneheliche Kinder», so ihre Argumentation, «können wir, selbst wenn wir wollten, nicht gleichstellen, weil wir [...] von einem anderen Ordnungsbegriff in dem Aufbau unserer staatlichen und gesellschaftlichen Gemeinschaft ausgehen»[250].

Dass es sich so schwierig gestaltete, während der ersten Wahlperiode des Deutschen Bundestags (1949–1953) die Anpassung der Gesetze, die dem Gleichberechtigungsparagrafen im GG widersprachen, voranzutreiben, war ebenfalls vor allem dem Einfluss zu verdanken, den konservative Parteien ausübten. Unterstützt wurden sie von Vertretern der christlichen Kirchen, die Druck auf die Politik des Bundestages ausübten. In der Auseinandersetzung um die Vormachtstellung des Vaters in der Familie verwiesen Vertreter der CDU/CSU darauf, dass eine Ablehnung der patriarchalen Autorität im Familienrecht sich nicht nur Adenauers Regierungsprogramm, sondern auch der Heiligen Schrift und der kirchlichen Lehre widersetzen würde. Gegen die Gleichverteilung der «elterlichen Gewalt» auf beide Elternteile appellierte im Februar 1953 die Fuldauer Bischofskonferenz eindringlich an den Staat, «die wachsende Gefährdung der christlichen Ehe und Familie abzuwehren».[251] Frieda Nadig hielt ihnen ihrerseits die Bibel entgegen, denn dort stehe, dass «Gott dem Mann eine Gefährtin gab und keine Untertanin»[252]. Dem gegenüber konterte Helene Weber (CDU) in der Plenardebatte: «Wenn die Ehegatten sich nicht einigen, dann muss etwas geschehen, damit ein Handeln zustande kommt.»[253] Das Primat der Männer sei kein Privileg, sondern eine Schutzverpflichtung des Mannes für die Frau. Er solle für beide entscheiden, wenn man sich über ein Problem nicht einigen könne.[254]

Zur familistischen Einstellung der konservativen, von den Kirchen beeinflussten Politik der BRD gehört auch die Kontrolle über den Körper der Frau. Kinder gebären war Teil der familiären Pflichten, die Ablehnung des Selbstbestimmungsrechtes

250 Parlamentarischer Rat, 21. Sitzung Hauptausschuss, 7.12.1948, S. 240. Selbst lebte Wessel mit ihrer Partnerin zusammen.

251 Zitiert nach: Robert G. Moeller: Geschützte Mütter, Frauen und Familien in der westdeutschen Nachkriegspolitik, München 1997, S. 160.

252 Deutscher Bundestag, 239. Sitzung, 27.11. 1952, S. 11062.

253 Ebenda.

254 Ebenda.

der Frauen gehörte zum familistischen System. Geschlechtsverkehr zählte bis 1953 zu den ehelichen Pflichten; Verweigerung konnte als Scheidungsgrund angeführt werden. Abtreibung war nach dem aus dem Jahre 1871 stammenden §218 des Strafgesetzbuches auch in den Jahren nach dem Zweiten Weltkrieg verboten. Zwar war die unter dem Hitlerregime verordnete Todesstrafe auf Abtreibungen 1953 wieder aufgehoben worden, nachdem jegliche Todesstrafe mit Inkrafttreten des Grundgesetzes 1949 bereits abgeschafft war. Doch der Schwangeren drohte eine Haftstrafe von einem bis fünf Jahren und der Person, die die Abtreibung vornahm, von einem bis zehn Jahren. Auch wenn das Gesetz vielfach umgangen wurde, stellte es besonders für die betroffenen Frauen aus den unteren Schichten eine unsägliche Härte dar. 10.000 Frauen starben nach den offiziellen Statistiken jährlich an einer Abtreibung. Da die Preise für eine illegale Abtreibung stark variierten, erschien Abtreibung vor allem als soziales Problem. Das hatte zur Folge, dass es viele Frauen gab, die ungewollt Kinder bekamen. Viele Ehen wurden hauptsächlich wegen einer Schwangerschaft geschlossen. Noch 1965 wurden 802 Frauen wegen Selbstabtreibung bestraft. Bis 1976 dauerte es in der BRD, bis die soziale Indikation eingeführt wurde. Dass eine «Notlage» der Frau vorlag, musste jedoch ein Arzt oder eine Ärztin attestieren.[255] Die Fristenregelung ohne Zwangsberatung war 1975 vom Bundesverfassungsgericht verworfen worden. Der §218 steht bis heute im Strafgesetzbuch. Die SPD-Politikerin Elfriede Eilers (geb. 1921) berichtete in einem Interview, wie sie bei der Gründung einer Arbeitsgruppe «zur Rettung der Fristenregelung» im Deutschen Bundestag 1975 einen Abgeordneten, der im «ZK der Katholiken» saß, als Vorsitzenden verhindern konnte. Dennoch wusste sie: «Kein Papier wurde verabschiedet, bevor es nicht das ‹katholische Büro› und die ‹evangelische Landesvertretung› passiert hatte.»[256]

Abtreibung ist auch heute nach §218/219 StGB grundsätzlich rechtswidrig. Seit 1995 ist sie mit der Einführung der gesamtdeutschen Regelung nach dem Besuch einer verpflichtenden Schwangerschaftskonfliktberatung und einer anschließenden dreitägigen Wartepflicht in den ersten zwölf Wochen der Schwangerschaft straffrei.[257]

---

255 Vgl. hierzu: Gisela Notz, Alles verklemmt, S. 130.

256 Interview Gisela Notz / Elfriede Eilers am 4.5.1999.

257 Vgl. Eike Sanders / Ulli Jentsch / Felix Hansen, Deutschland, S. 10, 43 f.

Nach dem Willen der christlichen Kirchen sollte Gott allein bestimmen, wie viele Kinder eine Frau bekommt, und die christliche «Normalfamilie» war das einzige Umfeld, wo Kinder aufwachsen sollten. Geschlechtsverkehr vor der Ehe oder außerhalb der Ehe gilt als nicht gottgewollt. Angst vor einer unehelichen Schwangerschaft hatten zu allen Zeiten vor allem die Frauen, denn sie hatten die Folgen zu tragen, und das Wissen um Verhütungsmittel war begrenzt. Wer öffentlich Verhütungsmittel vertrieb, hatte lange Zeit mit Gefängnisstrafen zu rechnen. Überflüssig ist es, zu betonen, dass sexuelle Erfahrungen von jungen Frauen und jungen Männern immer einer höchst unterschiedlichen Bewertung unterlagen. Als 1961 die Anti-Baby-Pille zur bewussten Familienplanung auf den Markt kam, wurde sie nur an verheiratete Frauen, die mit einem entsprechenden ärztlichen Rezept versehen waren, «als Mittel gegen Menstruationsstörungen» (so die Reklame der Firma Schering) abgegeben. Auch die Pille kollidierte mit der damaligen Moralvorstellung.[258] Konservative Moralisten aus Politik und Kirche liefen Sturm. Von der katholischen Kirche und den Evangelikalen wird sie bis heute abgelehnt. Der Papst hat erst im Januar 2015 das Verbot von Pille und Kondom bestätigt.

Homosexuelle Liebe war in der Bundesrepublik Deutschland bis 1969 generell und bis 1973 in eingeschränktem Maße nach §175 des StGB strafbar. Erst 1994 – nachdem er in der DDR längst nicht mehr galt – wurde der Paragraph für das ganze Bundesgebiet aufgehoben. Der §175 galt als «Schwulenparagraf», denn lesbische Liebe war immer straflos. Sie wurde als weniger häufig betrachtet, war im Ganzen unauffälliger, weil sie in der Öffentlichkeit weniger in Erscheinung trat, und wurde auch nicht ernst genommen, weil Frauen ein eigenes Sexualempfinden abgesprochen wurde, da Sexualität ohne Männer nicht denkbar erschien. Akzeptiert war sie in den 1960er-Jahren freilich nicht. Für konservative Christen ist mit homosexueller Liebe keine «zielfindende Sexualität» verbunden, das gilt auch für lesbische Liebe.

---

258 Auf die erst später problematisierten gesundheitlichen Auswirkungen gehe ich in diesem Zusammenhang nicht ein. In den 1960er- und 1970er-Jahren wurde die Pille von den Frauen als Erleichterung erfahren.

4.5. Die Funktion der Familie im Wohlfahrtsstaat

Mit dem Ausbau des Sozialstaates nach dem Zweiten Weltkrieg wurden in der BRD Sozialsysteme institutionalisiert, die sich am männlichen Ernährermodell orientierten und die Betreuung von Kindern und pflegebedürftigen älteren und kranken Personen weitgehend der Familie bzw. den Frauen zuweisen.[259] Das ist in allen konservativen und familistischen Wohlfahrtsstaaten der Fall. Infrastrukturelle und gesetzliche Bedingungen sind nach wie vor an der Familienform mit (gesetzlich fixierter und kirchlich gesegneter) Ehe, Hausfrauen- oder Zuverdienerinnenmutter und Haupternährer orientiert. Innerhalb der Familie sollen nicht nur immaterielle, sondern auch materielle Umverteilungsprozesse stattfinden, und zwar hauptsächlich zwischen den Generationen, zwischen den Geschlechtern und zwischen wohlhabenden und bedürftigen («blutsverwandten») Familienmitgliedern. EhepartnerInnen sind gegenseitig zum Unterhalt verpflichtet. Hat eine Ehepartnerin kein Einkommen oder Vermögen, so kann sie von ihrem Ehepartner – soweit er über Einkommen und Vermögen verfügt – Unterhalt verlangen; umgekehrt natürlich auch. Das erspart dem Staat Sozialleistungen. Allerdings wird auch von «eheähnliche Gemeinschaften» und Bedarfsgemeinschaften verlangt, dass sie sich gegenseitig unterhalten, obwohl sie nicht die Privilegien von Ehegatten genießen und der Partner / die Partnerin keinen Unterhalt einklagen kann.

Wie in anderen familistischen Wohlfahrtsstaaten werden Pflege und Betreuung von Kindern, älteren Menschen und Menschen, die sich nicht oder vorübergehend nicht selbst helfen können, überwiegend von Familienmitgliedern, sprich Frauen geleistet. Erst wenn durch die Aushöhlung traditioneller familialer Formen sozialer Sicherheit ein Vakuum entsteht, greift staatliche Sozialpolitik, denn das Prinzip der Subsidiarität besagt bis heute, dass der Staat nur dann tätig wird, wenn die Kapazitäten der Familie ausgeschöpft sind.

Der dänische Wohlfahrtsexperte Gösta Esping-Andersen unterscheidet liberale, konservative und sozialdemokratische Wohlfahrtsstaaten. Danach ist die BRD ein konservativer Wohl-

259 Sigrid Leitner: Varianten von Familialismus, Berlin 2013.

fahrtsstaat. Esping-Andersens Kategorisierung orientiert sich an der Logik des Verhältnisses zwischen Staat und Markt in der Bereitstellung sozialer Leistungen, an Modus und Qualität der Leistungen und an der Wirkung von Sozialpolitik auf soziale Schichtung und gesellschaftliche Machtverteilung.

Die von Esping-Anderson so genannten «Wohlfahrtsregime» sind ein Welfare-Mix aus Staat, Markt und Familie,[260] der allerdings vor allem in der BRD durch die unbezahlt geleistete «Freiwilligenarbeit» unterstützt wird. Die Kernfamilie spielt im «Wohlfahrtsregime» des konservativ-korporatistischen Wohlfahrtssystems eine große Rolle. Und dies nicht nur aufgrund ihres kostengünstigen Einsatzes im kapitalistischen Wirtschaftssystem, das für diese Arbeiten nicht tarifgerecht bezahlen will, sondern auch aufgrund des historischen Einflusses der Kirche. Sie ist an der Aufrechterhaltung traditioneller Familienstrukturen nach wie vor oder sogar verstärkt interessiert. Denn konservative Wohlfahrtsstaaten sind darauf ausgerichtet, dass «Familienfrauen» neben der Familie auch unentgeltliche Arbeit im Sozial-, Erziehungs- und Gesundheitsbereich übernehmen.

Spätestens seit den 1980er-Jahren nimmt der Bedarf an Betreuung und Pflege in allen europäischen Wohlfahrtsstaaten zu. Hintergrund bilden neben der familistischen Orientierung auch der demografische Wandel, der dazu geführt hat, dass die Bevölkerung insgesamt immer älter wird, sowie die Ausdifferenzierung der Familienstrukturen und die steigende Erwerbstätigkeit der Frauen. Seitdem der steigende Bedarf an sozialen Leistungen, der allerdings auch die Betreuung von Kindern und Jugendlichen beinhaltet, problematisiert wird, wird der Ruf nach mehr Gemeinsinn und Stärkung des Familiensinns durch PolitikerInnen aller Fraktionen, Kirchen und Wohlfahrtsverbände immer lauter. Familie, nachbarschaftliche Hilfe und zivilgesellschaftliche Organisationen sollen die durch den Sozialstaat eingesparten Leistungen übernehmen und so den Sozialabbau kompensieren.[261] Indem die Notwendigkeit des Zusammenspiels zwischen öffentlichen und privaten Leistungssystemen,

260 Goesta Esping-Andersen: Social Foundations of Postindustrial Economies, Oxford 1999, S. 34 f.

261 Vgl. hierzu: Gisela Notz: «Freiwilligendienste» für alle. Von der ehrenamtlichen Tätigkeit zur Prekarisierung der «freiwilligen» Arbeit, Neu-Ulm 2012.

der «public-private welfare-mix»[262], verstärkt betont wird, wird auch die Bedeutung der Familie als Ort der Wohlfahrtsproduktion hervorgehoben.

Nach der «Wende», zu Beginn der 1990er-Jahre wurden in der «wiedervereinigten» Bundesrepublik immer wieder Debatten um die Aufwertung der Haus-, Sorge- und Erziehungsleistungen (unbezahlt geleistete Carearbeiten) in der Familie geführt. Diskussionen um das «Erziehungsgehalt» oder «Familiengehalt» als Neuauflage der «Lohn-für-Hausarbeit-»Diskussion wurden geführt und umgesetzt, in der Hoffnung auf die Entlastung des Arbeitsmarktes von den Frauen, die von ihrer «Erwerbsneigung» nicht lassen wollten. Das Anliegen war aufgrund des Festhaltens der Frauen an ihren Berufswünschen nicht zu verwirklichen. Die reformierte Familienpolitik setzt nun darauf, vor allem Frauen die Vereinbarkeit von Berufstätigkeit und Familie zu erleichtern. Aufgrund immer noch fehlender sozialstaatlicher Infrastruktur ist das mit einer existenzsichernden Erwerbsarbeit schlecht möglich.[263]

4.6. Berufliche Situation der Frauen in der frühen BRD

Viele bürgerliche Frauen und Arbeiterinnen verließen trotz der konservativen Familienideologie der Regierung Adenauer bereits in den 1950er-Jahren verstärkt den ihnen zugedachten «privaten Raum», indem sie berufstätig wurden. Während der 1950er-Jahre war ein Zuwachs von 8,4 % und zwischen 1960 und 1970 um weitere 9,7 % erwerbstätiger Frauen zu verzeichnen. In den 1960er-Jahren stieg auch die Erwerbsquote verheirateter Frauen weiter an und lag 1970 bei 40,9 %.[264] Diese «Feminisierung des Erwerbslebens» war eng mit der Expansion des Dienstleistungssektors und mit neuen Möglichkeiten der

262 Gösta Esping-Andersen: The Three Worlds of Welfare Capitalism, Cambridge 1990.

263 Siehe hierzu auch Kapitel 7.6.

264 Ute Frevert: Umbruch der Geschlechterverhältnisse? Die 60er-Jahre als geschlechterpolitischer Experimentierraum, in: Axel Schildt / Detlef Siegfried / Karl Christian Lammers (Hg.): Dynamische Zeiten. Die 60er-Jahre in den beiden deutschen Gesellschaften, Hamburg 2000, S. 643–660; hier: S. 644.

Teilzeitarbeit verbunden, die es Müttern erleichtern sollte, einer außerhäuslichen Erwerbsarbeit nachzugehen.[265] Zugleich veränderte sich das Profil der weiblichen Erwerbsarbeit: 1961 waren noch 22,1 % aller weiblichen Erwerbspersonen als mithelfende Familienangehörige, vorwiegend in der Landwirtschaft, beschäftigt, 1970 waren es nur noch 14,5 %. Der Anteil der Industriearbeiterinnen stieg hingegen im gleichen Zeitraum von 30,9 % auf 44,4 %.[266] Dieser Anstieg ist auch auf die Tatsache zurückzuführen, dass immer mehr Frauen nach einer Familienphase zurück in den Beruf wollten.

Es waren jedoch nicht nur die individuellen Wünsche der Frauen und deren gestiegene Konsumbedürfnisse, die ihre Berufstätigkeit beförderten, sondern vor allem der ökonomische Aufschwung, der Arbeitskräfte benötigte. Diese Phase dauerte nicht lange, denn bereits Ende der 1960er-Jahre, mit der Rezession von 1966/1967, zeigten sich die ersten Zeichen der Erwerbslosigkeit.[267] Einige Unternehmen reagierten mit Kurzarbeit. Die «Krise» führte dazu, dass für einen Teil der abhängig beschäftigten ArbeiterInnen die durch Bundeswirtschaftsminister Ludwig Erhard (1897–1977) kreierte soziale Marktwirtschaft, verbunden mit dem Slogan «Wohlstand für alle», bereits fragwürdig wurde. Vor allem Frauen gingen auf die Straße, um für höhere Löhne und für die Sicherung ihrer Arbeitsplätze zu kämpfen. Gewerkschafterinnen kämpften gemeinsam mit Parlamentarierinnen gegen Frauen-Lohngruppen, gegen «Doppelverdiener»-Propaganda und für Gleichberechtigung in den Betrieben und Verwaltungen, für gleiche Löhne für gleichwertige Arbeit und für bessere Arbeitsbedingungen für Frauen und Männer.

1963 nahm der Bundestag einen Antrag der SPD-Fraktion an, eine umfassende Untersuchung über die Situation der Frau

265 Vgl. Axel Schildt: Materieller Wohlstand – pragmatische Politik – kulturelle Umbrüche. Die 60er-Jahre in der Bundesrepublik, in: Axel Schildt / Detlef Siegfried / Karl Christian Lammers (Hg.), Dynamische Zeiten. Die 60er-Jahre in den beiden deutschen Gesellschaften, Hamburg 2000, S. 21–53; hier: S. 26. Zur Ausweitung der Teilzeitarbeit siehe: Christine von Oertzen: Teilzeitarbeit und die Lust am Zuverdienen. Geschlechterpolitik und gesellschaftlicher Wandel in Westdeutschland 1948–1969, Göttingen 1999.

266 Ute Frevert: Frauen-Geschichte, Frankfurt/M. 1986, S. 290 f.

267 Erika Runge: Ein Riß ging durch das Jahr, in: Hart und zart: Frauenleben 1920–1970, Berlin 1990, S. 454–459; hier: S. 456.

in Beruf, Familie und Gesellschaft vorzunehmen. In der Antragsbegründung vor dem Bundestag betonte Käte Strobel (1907–1996), damals MdB-SPD: «Die Tatsache, dass immer mehr Frauen, auch wenn sie verheiratet sind und Familie haben, berufstätig bleiben oder werden, hat nicht nur gesellschaftspolitische Ursachen, die kaum erforscht sind, sondern sie beeinflusst auch in starkem Maße die Struktur unserer Gesellschaft. Dieser Wandel in der sozialen Struktur bleibt bisher nahezu unbeachtet. Die daraus resultierenden Nachteile nicht nur für die unmittelbar Betroffenen, sondern für die Gesamtgesellschaft zu erforschen und zu beseitigen, ist Sinn und Ziel dieser sozialdemokratischen Initiative.»[268] Es ging also um die Erforschung veränderter Familienvorstellungen durch die zunehmende Berufstätigkeit der Frauen und um die Entwicklung von Vorstellungen zur Verbesserung der beruflichen Situation der Frauen.

Nach fast zweijährigen Beratungen in den Ausschüssen für Familien- und Jugendfragen sowie Arbeit wurde dem Antrag der SPD-Fraktion endlich stattgegeben.[269] Die Bundesregierung wurde nach der 2. und 3. Lesung im Parlament Mitte Dezember 1964 beauftragt, «über die Situation der Frauen in Beruf, Familie und Gesellschaft umfassend zu berichten und dem Bundestag Vorschläge zur Verbesserung zu machen». Es dauerte allerdings bis 1967, bis der 641 Seiten starke «Bericht der Bundesregierung über die Situation der Frauen in Beruf, Familie und Gesellschaft»[270] vorgelegt wurde. Aus ihm wurde deutlich, was schon alle wussten, nämlich, dass die «Gleichheit der beruflichen Entwicklungschancen für Frauen und Männer» nicht verwirklicht war.[271] Von Gewerkschafterinnen wurde kritisiert, dass aus dem Bericht weder ein neues Frauen-Leitbild ersichtlich wurde, noch wurde er dem Auftrag gerecht, Konzeptionen zur Verbesserung der Situation der Frauen zu erarbeiten. Es wurde nicht einmal ein Katalog von Fragen, die wissenschaftlich zu untersuchen wären, entwickelt. Gewerkschafterinnen befürchteten, dass der Bericht aufzeigen wollte, «wie viel die Regierung bereits für die Frauen getan habe, dass deren Situ-

---

268 DAG: Frauenstimme, H. 1/1965, S. 2.

269 Ebenda.

270 Drucksache V/909 des Deutschen Bundestages.

271 Zum Bericht vgl. ausführlich: Eva Mühlbauer-Braun: Die Frauen-Enquete – Bestandsaufnahme als Leitbild, in: Gewerkschaftliche Monatshefte 1968, S. 401–409.

ation also schon recht gut sei und dass man nur in der bisherigen Richtung noch ein kleines Stückchen weitergehen müsse, um zu einer vollends befriedigenden Lösung des ‹Problems› zu kommen»[272]. Bemängelt wurde zudem, dass die Geschlechterrollenverteilung in Ehe und Familie immer noch mit dem «Wesen der Frau» begründet wurde, die «Erziehungskraft der Familie» zu hoch im Kurs stand und die mangelhafte «Gleichberechtigung von Mann und Frau» zwar konstatiert, nicht jedoch als gesellschaftliches Problem begriffen wurde.

4.7. Familienpolitik der Bundesregierung in der sozial-liberalen Koalition 1969–1972

Innerhalb der ersten sozial-liberalen Koalition 1969 bis 1972 übernahm Käte Strobel (SPD) als Nachfolgerin von Aenne Brauksiepe (CDU) und erste SPD-Ministerin das Amt der Familienministerin. Käte Strobel hatte keine leichte Aufgabe. Schließlich bekam sie ein Amt übertragen, das sehr durch die ideologischen Zielvorstellungen der CDU/CSU geprägt worden war. Noch immer wirkte das von ihren Vorgängern propagierte Drei-Phasen-Modell, nach dem Familienfrauen nach der Geburt des ersten Kindes aus dem Beruf aussteigen sollten. Folgerichtig fielen in ihre Amtszeit Maßnahmen zur Verbesserung der beruflichen Wiedereingliederung nach einer Familienphase, die 1969 im Arbeitsförderungsgesetz verankert wurden. Sie vertrat – im Gegensatz zu ihren VorgängerInnen – eine eher «rationale Familienpolitik», angesiedelt zwischen «romantischer Ideologie einer deutschen Familie und dem revolutionären Modell der Antifamilie»[273], wie es Ende der 1960er-Jahre in linken Kreisen vertreten wurde. Die bis dahin in der Familienpolitik allein gültige «Normalfamilie» sah sie weniger romantisch verklärt. Käte Strobel stellte die tradierten Rollenbilder zwischen Männern und Frauen in Frage und trat für die Berufstätigkeit der Frauen, auch der Mütter ein.

Freilich fühlte auch sie sich dem Artikel 6 GG verpflichtet, wonach Ehe und Familie unter den besonderen Schutz der

272 Ebenda, S. 402.

273 Birgit Meyer: Käte Strobel (1907–1996), in: Heinz Sarkowicz (Hg.): Sie prägten Deutschland – eine Geschichte der Bundesrepublik in politischen Portraits, München 1999, S. 170–183; hier: S. 182.

staatlichen Ordnung gestellt ist. Für sie galt zusätzlich das Godesberger Grundsatzprogramm der SPD von 1959, worin es hieß, dass auf Staat und Gesellschaft die Aufgabe zukommt, «die Familie zu schützen, zu fördern und zu stärken. In der materiellen Sicherung liegt die Anerkennung ihrer Werte.»[274] Familienpolitik kam nach ihrer Meinung die Aufgabe zu, die erforderlichen Voraussetzungen zu schaffen, die es den Familien ermöglichte, ihre Aufgaben zu erfüllen, und dazu brauchten sie Geld. Käte Strobels Interesse ging jedoch weiter. Es galt weniger der weiteren Förderung der Familie als Institution, sondern sie wollte die einzelnen Mitglieder und Einzelpersönlichkeiten und ihre Bedürfnisse in den Blick nehmen. Sie wollte weder Maßnahmen auflegen, die auf das «Funktionieren» der Familie schlechthin bezogen waren, noch genügte ihr eine rein materielle Unterstützung. Chancengerechtigkeit für Kinder jeder sozialen Herkunft und die Berücksichtigung von Problemen anderer Familienformen, wie «Kinder alleinstehender Elternteile», waren ihre besonderen Anliegen.[275] Neu und wegweisend erschien ihr Ansatz, Familienpolitik nicht isoliert zu sehen, sondern in den Zusammenhang mit Wirtschafts-, Wohnungsbau-, Sozial- und Bildungspolitik zu stellen.[276] Durchzusetzen war das auch unter der sozial-liberalen Koalition nicht leicht. Immerhin gelang es ihr, dass nichteheliche Kinder mit den ehelichen gleichgestellt wurden. Die gesellschaftliche Benachteiligung Alleinerziehender war damit freilich noch nicht beseitigt.

Ihre Hauptaufgabe sah die Ministerin, die ebenso wie Marta Schanzenbach durch die sozialistische Jugendbewegung der Weimarer Republik geprägt war, in den Fragen der Familienplanung und der sexuellen Aufklärung; damals ausgesprochene Tabuthemen. Sie initiierte die Bundeszentrale für gesundheitliche Aufklärung (BZgA) und trat für Verhütungsmittel auf Krankenschein ein. Aufsehen erregte sie allerdings erst, als sie 1969 die Erstellung eines Sexualkundeatlasses veranlasste und die «Anti-Baby-Pille» befürwortete. Den Sexualkundeatlas sollten alle 13–15 jährigen SchülerInnen an deutschen Schulen als Unterrichtsmaterial für die Sexualerziehung bekommen. Das umstrittene Projekt wurde durch einen Ausschuss aus Sachver-

---

274 SPD-Parteivorstand (Hg.): Godesberger Grundsatzprogramm von 1959, Bonn, S. 20.

275 Vgl. Gisela Notz, Frauen in der Mannschaft, S. 495.

276 Eilers/Schanzenbach, Zur Nachkriegsgeschichte, S. 237.

ständigen sämtlicher Kultusminister der Länder gemeinsam mit der BzgA gestartet. Die erste Auflage (100.000 Exemplare) war schnell ausverkauft. Mehrere Auflagen folgten und der Atlas wurde in sechs Sprachen übersetzt. Die Kinder stürzten sich auf den Atlas; die wenigsten waren durch ihre Eltern aufgeklärt worden. Aber in Bayerns Schulen durfte er nicht verwendet werden. Von Presse, Gewerkschaften, SPD, Sozialistischem Deutschem Studentenbund (SDS) und BildungsexpertInnen wurde er gelobt und kritisiert.[277] Die schärfste Kritikerin war Strobels Vorgängerin Aenne Brauksiepe von der CDU, ihr fehlte vor allem die «sozial-ethische» Betrachtung. Damit meinte sie die von der katholischen Kirche geforderte Beschränkung der Sexualität auf die Institution Ehe und auf den Bereich der Fortpflanzung. Alle, die verlangten, die Aufklärung über «sexuelle Dinge» gehören ins Elternhaus, also in die Kleinfamilie,[278] verlangten nichts anderes, als das Rad der Zeit zurückzudrehen – auf Kosten der Jugendlichen, die weiterhin einer zufälligen Aufklärung auf der Straße oder in Peergroups ausgesetzt gewesen wären. Letztlich konnten sich die zuständigen Kultusminister der Länder nicht entschließen, den Sexualkundeatlas für die Schulen zu empfehlen. Ohne Käte Strobels Vorarbeiten wären aber etliche familienpolitische Reformen der 1970er-Jahre nicht durchzusetzen gewesen.

277 Siehe hierzu ausführlich Gisela Notz, Frauen in der Mannschaft, S. 498 f.
278 Vgl. SPD-Pressedienst vom 10. Juli 1969.

5. Familismuskritik der «neuen Frauenbewegungen» in Westdeutschland

5.1. Vorgeschichte

Die neu entstandenen Studierendenbewegungen der 1968er-Jahre und die aus ihnen hervorgegangene Frauenbewegung kritisierten das an den Normen der gewünschten Gesellschaftsordnung und den Vorstellungen von einer intakten Durchschnittsehe orientierte, staatlich begünstigte Modell der bürgerlichen Kleinfamilie. Unter den «68ern» galt Familie als Auslaufmodell, kontaminiert mit dem braunen Gift der Nazis, mit Mutterkreuzen und «Arierzuchtanstalten». Die Familie galt als Repressionsinstrument, das möglichst schnell durch neue Formen des Zusammenlebens ersetzt werden sollte.[279] Schaute man genau hin, war die Familienidylle der vorausgegangenen 1950er-Jahre ohnehin nicht mehr als ein Leitbild gewesen. Rollenvorlagen, die Frauen immer wieder an ihrem Platz am Herd festhalten wollten, funktionierten immer weniger. Immerhin waren 1968 53 % der Frauen in der Bundesrepublik (West) «alleinstehend» (d. h. ledig, verwitwet oder geschieden).[280] Noch immer lebten dreieinhalb Millionen mehr Frauen als Männer in der Bundesrepublik. Doch noch immer stand die «Normalfamilie» im Mittelpunkt des politischen Interesses.

Tatsächlich wurden die Lebensformen durch neue, selbstbewusste gemeinschaftliche Formen des Zusammenlebens immer heterogener, als sie in der Zeit nach dem Zweiten Weltkrieg ohnehin schon gewesen waren. In den 1970er-Jahren kam es durch die Zunahme nicht ehelicher Lebensgemeinschaften in Deutschland (Ost und West) zu einer zumindest partiellen Abkehr vom traditionellen bürgerlich-patriarchalen Familienbild.[281]

279 Der Spiegel 4/2007.

280 Der Bundesminister für Familie und Jugend: Bericht zur Lage der Familien in der Bundesrepublik Deutschland vom 5. Januar 1968. Deutscher Bundestag, 5. Wahlperiode, Drucksache V/3532, S. 23.

281 Gisela Notz: Familien. Lebensformen zwischen Tradition und Utopie, Neu-Ulm 2003, S. 12.

Seine dominante Stellung hatte es zugunsten einer Vielzahl von Lebensformen eingebüßt.[282]

5.2. Familismuskritik der 1968er- und 1970er-Jahre

Es waren die «68er», die in der Bundesrepublik die sexuelle Heuchelei öffentlich machten und sie beiseite zu fegen versuchten. Sie hatten die Vereinzelung und Entfremdung im Berufsleben und die Heim- und Herdidylle der heterosexuellen, monogamen Kleinfamilie, aus der sie alle kamen – soweit ihre Väter nicht im Krieg getötet wurden –, erfahren. Daher strebten sie keine «partnerschaftlichen», sondern kollektive Lösungen der Kindererziehung und des Zusammenlebens und -arbeitens an. Etliche Protagonistinnen sprachen sich für die Auflösung der Kleinfamilie aus, um einen Zustand jenseits von Abhängigkeiten zu leben und andere, nicht hierarchische und nicht autoritäre Beziehungen zwischen Kindern, Frauen und Männern zu entwickeln. Frauen, die Mütter sein wollten, wollten dies nicht als Hauptaufgabe und auf keinen Fall ausschließlich. Frauen brauchten wie Männer Freiräume, um einer existenzsichernden Arbeit nachzugehen, und auch, um politisch aktiv zu sein. Und Freiräume wollten sie auch den Kindern schaffen, die sie zu selbständigen, kritikfähigen Menschen erziehen wollten. Es gab viel zu tun. Es galt, gegen die Notstandsgesetze, gegen den Krieg in Vietnam zu demonstrieren, gegen die große Koalition. Aber auch für mehr und bessere Kindergärten, Schulen, kleine Klassen, andere Lebens- und Arbeitsformen.

Die Wohlanständigkeit der Eltern war in den Augen der StudentInnen die Wohlanständigkeit von MittäterInnen und MitläuferInnen der Nazis, die über Sexualmoral redeten, um nicht über Kriegsschuld und Völkermord reden zu müssen.[283] Die

282 Ebenda; Joses Brüderl / Thomas Klein: Die Pluralisierung partnerschaftlicher Lebensformen in Westdeutschland, 1996–2000, in: Walter Bien / Jan H. Marbach (Hg.): Partnerschaft und Familiengründung, Opladen 2003, S. 189–217.

283 Dagmar Herzog: «Pleasure, sex, and politics belong together». Post-holocaust memory and the sexual revolution in West Germany. Critical Inquiry 24/1998, S. 393–444.

StudentInnen lasen Wilhelm Reich (1897–1957)[284] und handelten danach. Sie stellten die bürgerliche Kleinfamilie und die Fixierung der Geschlechterrollen in Frage, erkannten, dass Sexualunterdrückung zum Bösen, ja zum Faschismus führen, die Überwindung der Zwänge, Verbote und Tabus dagegen von Aggression, sexueller Gewalt und der Lust an der Unterwerfung erlösen kann.[285] Sie forderten die Teilhabe von Frauen an allen gesellschaftlichen Entscheidungen, übten Kritik an der Organisation familialer Sozialisation mit repressiver Kindererziehung. Sie kämpften gegen Misshandlung und Gewalt gegen Frauen und Kinder, problematisierten die geschlechtshierarchische Arbeitsteilung in der Familie und auch im Berufsleben. Und sie bestanden darauf, dass Frauen und Männer ein Recht darauf haben, selbst zu bestimmen, ob und wann sie (eigene) Kinder haben wollen und unter welchen Bedingungen. Um dieses Recht hat die westdeutsche Frauenbewegung, die aus dem politischen Aufbruch des Jahres 1968 hervorgegangen und zu einer der wichtigsten neuen sozialen Bewegungen in Westeuropa und den USA geworden war, nachhaltig unter dem Motto «Kinder oder keine entscheiden wir alleine» gekämpft. Sie verband ihr emanzipatorisches Potenzial mit einem neuen Politikbegriff. Durch das Motto, das Private sei (auch) politisch, kritisierte sie die abstrakt formulierten politischen und bürgerlichen Rechte und forderte ihre konkrete Umsetzung in allen gesellschaftlichen Teilbereichen ein, vor allem auch in den Zusammenlebensformen.[286]

5.2.1. Feministische Wegbereiterinnen der neuen Frauenbewegungen

Die Kritik an der monogamen bürgerlichen Kleinfamilie wurde zu einem der wichtigsten Programmpunkte der westlichen «neuen Frauenbewegungen» der 1970er-Jahre. Die Frauenbewegungen nahmen die in den 1930er-Jahren durch Max Horkheimer (1895–1973), Erich Fromm (1900–1980) und andere

284 Wilhelm Reich: Massenpsychologie des Faschismus, Kopenhagen 1933 sowie Wilhelm Reich: Die sexuelle Revolution, Kopenhagen 1936.

285 Gunter Schmidt, Das neue DERDIEDAS. Über die Modernisierung des Sexellen, Gießen 2004, S. 157.

286 Gisela Notz: Warum flog die Tomate? Die Frauenbewegungen der Siebziger Jahre, Neu-Ulm 2006.

geäußerte Kritik an Struktur und Erziehungsstil der Kleinfamilie wieder auf und diskutierten sie in zum Teil selbst organisierten Hochschulseminaren ausführlich. Weit über den studentischen Bereich hinaus wirkte die existenzialistische Kritik der engagierten französischen Feministin Simone de Beauvoir (1908–1986). Ihr Buch «Das andere Geschlecht», mit dem sie den Grundstein für die emanzipatorische westeuropäische Frauenbewegung der Nachkriegszeit legte, manifestierte auch die Familienkritik.[287] Mit ihrem bahnbrechenden Werk hatte sie bereits Ende der 1940er-Jahre die Kategorie Frau und mit ihr die gesamte Familienideologie in Frage gestellt. «Das andere Geschlecht» entwickelte sich zum Standardwerk des modernen Feminismus. Beauvoirs scharfsinnige existenzialistische Auseinandersetzung mit der «Frauenfrage» kann als eine fundamentale Entzauberung der männlichen Mythen über die Weiblichkeit gelesen werden. Die bekannteste Intellektuelle Frankreichs hat sich um die Entmystifizierung von Mutterschaft und Familie verdient gemacht und wurde zum Leitbild der Frauenemanzipationsbewegung. Von ihr stammt der berühmte Satz: «Man kommt nicht als Frau auf die Welt, man wird es.» In ihrem Buch zeigt sie, dass «die Frau» ein kulturbedingtes Konstrukt des Patriarchats ist. Mutterliebe und Mutterschaft entlarvte sie als Ideologie, die das Patriarchat erfunden hat, um weiterhin die Kontrolle über Frauen und den von ihnen produzierten Nachwuchs zu haben. Der Aufruf zur Emanzipation, zur wirtschaftlichen Unabhängigkeit vom Mann, zur Lösung vom üblichen Frauenschicksal «Küche und Kinder» war nicht nur äußerst provokativ, sondern ebenso weitsichtig und kann auch auf die aktuellen Debatten um «Wahlfreiheit» oder die immer wieder aufflackernde Ideologien von «neuer Mütterlichkeit» angewendet werden. Von den «Nach-68ern» wurde sie begierig gelesen und rezipiert, denn damals wie heute war die familien- und kinderlose Frau in der Gesellschaft nicht erwünscht, ja nicht einmal vorgesehen.

---

287 Simone de Beauvoir: Le Deuxième Sexe, 2 Bde., Paris 1971 (1. Aufl.1949).

5.2.1.1. *Familismuskritik aus der US-amerikanischen Frauenbewegung*

Wichtige Impulse erhielt die Frauenbewegung in der BRD ebenso durch US-amerikanische Feministinnen, die bereits seit Beginn der 1960er-Jahre aktiv waren. Die radikalen Feministinnen versuchten hier wie dort, sowohl das öffentliche als auch das private Leben von Grund auf neu zu erfinden. 1969 erschien Kate Millets (geb. 1934) bahnbrechendes Werk *Sexual Politics* (deutsch: Sexus und Herrschaft), in dem sie die «Politik des Patriarchats» und die Familie als Fundament der patriarchalen Gesellschaft analysierte und kritisierte.[288] Es wurde zum Klassiker des Feminismus. Aufsehen erregte auch die US-amerikanische Journalistin und Feministin Betty Friedan (1921–2006) mit ihrem Buch «Der Weiblichkeitswahn» (The Feminine Mystique).[289] Kaum jemand hat den Kampf der Frau um ihre Befreiung aus dem destruktiven Vakuum der kleinfamilialen Enge so sehr zum öffentlichen Problem gemacht wie sie. Sie enthüllte die Mechanismen der Ideologie, die Familienfrauen auf ihre Rolle als Hausfrau und Mutter beschränkte und ihr Selbstbewusstsein beschnitt, und sie beschrieb, wie der «häuslichen Kreis» zum goldenen Käfig wurde, der die in ihm gefangene Frau in die fürchterliche Aporie des *horror vacui* hineinstößt. Eine von Friedans Kernaussagen, wonach Frauen durch gesellschaftlichen Druck an ihre Haushalte gefesselt seien und sich in ihrem Gefängnis einrichteten, weil sie den Wunsch hätten, der gängigen Vorstellung von Weiblichkeit zu entsprechen, bezog sich auf eigene Umfragen aus den späten 1950er-Jahren, mit denen sie bürgerliche weiße «Nur-Hausfrauen» aller Altersklassen, aus allen gesellschaftlichen Schichten und mit unterschiedlichem Bildungsstand befragt hatte. «Äußerer Druck beherrscht mein Leben», sagte eine Probandin in einem Interview, «jede Eigendynamik fällt vor der Verpflichtung zum ehelichen Rollenspiel in sich zusammen»[290].

Betty Friedan machte darauf aufmerksam, wie die tief verwurzelten Vorstellungen von den Aufgaben einer Frau und

---

288 Kate Millett: Sexus und Herrschaft: Die Tyrannei des Mannes in unserer Gesellschaft. Aus dem Amerikanischen von Ernestine Schlant, München 1971, 1. Aufl.

289 Betty Friedan: Der Weiblichkeitswahn oder die Selbstbefreiung der Frau, Reinbek 1966.

290 Friedan, zit. nach: Konstantin J. Sakkas: Das Nichts der Häuslichkeit, in: Der Tagesspiegel vom 6. Februar 2006.

Mutter in der Familie z.B. durch die Werbung und damit durch die Konsumgüterindustrie unterstützt und manipuliert wurden. «Das Problem ohne Namen» nannte sie die Ideologie, die dahinter steckte. Die Auseinandersetzung mit den provokanten Inhalten des Buches wurde zur Grundlage für eine in den vereinigten Staaten erstarkende Frauenbewegung, die von den Universitäten ausging und auch die Frauenbewegung in Europa beeinflusste.[291] Mit ihrer Analyse machte sie die Frauen für ihre Misere teilweise selbst verantwortlich. Sie unterstellte ihnen, dass sie es einfacher fänden, sich über ihre Kinder und ihre Ehemänner zu verwirklichen, als eigene Wege zu finden.

Diesen Käfig wollte Friedan mit der von ihr 1966 (mit-)gegründeten «National Organization for Women» aufbrechen. Eine Hauptforderung der Organisation richtete sich gegen das Verbot der Abtreibung. Gegen den Vorwurf einer universellen Männerfeindschaft wandten die Frauen ein, dass sie weniger die Frau vom Manne befreien wollten, sondern beide von der falschen Ordnung, die ein richtiges Leben für Frau und Mann unmöglich machte. Ihre Vorschläge richteten sich, wie schon jene früherer Frauenbewegungen, auf bessere Bildungs- und Weiterbildungsmöglichkeiten und existenzsichernde, sinnvolle Erwerbsarbeit auch für Frauen. Viele ihrer Aussagen trafen auch auf die äußerst widersprüchliche soziale Lage der Frauen in Westdeutschland zu. Friedans Optimismus, dass Frauen gemeinsam in feministischen Bewegungen Mut zu neuer und unabhängiger Lebensplanung finden könnten, beeinflusste etwas später auch die westdeutschen Feministinnen. Allerdings war der Optimismus schon deshalb unangebracht, weil Friedan – wie Dagmar Schulz später zu Recht kritisierte – 35 % der weiblichen Bevölkerung in den USA ausklammerte. Das waren erwerbstätige und arme Frauen, ebenso wie die meisten *women of color*.[292] Dieses Defizit gilt freilich auch für viele andere und viele folgende Studien. Auch die Kommunikationsnetzwerke der westdeutschen Feministinnen der 1970er-Jahre waren im Wesentlichen auf weiße mittelständische Aktivistinnen gerichtet.

---

291 Vgl. auch Gisela Notz, Feminismus, S. 73 f.

292 Dagmar Schulz: Unterschiede zwischen Frauen – ein kritischer Blick auf den Umgang mit «den Anderen» in der feministischen Forschung weißer Frauen, in: beiträge zur feministischen theorie und praxis, H.27/1990, S. 45–57; hier: S. 45.

5.2.1.2. Die Notwendigkeit der doppelten Revolution

Die wohl radikalste Kritik am Familismus übte die gebürtige Kanadierin Shulamith Firestone (1945–2012). Sie rüttelte mit ihren radikalen Thesen zu «Frauenbefreiung und sexueller Revolution» viele Aktive der «Neuen Frauenbewegung» auf. Ihr 1970 erschienenes Buch mit dem Originaltitel «The Dialectic of Sex: The Case for Feminist Revolution»[293] soll die damals erst 25-jährige nach Berichten von Freundinnen binnen weniger Monate wie im Rausch niedergeschrieben haben.[294] Sie wies auf die Notwendigkeit einer doppelten Revolution hin. Mit einer sozialen Revolution gelte es, so Firestone, die Klassengesellschaft abzuschaffen, und mit einer feministischen Revolution, die geschlechtsbedingte Unterdrückung zu beseitigen. Ja, sie unterschied in Anlehnung an das marxistische Klassenmodell «die Klasse der Männer und die Klasse der Frauen».[295] Ihr Anliegen war es, «eine Analyse der Dynamik des Kampfes der Geschlechter [zu] entwickeln, die genauso gründlich sein sollte, wie die Analyse des Klassenwiderspruchs von Marx und Engels für die ökonomische Revolution». Für Firestone war die Geschichte der Menschheit vor allem eine Geschichte der Kämpfe zwischen den Geschlechtern. Ansteckend wirkte vor allem ihr Zorn gegen die bürgerliche Familie, die sie als Zentrum der Frauenunterdrückung sah.

Auch die westdeutschen 68erinnen wollten mit dem Slogan «das Private ist politisch» die Grenzen zwischen öffentlichem und privatem Leben neu definieren und beide Bereiche von Grund auf neu entwerfen. Nur wenige waren so radikal wie Firestone, die darauf verwies, dass es die Struktur der Kernfamilie ist, die im Mittelpunkt der Unterdrückung der Frauen steht. Sie sagte: «Solange eine Revolution nicht die Basis jeder gesellschaftlichen Ordnung aufhebt», und das war für sie vor allem «die biologische Familie, dieses Bindeglied, durch das die Psychologie der Macht immer wieder heimlich eingeschmuggelt wird, solange wird dieser Bandwurm von Ausbeutung nicht

---

293 Shulamit Firestone: Frauenbefreiung und sexuelle Revolution, Frankfurt/M. 1975 (englische Originalausgabe: The Dialectic of Sex, New York 1970).

294 Vgl. auch Gisela Notz: Zornige Analytikerin, in: Junge Welt vom 2. Januar 2015, S. 15.

295 Shukamith Firestone: Frauenbefreiung, S. 9

vernichtet werden können.»[296] Damit plädierte sie für eine sexuelle Revolution, die sehr viel breiter sein musste als die sozialistische Revolution.

Mit ihrer Schrift wollte sie den Nachweis führen, dass das «geschlechtsspezifische Klassensystem» tiefer verankert sei als jede andere soziale oder ökonomische Spaltung. Dieses System musste nach ihrer Meinung an den Wurzeln gepackt werden. Dabei ging sie so weit, dass sie die Geschlechterunterschiede selbst abschaffen wollte, und die Forderung aufstellte, eine künstliche Fortpflanzung zu entwickeln. «Der doppelte Fluch, dass der Mann im Schweiße seines Angesichts die Erde pflügen und die Frau unter Schmerzen gebären soll»[297], könnte durch den Einsatz von Technologie aufgehoben werden. Erst wenn wir so weit wären, war nach ihrer Meinung «ein wahrhaft menschenwürdiges Leben möglich»[298]. Sie konnte und wollte nicht verstehen, warum die Natur die grundlegende Ungleichheit geschaffen hat, die dazu führt, dass «die Hälfte der Menschheit für die Gesamtheit Kinder gebären und aufziehen»[299] muss. Mit der ihr eigenen Konsequenz forderte sie «die Befreiung der Frauen von der Tyrannei der Fortpflanzung durch jedes nur mögliche Mittel; Verlagerung der Kindererziehung auf die gesamte Gesellschaft, auf Männer sowohl wie Frauen»[300]. Nicht in der Kleinfamilie wollten sie ihr Konzept verwirklichen, sondern in Wohngemeinschaften.

Ihre Befreiungsthese, die eine künstliche Fortpflanzung außerhalb des Mutterleibs beinhaltet, wurde damals wie heute kritisch betrachtet. Heute sind viele von ihr als erstrebenswert angesehene Technologien Realität: In-vitro-Fertilisation, Leihmütter, die konservierte Eizellen für Karrierefrauen austragen, Einfrieren und Lagerung von Eizellen zum Aufschub der Familiengründung. Wie sie die Entwicklungen in Sachen «Social Freezing» und Reproduktionstechnologie heute beurteilen würde, wissen wir nicht. Die Tatsache, dass der medizinische «Fortschritt» eher ein Ausweg für nach wie vor oder wieder «familiensüchtige» Frauen ist, die gleichzeitig «Karriere» machen wollen, und dass ihnen dieser letztlich oft nichts nützt,

---

296 Ebenda, S. 20.
297 Ebenda, S. 223.
298 Ebenda.
299 Ebenda, S. 224.
300 Ebenda, S. 225.

weil er keine Veränderung in den Familienstrukturen mit sich gebracht hat, würde sie sicher kritisieren. Ebenso die Tatsache, dass es bei der Nutzung der heutigen Möglichkeiten wieder oder immer noch um Vereinbarkeit von beruflichem Erfolg und Kinderwunsch, Selbstoptimierung und um individuelle Ausnutzung von Arbeitskraft im Interesse des Kapitals geht und nicht mehr um die Befreiung der Frauen als Kollektivsubjekt.

Hochaktuell ist Firestones Analyse, nach der es das protektionistische, familialistische System ist, das Menschen ohne Familie immer wieder ausschließt, selbst wenn es heute viele andere Lebensformen gibt. Sie machte das am Beispiel der «Einrichtung Heim» deutlich. Weil Heime die Kehrseite der Familie sind, «das notwendige komplementäre Übel»[301], leiden Kinder, die nicht in «normalen» Familien aufwachsen (können), darunter. Sie machte eine Gesellschaft dafür verantwortlich, die vorschreibt, dass alle Kinder Eltern haben müssen, also der Besitz von Individuen sind und nicht freie Individuen einer Gesellschaft. Da alle Erwachsenen durch ihre genetischen Kinder in Anspruch genommen werden, bleibt demnach niemand mehr übrig, der sich um diejenigen kümmert, die keiner haben will. Wenn niemand derart eingeschränkte Beziehungen zu Kindern hätte, würde sich das «natürliche Interesse» auf alle Kinder gleichmäßig erstrecken, so Firestones These.[302] Diese Forderung nach einem «Ausdehnen» der Familienemotionen auf die ganze Gesellschaft könnte mehr als dreißig Jahre später auch auf die Situation der alten Menschen übertragen werden. Firestones Kritik von Klasse und Familie ist also nach wie vor von großer Aktualität.

5.3. Frauenbewegungen in Westdeutschland: Das Private ist politisch

Die Herausbildung der neuen Frauenbewegungen in Westdeutschland war eine Folge der Geschlechterblindheit der Studentenbewegung, deren «Macher» – die männlichen Mitglieder des Sozialistischen Deutschen Studentenbundes (SDS) – sich zwar als Avantgarde begriffen und für die Emanzipation der unterdrückten und zu kurz gekommenen Arbeiterklasse eintraten,

301 Ebenda, S. 229.
302 Ebenda.

die Unterdrückung der Frauen und deren spezifische Ausbeutung im privaten Bereich als doppelte Unterdrückung jedoch tabuisierten. Helke Sander bezeichnete den SDS in ihrer später berühmt gewordenen Rede, die sie am 13.9.1968 auf der 23. Delegiertenkonferenz des Sozialistischen Deutschen Studentenbundes (SDS) in Frankfurt/Main hielt und die die Republik verändern sollte, als «ein Spiegelbild gesamtgesellschaftlicher Verhältnisse», als eine Organisation, die bestimmte Bereiche des Lebens vom gesellschaftlichen abtrenne und tabuisiere, indem sie ihnen das Etikett «Privatleben» gebe.[303] Sie kritisierte die alleinige Zuständigkeit der Frauen für Kindererziehung und Haushalt, die Frauen daran hinderte, bei der politischen Arbeit eine gleichberechtigte Rolle einzunehmen. Ihre Kritik mündete in der Forderung, Kindererziehung nicht mehr als private Aufgabe der Mütter in der Familie, sondern als gesellschaftliche Frage zu betrachten. Da die Männer des SDS im Anschluss an die engagierte Rede zur «Tagesordnung» übergingen und nicht auf Helke Sanders Thesen reagierten, sich schlicht weigerten, noch der ausschließlich männlich besetzte SDS-Vorstand sich einmischte, bewarf die Berliner Studentin Sigrid Rüger den nächsten Redner, Hans-Jürgen Krahl, mit Tomaten, von denen auch die am SDS-Vorstandstisch Sitzenden etwas abbekamen.[304]

Die Aktivistinnen der am gleichen Tag durch Frauen der verschiedenen SDS-Landesverbände gegründeten «Weiberräte» entschlossen sich, die als privat definierte und der politischen Diskussion entzogene gesellschaftliche Geschlechterordnung in autonomen Frauengruppen zu diskutieren und in den Mittelpunkt ihres politischen Handels zu stellen sowie Veränderungsstrategien zu entwickeln. Zudem erteilten die Vertreterinnen der durch diese Initialzündung entstandenen neuen Frauenbewegung den korporativen, formalisierten und hierarchisierten Strukturen der traditionellen Verbände eine eindeutige Absage zugunsten autonomer Organisationsweisen. «Autonomie» wurde zum Schlüsselbegriff für Selbstbestimmung und die Befreiung aus patriarchalischer und familialer Bevormundung und

303 Helke Sander: Rede des «Aktionsrates zur Befreiung der Frauen», abgedruckt in: Ann Anders (Hg.): Autonome Frauen. Schlüsseltexte der Neuen Frauenbewegung seit 1968, Frankfurt/Main 1988, S. 39–47.

304 Die Anzahl der geworfenen Tomaten ist bis heute umstritten. Meist ist in der Literatur vom «Tomatenwurf» die Rede. Auf jeden Fall waren es mehrere. Vgl. Gisela Notz, Warum flog die Tomate? S. 15f.

wirtschaftlicher Abhängigkeit. Mit dem Anspruch «das Private ist politisch»[305] wurde ein «neues Verständnis des Politischen» eingeklagt, das bis heute wirkt. In Erweiterung des traditionell männlichen Politikbegriffs, der sich sowohl auf die bürgerlich-patriarchale, als auch auf die partriarchal-linke Öffentlichkeit bezog, sollte damit die «Privatheit» als politische Dimension in den Politikbegriff einbezogen und die Veränderbarkeit scheinbar privater Beziehungsstrukturen hervorgehoben werden. Der Weiberrat formulierte: «Es gilt, Privatleben qualitativ zu verändern und diese Veränderung als revolutionären Akt zu verstehen».[306]

Es waren gerade die engagiertesten Frauen im SDS, die aufgrund ihrer persönlichen Erfahrungen den Widerspruch zwischen politischen Ansprüchen und Theorien und praktischem autoritären und frauendiskriminierenden Verhalten der SDS-Männer nicht weiter ertragen wollten. Sie wehrten sich gegen die Ignoranz der SDS-Männer und gegen ihre alleinige Zuständigkeit für Kindererziehung und Reproduktionsaufgaben, die sie daran hinderte, bei der politischen Arbeit eine gleichberechtigte Rolle einzunehmen. Der Schritt der Frauen, sich im Spannungsfeld zwischen öffentlichen und häuslichen Sphären eigene, «männerfreie» Räume zu schaffen, indem sie ihre Erfahrungen, Vorstellungen und Träume, die sie aufgrund ihrer Sozialisations- und Lebensbedingungen geprägt hatten, in den Mittelpunkt stellten, war für die Männer und für viele Frauen im Sozialistischen Studentenbund neu. Denn in der Geschichte der SozialistInnen gab es nie eine isolierte «Frauenfrage». Sie war immer eingebettet in den Klassenkampf und daher der Klassenfrage als «Nebenwiderspruch» unter- bzw. nachgeordnet.[307] Kein Wunder, dass es (auch) innerhalb der neu entstandenen Frauenbewegungen in den folgenden Jahren immer wieder schwierige Auseinandersetzungs- und Absetzungsprozesse gab, in deren Rahmen es vor allem darum ging, ob Frauen sich primär als marxistisch oder als feministisch verstanden.

---

305 Ebenda, S. 21.

306 Ursula Nienhaus: Wie die Frauenbewegung zu Courage kam, in: Gisela Notz (Hg.): Als die Frauenbewegung noch Courage hatte. Die «Berliner Frauenzeitung Courage» und die autonomen Frauenbewegungen der 1970er und 1980er-Jahre, Bonn: Friedrich-Ebert-Stiftung 2007, S. 7–22; hier: S. 7 f.

307 Gisela Notz: Frauen in der Mannschaft, S. 47.

Einig waren sich die frauenbewegten Frauen allerdings in ihrem radikalen Einspruch gegen die wenigen, engen, für Frauen bis dahin vorgesehenen Lebenswege. Die konservative Familienideologie der 1950er- und 1960er-Jahre und das auch in der linken Praxis noch nicht eingelöste Gleichheitsversprechen bildeten den argumentativen Hintergrund für den Aufbruch, der auch international erfolgte und keinesfalls auf den studentischen Bereich begrenzt blieb. In den folgenden Jahren ging es in der frauenpolitischen Diskussion nicht mehr nur um Gleichberechtigung mit den Männern. Die Akteurinnen waren vielmehr davon überzeugt, dass der patriarchalischen und familistischen Gesellschaft mit ihren spezifischen Arbeits- und Familienstrukturen nur dadurch langfristig ein Ende gesetzt werden konnte, wenn man die Geringschätzung der von Frauen geleisteten unsichtbaren Arbeit und die Unterdrückung durch die kleinfamilialen Strukturen offen kritisierte.

«Das Private ist politisch» wurde zum Slogan der neuen Bewegungen. Dieser Slogan hatte insbesondere für die Solidarisierung zwischen weißen Frauen eine hohe Bedeutung, da er sowohl zur Kritik an den familialen Strukturen als auch zur Entlarvung und Enttabuisierung sexualisierter Gewalt (auch in der Familie) beigetragen hat. Indem die strukturelle Verwobenheit der Einzelnen mit patriarchalen Verhältnissen deutlich wurde, wurde auch ein gemeinsames Vorgehen möglich. Die daraus erwachsende Solidarität und die «strategische Verschwisterung» der westdeutschen Frauenbewegung zur «Wir-Frauen»-Identität[308] war sicher notwendig zur Herausbildung einer gemeinsamen Handlungsgrundlage, wurde jedoch von *Black Feminists* nicht geteilt. Diese hatten sich gerade den privaten Raum als Schutzraum vor Rassismus erkämpft. Insofern war und ist er für die *Black Feminists* eher ein Ort des Empowerments innerhalb der *Black Community*. Eine Solidarisierung mit *weißen* Frauen gegen die eigene Community lehnten viele Schwarze Frauen ab.[309] Gayatri Chakravorty Spivak kritisierte gar das Engagement der Feministinnen des Nordens für die Frauen des

308 Vgl. Christa Wichterich: Die Courage hat mein Feminismusverständnis eindeutig beeinflusst, in: Gisela Notz, Als die Frauenbewegung noch Courage hatte, Bonn: Friedrich-Ebert-Stiftung 2007, S. 62–67; hier: S. 66.

309 Patricia Hill Collins: Ist das Persönliche politisch genug? Afrikanisch-amerikanische Frauen und feministische Praxis, in: Brigitte Fuchs / Ga-

Südens als «paternalistische Mission». Eine schwesterliche Verbundenheit zwischen westlichen Feministinnen und Frauen der kolonisierten Länder stellte sie in Frage. Es gelte, sich mit dem Zusammenhang zwischen Imperialismus und Feminismus auseinanderzusetzen. Das Sprechen im Namen «der Frau» erscheint in Anbetracht der verschiedenen Positionierungen nach Klasse, Religion und ethnischer Herkunft nicht möglich und wurde zentraler Gegenstand der Kritik am westlichen Feminismus.[310]

Die Anzahl der *weißen* Frauen, die in unserer Gesellschaft Macht über Männer oder/und Frauen ethnischer Minderheiten haben, nimmt – besonders durch das Wiederaufblühen der DienstbotInnengesellschaft – zu.

5.3.1. Rückzug der Frauen von Männern und Familie

Die meisten westdeutschen Frauen fokussierten sich in den 1970er-Jahren auf den Kampf gegen die doppelte Unterdrückung der Frauen in den Fabriken und in den häuslichen Räumen. Schließlich fühlten sie sich selbst als Kolonisierte der kapitalistischen Gesellschaft.[311] Monogame Kleinfamilie[312] und die domestizierte Hausfrau galten als Erfindung des Kapitalismus und als Kolonie des «kleinen weißen Mannes», mit der er sich die Reproduktion der Arbeitskraft kostenlos aneignen kann. Nach dem gescheiterten Versuch, mit den Genossen über die Ausbeutung der Frauen ins Gespräch zu kommen, begannen Frauen eigene Räume für sich zu etablieren. Dieser Rückzug von den Männern wurde nach Ansicht der Frauen notwendig, um ihre Situation zu reflektieren, frauenpolitische Forderungen zu entwickeln und nach außen vertreten zu können.

Der kategorische Ausschluss von Männern war provokativ, denn damit kündigten die SDS-Frauen und diejenigen, die sich

briele Habinger (Hg): Rassismen und Feminismen. Differenzen, Machtverhältnisse und Solidarität zwischen Frauen, Wien 1996, S. 67–91.

310 Gayatri Chakravorty Spivak: The Post-Colonial Critic. Interviews, Strategies, Dialogues, New York / London 1990.

311 Vgl. Claudia von Werlhof / Maria Mies / Veronika Bennholdt-Thomsen: Frauen, die letzte Kolonie. Zur Hausfrauisierung der Arbeit, Reinbek bei Hamburg 1988, 2. Aufl.

312 Wobei Monogamie als Norm galt. Obwohl immer wieder dagegen verstoßen wurde, änderte das nichts an den damit verbundenen Herrschaftsverhältnissen.

ihnen anschlossen, auch ihren angestammten Platz in der Familie und bewegten sich in Frauenräume, was oft zu erheblichen Konflikten führte. Tatsächlich klang dieses Verhalten zunächst nach einer paradoxen Intervention. Einerseits wandte sich der Kampf der Frauen gegen Diskriminierung und Ausgrenzung, andererseits wollten sie separate Räume schaffen, um ihrem Ausschluss entgegenzuwirken und selbst Handlungsstrategien zur Veränderung zu entwickeln, die nicht mit den Genossen abgestimmt wurden.[313]

Die Separation von Männern war nach Ansicht der Frauen allerdings notwendig, um ihrem eigenen Ausschluss entgegenzuwirken, den sie in einer von Männern dominierten Gesellschaft erfuhren, und um feministische Forderungen zu einem anderen Zusammenleben entwickeln und repräsentieren zu können. Darüber hinaus war die Einrichtung von Frauenräumen zunächst als eine temporäre Separation zu begreifen. Sie sollte nur so lange andauern, bis die beteiligten Frauen ihr eigenes Selbstverständnis gefunden hatten und bis die Männer bereit waren, die Problematisierung und die notwendige Beseitigung der doppelten Unterdrückung von Frauen sowohl in ihre Theorien als auch in ihre Mobilisierungs- und Handlungsstrategien aufzunehmen. Letztlich sollte es das Ziel sein, die Solidarität mit den Männern sowohl bei der politischen Arbeit als auch im «Privatleben» zu erreichen, und nicht, den Geschlechterkampf zu provozieren. Die Solidarität – so zeigten es die bisherigen Erfahrungen – war innerhalb der geschlechtergemischten Gruppen nicht zu erreichen, weil diese die Interessen der Frauen missachteten.[314]

Das Verhältnis zu den (eigenen) Männern war allerdings mehr als ambivalent. Kein Wunder, dass es besonders Männer waren, die der Errichtung von Frauenräumen mit Skepsis und zum Teil Ablehnung gegenüberstanden. Schließlich waren ihre Befürchtungen, dass Frauen Forderungen stellen könnten, die gegen ihre Privilegien gerichtet waren, nicht ganz unberechtigt. Von Seiten der Frauen hingegen wurde der Widerspruch problematisiert, dass Männer zwar gemeinsam mit Frauen für sozialistische Ziele kämpfen wollten, sich jedoch als Theoretiker

313 Vgl. Gisela Notz: Warum flog die Tomate?, Neu-Ulm 2006.

314 Siehe auch: Gisela Notz. Die autonome Frauenbewegung der 1970er-Jahre und ihr Konzept des Frauenraums in der BRD, in: Ariadne. Forum für Frauen- und Geschlechtergeschichte, H.61/2012, S. 60–65; hier: S. 61.

der Bewegung sahen und Frauen die alleinige Verantwortung für die familialen Haus- und Sorgearbeiten überließen. Frauen waren deshalb nicht nur vielfach von der politischen Arbeit ausgeschlossen, sondern darüber hinaus damit konfrontiert, dass diese Problematik fast ausschließlich von ihnen thematisiert wurde. Vor diesem Hintergrund war es ihr Ziel, als politische Subjekte ebenbürtig an der politischen Arbeit beteiligt zu sein. Nun mussten sie nicht nur Widerstände in der patriarchalischen politischen Kultur und bei vielen Männern überwinden, sondern sich auch mit den Weiblichkeits- und Männlichkeitsleitbildern sowie mit Rollenzuschreibungen auseinandersetzen, die Männer wie auch sie selbst verinnerlicht hatten.

Die Neuen Frauenbewegungen standen mit dieser Ambivalenz gegenüber Männern auch im Gegensatz zu anderen sozialen Bewegungen, bei denen die Gegner klar zu definieren waren. Der Slogan «Das Private ist politisch» bezeichnet diese Ambivalenz in doppelter Weise: Besonders schwierig wurde die Situation für Frauen, die Männer liebten und zugleich wegen ihrer emanzipationsfeindlichen Haltung bekämpften. Nicht selten kam es deshalb zu Trennungen.[315] Viele Kleinfamilien lösten sich auf, weil sich die selbsternannten «Helden der Bewegung»[316] nicht um die Organisation des «privaten» Zusammenlebens kümmerten. Die neu entstandene feministische Bewegung verstand sich daher als Gegenöffentlichkeit, als Basisbewegung von Frauen für Frauen, die Hierarchien im Privatleben und in der Öffentlichkeit als patriarchale Strukturen strikt ablehnte. Im Ergebnis führte die Separierung der Frauen, obwohl sie (zunächst) keinesfalls endgültig sein sollte, zu längerfristigen Veränderungen von Mentalitäten und zur Eigenaktivität der Akteurinnen, zu neuen basisdemokratischen Aktions- und Organisationsformen und zu Alternativen zur heterosexuellen bürgerlichen Kleinfamilie mit traditionellen Geschlechterrollen.

315 Vgl. Barbara Schaeffer-Hegel: «Sozialistische Eminenzen», «Busen-Attacken» und «Weiberrat» – geschlechterpolitische Impulse von 1968, in: Forschungsjournal Neue Soziale Bewegungen, 21. Jg., H. 3/2008, 67–78, hier S. 71.

316 Mona Steffen: SDS, Weiberräte Feminismus?, in: Wolfgang Kraushaar (Hg.): Frankfurter Schule und Studentenbewegung. Von der Flaschenpost zum Molotowcocktail, 1946–1995. Bd. 3, Hamburg 1998, S. 126–140, hier S. 131.

Die von der Frauenbewegung vorangetriebene Politisierung des Alltags, auch das Hinterfragen ihrer eigenen Autoritäten, begünstigte es, die männliche Dominanz aufzudecken und anzugreifen.[317] Frauen übten auch Kritik an der Organisation familialer Sozialisation und der repressiven Kindererziehung. Sie kämpften für die Akzeptanz lesbischer Sexualität und verschiedener Lebensweisen, das Recht berufstätig zu sein, für das Selbstbestimmungsrecht bei Schwangerschaft, gegen Misshandlung und Gewalt gegen Frauen und Kinder. Die Formulierung heterosexueller Unzufriedenheit und das daraus resultierende neue sexuelle Selbstbewusstsein sowie die öffentliche Debatte um weibliche Sexualität führten zeitgleich zu neuen Beziehungen, die sich unter Frauen entwickelten, und zu einem politischen Coming-out der Lesbenbewegung, die an «gemischten» Räumen auch langfristig nicht interessiert war.[318]

Seit ca. 1980 entstand im Nachklapp zur Bildung der Frauengruppen auch eine emanzipatorische Männerarbeit, die in der Jugendarbeit, der psychosozialen Beratung und in der Prävention und Intervention gegen Männergewalt gegenüber Frauen und Kindern aktiv wurde.[319] Etwa 1995 wurde die «Neue Männerbewegung» durch die kritische Männerforschung ergänzt. Auch die «profeministische» oder «antisexistische» Männerbewegung bekam Impulse aus den USA, wo bereits Mitte der siebziger Jahre Hochschulkurse, die sich mit Männerforschung beschäftigten, stattfanden. Die sich formierende Männerforschung verstand sich zwar «als kritische Ergänzung einer feministisch orientierten Frauenforschung, die das Gechlechterverhältnis als Macht- und Gewaltverhältnis zwischen Männern und Frauen versteht»[320], eine Auseinandersetzung mit der Ideologie des Familismus unterblieb jedoch weitgehend.

---

317 Ilse Lenz, Bewegungen und Veränderungen. Frauenforschung und Neue Frauenbewegungen in Deutschland. Manuskript. Bochum o. J.

318 Vgl. z. B. Alice Schwarzer: Der kleine Unterschied und seine großen Folgen, Frankfurt/M. 1975 sowie Franziska Frei Gerlach: Schrift und Geschlecht, Berlin 1998, S. 36.

319 Vgl. hierzu: Abschnitt 30. Wie entdecken Männer ihr Geschlecht, in: Ilse Lenz (Hg.): Die Neue Frauenbewegung in Deutschland. Abschied vom kleinen Unterschied. Eine Quellensammlung, Wiesbaden 2008, S. 1977 ff.

320 Rolf Lange: Thesen zur «Kritischen Männerforschung» […] als Bestandteil soziologischer Analysen der Geschlechterverhältnisse, in: Ebenda, S. 1082–1084; hier: S. 1083.

Die Kritik «an traditionell frauenunterdrückender Männlichkeit und den diese Unterdrückung erhaltenden gesellschaftlichen Institutionen»[321], wie sie von Männerforschern nach Ansicht der kritischen Männerforschung geübt werden sollte, klammert die Kritik an den unterdrückenden Strukturen der heterosexuellen Kleinfamilie aus. Denn weder im Beruf noch in der Familie bekommen Frauen die gleichen Chancen und Möglichkeiten, um eine weitgehend selbstbestimmte und erfüllte Persönlichkeitsentwicklung zu erreichen. Etliche Männerforscher verweisen vor allem auf den hohen Preis, den Männer für den Erhalt ihrer Privilegien zahlen müssen, weil «die Zugehörigkeit zur Gruppe der Männer mit großen Risiken verbunden» sei. Auch aus diesem diffusen Unbehagen entwickelte sich keine Kritik am Familismus, weil die «klaren materiellen Vorteile gegenüber Frauen aufgrund ihrer machtvollen Positionen in Wirtschaft, Politik, Recht und Kultur»[322] nicht wirklich infrage gestellt wurden. Auffällig ist, dass die Machtvorteile innerhalb der Kleinfamilie in der Aufzählung der «machtvollen Positionen» fehlen.

5.3.2. Die «Lohn für Hausarbeit»-Debatte

Die Kampagne «Lohn für Hausarbeit» weitete sich in den 1970er-Jahren innerhalb der sich formierenden Frauenbewegungen vor allem in England, den USA, Kanada, Italien, der Schweiz und in der BRD aus. Sie hatte ihren Ursprung in der Analyse der geschlechtsspezifischen Arbeitsteilung in Beruf und Familie und der damit verbundenen Frauenunterdrückung, die von «den Linken» immer noch auf den Nebenwiderspruch neben dem Hauptwiderspruch zwischen Kapital und Arbeit reduziert wurde.

1973 erschien das Buch von Mariarosa Dalla Costa und Selma James «Die Macht der Frauen und der Umsturz der Gesellschaft». Darin wandten sie sich gegen die marxistische These, Hausarbeit sei keine produktive, wertschöpfende Arbeit und stellten die Behauptung auf, die Sklaverei des Fließbands sei keine Befreiung von der Sklaverei des Spülbeckens. Ihre Forde-

321 Vgl. Harry Brod (Hg.): The Making of Masculinities. The New Men's Studies, Boston 1987,

322 Rolf Lange, Thesen, S. 1082.

rung nach «Lohn für Hausarbeit» sorgte für heftige Kontroversen innerhalb der Frauenbewegungen.[323]

1974 kritisierte Silvia Federici in ihrem Artikel «Counter-Planning from the Kitchen» nicht nur den Arbeitsbegriff bei Karl Marx, sondern ging scharf mit der gesamten Linken ins Gericht. Nach ihrer Meinung entzog sich «die Linke» in ihren Analysen und ihrer Strategie der «ungeheure[n] Menge nicht entlohnter Arbeit, die Frauen im Haushalt für das Kapital leisten»[324]. Federici war 1972 Gründungsmitglied des «International Feminist Collective», welches die internationale «Lohn für Hausarbeit»-Kampagne initiierte und weit über die feministische Bewegung hinaus für Kontroversen sorgte. Aufregung löste ihre These aus, dass Frauen nicht erst, indem sie in den Produktionsprozess einbezogen sind, von der kapitalistischen Organisation der Arbeit betroffen sind, sondern dass Hausarbeit und Familie durch die dort geleistete unentlohnte Arbeit und die Funktion, die sie für das Kapital erfüllen, die tragende Säule der kapitalistischen Produktion sind.

Strobl argumentierte 1975 «Wider den Hausfrauenlohn!».[325] Ihr Argument war, dass sich an der Qualität der Hausarbeit durch die Bezahlung wenig ändern wird, die Rolle der Frauen hingegen voll erhalten bliebe. «Eine der wichtigsten revolutionärsten Aufgaben»[326] sah sie in der Aufhebung eben dieser Rollen. Sie verwies darauf, dass «die, die alles tun, damit die Frau aus ihrer Rolle nicht ausbricht»[327], nämlich die bürgerlichen Parteien, die Hausfrauen gerne mit einem «lächerlichen Taschengeld» versehen werden, damit sie in der heil(ig)en Familie verbleiben. Damit leitete sie eine umfangreiche Debatte über den Komplex Frauenarbeit ein. Argumente gegen ein Hausfrauen- oder Familiengehalt waren in den folgenden Jahren vor allem die mangelnde Qualität und Kollektivität – Ingrid Strobl nennt es «Dienstleistung

323 Mariarosa Della Costa: Die Frauen und der Umsturz der Gesellschaft, in: Selma James (Hg.): Die Macht der Frauen und der Umsturz der Gesellschaft, Berlin 1973, S. 22–66; hier: S. 33 f.

324 Silvia Federici (mit Nicole Cox): Counter-Planning from the Kitchen, in: Silvia Federici: Aufstand aus der Küche. Reproduktionsarbeit im globalen Kapitalismus und die unvollendete feministische Revolution, Münster 2012, S. 106–127; hier S. 107.

325 Ingrid Strobl: Wider den Hausfrauenlohn!, in: Alice Schwarzer: So fing es an!» : Zehn Jahre Frauenbewegung, Köln 1981, S. 161–165

326 Ebenda, S. 165.

327 Ebenda, S. 162.

in unserem kleinen Gefängnis»[328] – dieser Arbeit, und dass deren Bezahlung letztendlich dazu führen würde, dass es für einzelne Männer noch leichter ist, von der gesamten Alltagsarbeit befreit zu werden. Ingrid Strobl verwies darauf, dass Frauen sich eigentlich von ihrem Rollenverhalten befreien sollten.[329]

Nachdem das Problem bereits 1976 während der ersten Sommeruniversität für Frauen[330] in Berlin diskutiert worden war, wurde auch 1977 auf der zweiten Sommeruniversität heftig darüber gestritten. Die Lohn-für/gegen-Hausarbeits-Debatte breitete sich aus und legte eine über die traditionelle Kritik am Kapitalismus hinausgehende Analyse der Wertschöpfung im Kapitalismus vor. Die unbezahlte sogenannte Reproduktionsarbeit von Frauen, vorrangig im Haus, wurde als Kern einer bisher fehlerhaften Analyse der politischen Ökonomie bestimmt.

Teile der Frauenbewegungen erhofften sich durch eine Entlohnung der Hausarbeit (durch den Staat), dass diese Arbeit «gesellschaftlich sichtbar und wertvoll» werde und Technologien eingesetzt würden, die sie reduzierten und Frauen materiell unabhängig machten. Wenn Frauen das erreicht hätten, so hofften sie damals, seien sie auch imstande, die Organisationsform von Hausarbeit zu hinterfragen, also diese Arbeitsform zu verweigern und ihre Vergesellschaftung zu fordern.[331] Konzepte zur Vergesellschaftung der Hausarbeit standen allerdings nicht zur Verfügung, und außer in einigen Wohngemeinschaften studentischer oder intellektueller Individuen wurde zu Beginn der Frauenbewegung kaum von der Einbeziehung der Männer – individuell oder kollektiv – in diese Arbeitsform gesprochen.[332]

328 Ebenda, S. 164.

329 Ebenda, S. 162.

330 Dies erste Sommeruniversität für Frauen fand vom 6. bis 10. Juli 1976 an der Freien Universität (FU) statt. Sie wurde von einer interdisziplinären Studentinnengruppe der Technischen Universität (TU) und der FU organisiert, die sich als Teil der internationalen Frauenbewegung verstanden. Das Thema am 8.7. war der Geschichte der Hausarbeit und der Situation der Hausarbeit heute gewidmet.

331 Gisela Bock / Barbara Duden: Arbeit aus Liebe – Liebe als Arbeit: Zur Entstehung der Hausarbeit im Kapitalismus, in: Gruppe Berliner Dozentinnen (Hg.): Frauen und Wissenschaft. Beiträge zur ersten Sommeruniversität für Frauen, S. 118–199, Berlin 1977; Anke Wolf-Graaf: Frauenarbeit im Abseits. Frauenbewegung und weibliches Arbeitsvermögen, München 1981.

332 Vgl. auch Gisela Notz: Feminismus, S. 86 f.

Außerdem blieb unberücksichtigt, dass der Hausarbeiterin nicht nur der Lohn fehlt, sondern auch die Arbeitsbedingungen meist miserabel, der Arbeitsplatz isoliert und ohne Möglichkeit der kollektiven Organisierung ist. Ebenso unterblieb die Problematisierung der Delegierung der Hausarbeiten an unterprivilegierte Frauen schon damals meist Migrantinnen. Letztlich bleibt das familistische System unangetastet.

5.4. Gemeinschaftsprojekte als Alternativen zur bürgerlichen Kleinfamilie

Die neu entstandenen Frauengruppen grenzten sich in den basisdemokratischen Organisationsformen deutlich von etablierten Frauenverbänden wie Parteien und Gewerkschaften, aber auch von den kirchlichen Frauengruppen ab. Den Kern der neuen Bewegungen bildeten Kleingruppen, aus denen bei Aktionen, Kongressen und Demonstrationen schnell Netzwerke entstehen konnten. Aus der US-amerikanischen Frauenbewegung wurde der Ansatz der Selbsterfahrungs- oder Bewusstwerdungsgruppen übernommen, in denen Frauen durchaus kontrovers und politisch orientiert diskutierten. Aufgrund des basisdemokratischen Ansatzes sind sie bis heute wichtige Organisationsansätze «von unten» – auch außerhalb der Frauenbewegungen. Die beteiligten Frauen diskutierten aufgrund ihrer Erfahrungen über Probleme, die sie zentral betrafen, wie z. B. über Verhütung vor Schwangerschaften oder über Lust an Sexualität und über «Beziehungsprobleme» innerhalb der patriarchalen Kleinfamilie, aber auch über neue Beziehungen, die sich unter Frauen entwickelten. Hier wurden Frauen als Individuen mit ihren durchaus unterschiedlichen Erfahrungen ernst genommen und fühlten die Geborgenheit in sozialen Netzwerken von Gleichgesinnten, die sie vorher in ihrer Herkunftsfamilie oder in der eigenen Kleinfamilie oft nicht finden konnten. Im Idealfall waren solche Gruppen in der Lage, aus der Verarbeitung persönlicher Erfahrungen Ansätze einer kollektiven Gesellschaftsanalyse zu leisten. Das funktionierte freilich nicht immer.

Die neuen Organisationsformen zeichneten sich dadurch aus, dass es zu den meisten Themen keine programmatische Übereinstimmung gab und einheitliche Theorieansätze wie Zielsetzungen nicht existierten. Kontroversen waren durchaus zugelassen, sogar erwünscht, und es wurde darüber diskutiert. Dies war einerseits auf die Heterogenität sowohl der behandelten Themen als auch der personellen Zusammensetzung der Frauenbewegungen zurückzuführen, andererseits war die Pluralität vor allem den basisdemokratischen Organisationsstrukturen geschuldet.

Freilich gab es auch Konflikte, beispielsweise zwischen Müttern und Nichtmüttern und zwischen Lesben und Heteras. Mütter beklagten sich darüber, dass von vielen Feministinnen Schwangerschaft nur als Übel gesehen werde. Sie verwiesen darauf, dass «das Säugen eines Kindes eine ganz wichtige sexuelle Lust»[333] sein kann. Das stellten viele «Nichtmütter» und Lesben unter den Feministinnen jedoch gar nicht in Frage. Sie mussten sich täglich gegen die lautstarke Kritik durch Gesellschaft zur Wehr setzen, weil sie dem familistischen Ideal nicht entsprechen wollten.

«Feminismus ist die Theorie, Lesbianismus die Praxis» war ein Slogan, der nach Ansicht von einigen Lesben Programm der gesamten feministischen Bewegung sein sollte. Nur eine Frau, die Frauen liebt, signalisiert Männern, «dass sie an einem zentralen Punkt ihres Lebens den Objektstatus, den ihr die patriarchale Gesellschaft zuweist, verweigert»[334], so Claudia Pinl, eine der Akteurinnen der ersten Stunde, rund dreißig Jahre später. Und das erzeugte Angst, nicht nur bei Männern, sondern bei etlichen heterosexuellen Frauen, die so mit neuen Lebensmustern außerhalb der heterosexuellen Kleinfamilie konfrontiert wurden, die ihnen bis dahin weitgehend fremd waren. Bei aller Verschiedenheit der Frauen waren sich die Feministinnen dennoch «in ihrem radikalen Einspruch gegen die wenigen, engen, für Frauen vorgesehenen Lebenswege»[335] einig. Schließlich bildete der konservative Familismus der fünfziger und sechziger Jahre und das auch in der linken Praxis nicht eingelöste Gleichberechtigungsversprechen den argumentativen Hintergrund für den Aufbruch der 1970er-Frauenbewegungen. Gewalt und

333 Eine Frau aus Berlin: Ich will Kind, Mann und Frauensolidarität, in: Frauenjahrbuch 75, herausgegeben und hergestellt von Frankfurter Frauen, Frankfurt 1975, S. 80–93; hier: S. 85.

334 Claudia Pinl: Stürmische Beziehungen. Lesben- und Frauenbewegung, in: Frauenrat, H. 3/2003, S. 2–5; hier: S. 3.

335 Barbara Holland-Cunz: Die alte, neue Frauenfrage, Frankfurt/M. 2003, S. 147.

Unterdrückung waren bisexuelle, lesbische und heterosexuelle Frauen ausgesetzt; familiale Gewalt konnte sie ebenso alle treffen.

Als Beispiel für Gegenkultur-Projekte, die soziale Orte und auffangende Netze im Falle von verletzenden Familienstrukturen darstellten, sollen hier die Frauenhausbewegung sowie die Gründung von Wohngemeinschaften und Kommunen dienen.

5.4.1. Zufluchtsräume für Frauen

Die Debatte der 1970er-Jahre um die Selbstbestimmung über den eigenen Körper, die bis heute nachwirkt, stellte die klassenübergreifende Frage der Gewalt gegen Frauen und Kinder ins Zentrum der Diskussionen. Die Sicherung der körperlichen und seelischen Unversehrtheit von Frauen und Kindern war bis dahin ein Tabu. Durch die Frauenhausbewegung wurde die Gewalt gegen Frauen dem «Privaten» entrissen, öffentlich gemacht und damit auch enttabuisiert. Dazu gehörte auch die Kriminalisierung von Vergewaltigung und anderen Formen von Gewalt in sexualisierten Ausdrucksformen, sowie die feministische Kritik an der Zwangsheterosexualität als politischer Institution. Die außerordentliche Bedeutung der Gewaltproblematik zeigt sich exemplarisch darin, dass das «Handbuch Frau» 1978 bereits 110 Adressen von Frauenberatungsstellen und Fraueninitiativen, die sich mit dem Thema «Gewalt» beschäftigten, aufwies.[336]

(Familiale) Gewalt gegen Frauen war eines der zentralen Probleme, mit denen sich die neuen Frauenbewegungen beschäftigten und aus dem die Frauenhausbewegung entstand. Ermutigt durch die Erfahrungen in England, wo zu diesem Zeitpunkt bereits etliche Frauenhäuser existierten, gründeten sich in vielen westdeutschen Städten Frauenhausinitiativen mit dem Ziel des Aufbaus von selbstverwalteten Frauenhäusern. Die Frauenhausbewegung machte das Thema «Gewalt gegen Frauen» zu einer Zeit öffentlich, als der staatliche Schutz von Ehe und Familie keineswegs den Schutz der Ehefrauen und Kinder vor männlicher Gewalt einbezog.

---

336 Marion Fiedler / Marianne Hodapp-Lang / Antje Kunstmann: Frau – Ein Handbuch über Sexualität, Verhütung und Abtreibung, Schwangerschaft, Geburt, Körper und Krankheit, Klimakterium und Alter, München 1978.

Grundlegend dafür war die Erkenntnis, dass Gewalt gegen Frauen nicht nur politisch bekämpft werden muss, sondern dass von Partnergewalt betroffene Frauen und ihre Kinder auch eine konkrete Alternative zu ihrer von Gewalt, Bedrohung und Demütigung geprägten Lebenssituation brauchen. Frauen sollten nicht mehr in den Familien Gewalt und Unterdrückung aushalten müssen, sondern Beratungsstellen und Zufluchtsorte vorfinden, die sie davor schützen, nach Misshandlungen zurück in die Kleinfamilie und zu den misshandelnden Partnern zu gehen. Mit den 1976 zunächst in Köln und Berlin eröffneten autonomen Frauenhäusern für geschlagene und misshandelte Frauen wurden Zufluchtsräume geschaffen, in denen die Frauen gleichmaßen Betroffene trafen, wo sie Trauer, Zorn und Wut artikulieren konnten, aber auch Schutz und Hilfestellung bekamen, ohne mit «ihren» Männern weiter konfrontiert zu werden. Das gab ihnen zudem Raum, über neue Lebensformen außerhalb der patriarchalen Kleinfamilie nachzudenken. Neben den Frauenhäusern waren es Frauennotrufe, Krisen- und Beratungszentren, die (nicht nur in großen Städten) immer weiter ausgebaut wurden und unbürokratische Hilfe nach einer Vergewaltigung, nach sexuellen An- und Übergriffen und nach sexueller Belästigung anbieten.

1980 wurde die bis heute arbeitende Zentrale Informationsstelle Autonomer Frauenhäuser (ZIF) als Dachverband für rund 130 autonome und männerfreie Zufluchtsräume gegründet.[337] 2002 schlossen sich auch die autonomen Frauennotrufe zu einem Bundesverband zusammen (BAF e. V.), 2003 folgten die Frauenberatungsstellen (BVF), und 2004 wurde aus den beiden Verbänden der Bundesverband Frauenberatungsstellen und Frauennotrufe – Frauen gegen Gewalt (bff). Aus den autonomen Projekten sind autonome Einrichtungen geworden, die in den Kommunen und Landkreisen wegen ihrer kompetenten und engagierten Arbeit gegen Gewalt an Frauen mehr und mehr geschätzt werden. Leider spiegelt sich diese Wertschätzung zum Leidwesen der AkteurInnen in den seltensten Fällen in der Finanzierung wieder. Die Hoffnung der westdeutschen neuen Frauenbewegungen, es ließe sich ein Geschlechterverhältnis ohne Besitzansprüche, ohne überkommene Rollenvorstellungen und ohne Gewalt in den «privaten» Beziehungen

---

337 www.autonome-frauenhaeuser-zif.de/de/content/autonome-frauenhäuser (Zugriff: 18.1.2015).

herstellen, das hieße, Frauenhäuser und Frauennotrufe würden überflüssig, hat sich bis heute nicht erfüllt. Gewalt im «sozialen Nahraum» ist – trotz einiger gesetzlicher Änderungen und größerer öffentlichen Sensibilität – nach wie vor nicht die Gewaltform, der die Öffentlichkeit oberste Priorität einräumt. Sie ist aber die Gewaltform, die weltweit immer weiter zunimmt.

5.4.2. Wohngemeinschaften

Aus der Analyse, dass die bürgerliche Kleinfamilie eine Institution ist, in der die kapitalistischen Verhältnisse mit der geschlechtshierarchischen Arbeitsteilung Gewalt und Unterdrückung reproduziert und ihre Subjekte produziert werden, zogen Frauen Konsequenzen. Sie beließen es nicht bei der Kritik, sondern wollten aus dem Käfig traditioneller Familien- und Geschlechterbeziehungen ausbrechen. Sie wollten alternative Lebenskonzepte gleichberechtigter Mitglieder realisieren und die Isolation des Einzelnen in der Kleinfamilie wie auch die Fixierung der Geschlechterrollen in neuen Formen des Zusammenlebens und -arbeitens auflösen. Statt weiter über die (Un-)Vereinbarkeit von Familie und Beruf zu lamentieren, war der Spruch, den sie an die Wand sprühten: «Wir wollen alles – und sofort». Sie wollten aber gar nicht alles, jedenfalls nicht so, wie es war, sondern sie wollten alles anders. Sie hatten die Vereinzelung und die Heim-und-Herd-Idylle der Kleinfamilie, aus der die meisten kamen, satt. Daher strebten sie keine aufreibenden «partnerschaftlichen», sondern kollektive Lösungen des Zusammenlebens an.

Wohngemeinschaften als alternative Formen des Zusammenlebens schossen in den 1970er-Jahren wie Pilze aus dem Boden. Sie erwuchsen aus dem Anspruch, gemeinsam mit anderen in ebenbürtigen Geschlechterstrukturen zu leben, zu wirtschaften und Kinder zu erziehen. Frauen untereinander und Frauen, Männer und Kinder wollten ein neues Miteinander, ohne Besitzansprüche, Ausbeutung, Unterdrückung oder Gewalt entwickeln. Einen Vorteil sahen vor allem Frauen in der Verteilung von Hausarbeit und Kindererziehung innerhalb der Gemeinschaftskonzepte auf mehrere Menschen, auf Männer und Frauen.

Grundlage der meisten Aktivitäten und der Beziehungen untereinander waren

- die gemeinsame Kindererziehung,
- die gemeinsame politische Arbeit,

- die gemeinsame Haushaltsführung mit gleichmäßiger Verantwortlichkeit von Männern und Frauen unter teilweiser Einbeziehung der Kinder,
- die Aufhebung der Privatheit der Beziehungen zwischen Männern, Frauen und Kindern.[338]

Die Kinder, die in den 1970er-Jahren in Wohngemeinschaften aufwuchsen, sind heute Erwachsene. Viele von ihnen wohnen wieder in kommunikativen oder kommunitären Zusammenlebensformen, auch wenn die meisten nicht mehr rebellieren.

Es entstanden Gemeinschaften, in denen ein soziales Miteinander von weiblichen und männlichen Erwachsenen sowie Kindern entwickelt wurde, aber auch reine Frauen- und Lesbenwohngemeinschaften.[339] Heide Berndt sah solche Kollektive vor allem als eine Möglichkeit, den Kampf für die Veränderung der Geschlechterrollen mit dem Ziel einer freien Gesellschaft zu führen.[340] Herbert Marcuse beschrieb sie als «Inseln einer Zukunft», als «Testboten humaner Beziehungen»[341].

Wohngemeinschaften wollten auf strukturelle Hierarchien, Besitzansprüche, Ausbeutung und Unterdrückung verzichten; das gelang nicht immer. Die AkteurInnen versprachen sich von den gemeinschaftlichen Wohnformen mehr als die Möglichkeit der «Vereinbarkeit von Kind und Beruf». Sie wollten die traditionelle häusliche Rollenverteilung durch kooperative Lebens-Arbeitsmodelle und die bürgerliche Kleinfamilie durch Gegengesellschaften ersetzen, und zwar im Hier und Jetzt – ohne das große Ziel, die Aufhebung der kapitalistisch-patriarchalen Herrschaftsstrukturen in allen gesellschaftlichen Bereichen als notwendige Voraussetzung für die Durchsetzung antifamilistischer kollektiver Lebens-Arbeitsformen auf breiter Basis zu verwirklichen, aus den Augen zu verlieren.

---

338 Gisela Notz / Heike Notz / Maika Troscheit: Das Leben ist doch kein Kindergeburtstag. Leben mit Kindern – Mütter außerhalb der Kleinfamilie, in: beiträge zur feministischen theorie und praxis, H. 21/22, 1988, S. 73–84; hier: S. 75.

339 Dorothea Schemme: Frauenwohngemeinschaften als Ausdruck der gegenwärtigen Frauenbewegung – Zur Situation der Frauenwohngemeinschaften in Westberlin, Diplomarbeit, Pädagogische Hochschule Westberlin 1976.

340 Heide Berndt: Kommune und Familie, in: Kursbuch 17/1969: Frau Familie Gesellschaft, S. 129–144; hier: S. 132.

341 Zit. nach Wolfgang Kraushaar (Hg.): Autonomie oder Getto? Kontroversen über die Alternativbewegung, Frankfurt/M. 1978, S. 8.

Idealtypisch mussten die Männer in Gemeinschaften ihren Anteil an Hausarbeit und Kindererziehung ebenso leisten, wie Frauen das taten. Sie sind darauf eingegangen. Schließlich hatten sie die Zwänge und Rollenverteilungen aus den Kleinfamilien, aus denen sie kamen, «als abgelaufenes Programm, das nicht funktioniert hat»[342], erkannt und daher selbst ein Interesse an der Auflösung dieser für sie nicht mehr erstrebenswerten Lebensform. Durch das Zusammensein unterschiedlicher Menschen in der Gruppe erfuhren sie eine Summierung verschiedener Fähigkeiten, eine Vernetzung der sozialen Beziehungen und machten ebenso neue Erfahrungen wie die mit ihnen lebenden Frauen. Die enge und ausschließliche Beziehung zwischen Mutter und Kind und gegebenenfalls Vater empfanden Menschen, die in Gruppen zusammenlebten, für die Entwicklung von Erwachsenen und Kindern als unzureichend. Schließlich wollten sie keine angepassten Untertanen erziehen. Verbote und Einschränkungen sollten nicht autoritär durchgesetzt werden, sondern nur da ausgesprochen werden, wo sie den Kindern einsichtig gemacht werden konnten. Die Kinder entwickelten durch das Aufwachsen in vielfältigen Sozialbeziehungen früh soziales Verhalten und nahmen auf die Bedürfnisse anderer Rücksicht, anders als viele «Familienkinder».

5.4.3. Frauenwohngemeinschaften

Aus der Erfahrung, dass die StudentInnenbewegung mit der «Zwangsvorstellung der unausweichlichen Gründung einer Kleinfamilie» aufgeräumt hatte, aber gemischte Wohngemeinschaften auch nicht eine wirkliche Alternative waren, weil es auch dort oft Spannungen wegen der Macht- und Arbeitsverteilung zwischen den Geschlechtern gab, verwirklichten Frauen in den 1970er-Jahren ihr Bedürfnis, mit anderen Frauen zusammenzuleben und Frauenwohngemeinschaften zu gründen.[343] Zwei Redakteurinnen der Berliner Frauenzeitung «Courage» berichteten 1976 über solche Projekte. Die Frauen wollten – egal wie sie vorher gelebt hatten – durch ihre Lebensform beweisen, dass «die Familie als Keimzelle der Gesellschaft» nicht

342 Gisela Notz / Heike Notz / Maika Troscheit: Das Leben ist doch kein Kindergeburtstag, S. 82.

343 Barbara Duden / Irmela von der Lühe: Nicht mehr Tag und Nacht «Mutter» sein, in: Courage, H. 3/1976, S. 3–9; hier: S. 3.

das «einzig mögliche Grundkollektiv» ist. Die Arbeit teilten sie sich solidarisch und die Verantwortung ebenso. Sie verstanden die Erziehung ihrer Kinder als gemeinsame politische Aufgabe, die sie nun mit Frauen lösen wollten. Die Kinder lernten mit der Zeit, dass nicht mehr nur ihre eigene Mutter für sie zuständig ist, sondern auch die anderen dort wohnenden Frauen, und bauten zu ihnen Vertrauen auf. Im Interview wehrten sich die Frauen dagegen, dass immer nach dem «abwesenden Vater» gefragt wurde. Schließlich glänzen auch «Normalväter» oft durch Abwesenheit. Den Frust, dass der Vater vor dem Fernseher sitzt und die Mutter die Küchenarbeit macht, hätten sie nicht mehr zu ertragen. Sie hatten auch keine Lust mehr, den Männern Nachhilfeunterricht in Hausarbeiten und Kinderwickeln zu geben. Nicht die Angst vor der Einsamkeit, sondern eine gewisse Neugier auf ein anderes Leben hatte sie zusammengeführt.

Dorothea Schemme sammelte im Juni 1975 im Rahmen einer Studie Erfahrungen von 93 Frauen aus 44 Berliner Frauenwohngemeinschaften. Die meisten hatten sich durch die Frauenbewegung kennengelernt und waren in Frauengruppen aktiv. Viele waren lesbische Frauen, andere heterosexuell und bisexuell. Schwierigkeiten gab es bereits bei der Wohnungssuche. Alleinstehende Frauen waren bei VermieterInnen per se unbeliebt, zumal wenn sie zumeist wenig Einkommen vorweisen konnten. Die Diskriminierung ging noch weiter: Den Suchenden wurde unterstellt, sie wollten ein Bordell eröffnen. Viele suchten monatelang nach einer passenden Wohnung und mussten hohe Kosten und Schikanen in Kauf nehmen, weil sie ohne Männer waren.[344] Die Frauen waren durchaus nicht nur Akademikerinnen, sondern auch Arbeiterinnen und Lehrlinge. Sie teilten Geld, Arbeit und Essen, Kneipenbesuche und Reisen. Konflikte gab es um Männerbesuche, vor allem zwischen Heteras und Lesben. Irgendwie einigte man sich aber immer. Die Frauen wussten: «Uns verbinden ähnliche Erfahrungen von Unterdrückung, deshalb können wir auf gleicher Ebene miteinander reden.»[345] Schließlich hatten sie sich diese Lebensform selbst ausgesucht.

344 Dorothea Schemme: Ergebnisse einer Untersuchung, in: Courage, H. 3/1976, S. 10 f.

345 Ebenda, S. 11.

Heute werden WGs von studentischen Gruppen oft als Übergangsform gesehen, bis sie schließlich doch kleine Familien gründen oder alleine leben. Propagiert werden Wohngemeinschaften als kostengünstige Variante für das Zusammenleben und die gegenseitige Hilfe von älteren Menschen. Die Konzepte der 1970er-Jahre beinhalteten jedoch weit mehr: Sie waren antifamiliale Konzepte, wandten sich gegen verordnete Geschlechterrollen und sie waren eng verknüpft mit einer anderen, herrschaftsfreien Erziehung in Kinder- und Schülerläden.

5.4.4. Antiautoritäre Kinder- und Schülerläden

Die Ideologie, dass die beste Kinderversorgung diejenige durch die eigene Mutter ist, war der Grund dafür, dass es in den 1960er- und 1970er-Jahren nur wenige Kindergarten-, geschweige denn Krippenplätze gab; selbst in Großstädten wie Berlin, Hamburg oder Frankfurt war das der Fall. Die Kinder von Studentinnen und Auszubildenden hatten kaum Chancen, dort einen Platz zu bekommen. Die bevorzugte oder ausschließliche Aufnahme von «Härtefällen» und «Notfällen» im Kindertagesstättenbereich führte noch lange dazu, dass Kinderkrippen zu diskriminierenden Sondereinrichtungen für Eltern wurden, die mit der Erziehung nicht klarkamen. Kornelia Schneider vom Deutschen Jugendinstitut (DJI) hat noch 1982 darauf hingewiesen; sie schrieb: «Die öffentliche Jugendhilfe schafft als Träger von Krippeneinrichtungen [...] selbst, was sie an den Krippen bemängelt: den Notbehelfscharakter»[346]. Pädagogische Programme sollten aber keine Notprogramme sein. Deshalb wurden Frauen aus den neuen Frauenbewegungen selbst initiativ und gründeten Kinderläden.

Helke Sander hatte in ihrer schon erwähnten Rede auf der 23. Delegiertenkonferenz des SDS festgestellt, dass auch im progressiv erscheinenden SDS nicht nur das «Privatleben», sondern auch die so genannte «Kinderfrage» tabuisiert war. Während sich die «Helden der Bewegung» weitgehend uneingeschränkt der politischen Arbeit widmen konnten, waren viele Mütter durch ihre Kinder ans Haus gebunden und litten unter der «Doppelbelastung» von Studium und Haushalt plus

346 Kornelia Schneider: Zur Situation der Krippenbetreuung. Ergebnisse einer explorativen Feldstudie, in: Zeitschrift für Pädagogik, 28 Jg., H. 5/1982, S. 737–748.

Kindererziehung und/oder der häuslichen Isolation. Nach ihrer Meinung waren die SDS-Frauen mit Kindern die am meisten diskriminierte Gruppe und die Kinderladenarbeit die wichtigste Arbeit, der sich die neu entstandenen Frauenbewegungen widmen mussten.

Über die Geburtsstunde der Kinderläden, die sich später in der ganzen Republik ausbreiteten, gibt es verschiedene Erzählungen. Offensichtlich wussten verschiedene Initiativen anfänglich nichts voneinander. Monika Seifert hatte 1967 die «Frankfurter Kinderschule» gegründet. Sie wollte vor allem die Ergebnisse psychoanalytischer Erforschung der frühkindlichen Entwicklung in einem praktischen Konzept der Erziehung im Vorschulalter experimentell umsetzen.[347] Vieles war anders als in traditionellen Kindergärten, wo sich die «Tanten» und die Kinder nach einem festgelegten Tagesplan richten mussten und die Eltern nichts zu sagen hatten.

Der Name «Kinderladen» entstand in Berlin, weil die ersten Kindergruppen in leerstehenden Tante-Emma-Läden untergebracht waren, die damals reihenweise durch die Supermärkte verdrängt wurden und billig gemietet werden konnten. In Berlin ging das Konzept ebenfalls von Frauen aus. Dort hatten im Dezember 1967 Marianne Herzog und Helke Sander das Problem der Kinder im Umfeld der Studentenbewegung angesprochen. Daraus entwickelte sich im Januar 1968 das erste Flugblatt, das vor der Universität nur an Frauen (!) verteilt wurde. In dem Flugblatt stand unter anderem, dass Frauen nach Meinung von Politik, Kirche und Gesellschaft Kinder bekommen sollten, um anschließend immer für sie da zu sein und für sie zu sorgen. Praktisch seien sie jedoch von der Definitionsmacht über die Erziehungsziele ausgeschaltet, hätten also nichts zu sagen. Sie müssten «permanent zwischen der – nicht von ihnen definierten – Gesellschaft und den Bedürfnissen der Kinder – meist zuungunsten der Kinder – vermitteln»[348]. Etwa einhundert Frauen und ein paar Männer trafen sich noch im Januar 1968 und gründeten die ersten fünf Kinderläden und den «Aktionsrat zur Befreiung der Frau».[349]

---

347 Monika Seifert: Zur Theorie der antiautoritären Kindergärten, in: Konkret H. 3/1969, S. 42–43.

348 www.helke-sander.de/2008/01/die-entstehung-der-kinderlaeden/ (Zugriff: 18.1.2015).

349 Ebenda.

Andere Aktivistinnen sehen den Internationalen Vietnamkongress im Februar 1968 in Berlin als Auslöser der Kinderladenbewegung. Anstatt ihre Kinder zu Hause zu betreuen und damit auf die Teilnahme am Kongress zu verzichten, brachten viele SDS-Frauen ihre Kinder mit und betreuten sie abwechselnd. Diesem «Kinderladen» sollten antiautoritäre Kinderläden in zahlreichen deutschen Städten folgen.[350] Helke Sander verwies in ihrer o. a. Rede darauf, dass im September 1968 bereits «fünf dieser Kinderläden» bestanden, vier weitere sich organisierten und einige weitere sich «im organisatorischen Vorstadium» befanden. Auch Kindergärtnerinnen würden bereits organisiert. Der Zustrom von InteressentInnen sei so groß, dass er kaum organisatorisch verkraftet werden könne.

Den Frauen ging es um mehr als um eine Selbsthilfeorganisation, durch die sie mehr Zeit für politische Arbeit und Studium oder Beruf gewinnen wollten, wie später oft behauptet. Es ging ihnen auch um ein emanzipatorisches Gegenmodell zur Erziehung im Kindergarten und in der Kleinfamilie, um Kindererziehung als gemeinsame, kollektive Aufgabe von Frauen und Männern und um die gesellschaftliche Verantwortung für Kinder. Es ging um die Kritik an der als «bürgerlich» angesehenen Kindererziehung in der Kernfamilie, die verlangte, Kinder nach den Prinzipien des Triebverzichts, des Konkurrenzkampfes und des Leistungsprinzips zu erziehen.[351] In den Kinderläden stand die Erziehung zu selbstbewussten, verantwortlichen Menschen ebenso im Mittelpunkt wie die zu sozialem Verhalten und zur Gruppenfähigkeit,[352] das schloss die Erziehung zur Unterordnung innerhalb der patriarchalen Kleinfamilie aus. Das Ideal war die «antiautoritäre Erziehung», die später vielfältig diffamiert werden sollte. Schließlich beinhaltete die «antiautoritäre Erziehung» auch, dass Kinder nicht mehr in erster Linie auf die zukünftige geschlechtsspezifische Rolle in der Kleinfamilie vorbereitet und schon gar nicht ohne ersichtliche Gründe diszipliniert werden sollten. Sie mussten nicht zu festgesetzten Zeiten schlafen und nicht zu gleicher Zeit unnütze Dinge basteln, mit denen man sie

350 Vgl. Gerhard Bott (Hg.): Erziehung zum Ungehorsam. Kinderläden berichten aus der Praxis der antiautoritären Erziehung. Frankfurt/M. 1970.

351 Kommune 2: Kindererziehung in der Kommune, in: Kursbuch 17/1969, S. 147–178.

352 vgl. Gisela Notz / Heike Notz / Maika Troscheit: Das Leben ist doch kein Kindergeburtstag, S. 73–84.

beschäftigten wollte. Sie durften frei spielen und ihre Kreativität gemeinsam mit anderen entfalten. Dass auch die Freiheit Grenzen hat, lernten die Kinder ebenfalls im Kinderladen, sie erhielten jedoch Erklärungen und konnten darüber diskutieren.

Bereits während der SDS-Delegiertenkonferenz im September 1968 hatten sich erste Auseinandersetzungen um die politische Bedeutung der antiautoritären Erziehung entwickelt. Die elf dort bereits versammelten Kinderladen-Projektgruppen diskutierten über Notwendigkeit und Bedingungen der Transformation der bürgerlichen Erziehungsvorstellungen in eine «sozialistische Erziehung». Es ging um die Integration von Arbeiterkindern. Einige äußerten die Befürchtung, dass antiautoritäre Kinderläden Arbeiterkinder in Konflikt zu den triebfeindlichen Bedingungen ihres eigenen sozialen Umfeldes bringen würden, und akzeptierten damit Ausgrenzungen.[353]

Trotz kontroverser Diskussionen hatte die neue Kinderladenbewegung eine starke gesellschaftliche Ausstrahlung. Von Eltern gegründete und (mit-)betreute Kindergruppen schossen nicht nur in Universitätsstädten wie Pilze aus dem Boden. Freilich lief das vor allem in Berlin nicht ohne ideologische Auseinandersetzungen ab, auch zwischen dem «Aktionsrat zur Befreiung der Frau» und dem 1968 gegründeten «Zentralrat der sozialistischen Kinderläden». Durch die Elternmitarbeit waren viele der neu entstandenen Kinderläden und Eltern-Kind-Gruppen bald so zeitintensiv, «dass die ursprüngliche Idee, Frauen mehr Zeit für sich selber zu verschaffen, um unter anderem auch über die öffentliche Erziehung nachdenken zu können, ins Leere lief», wie Helke Sander später in einem Interview bemerkte.[354] Obwohl kaum eine andere Bewegung gesellschaftliche Prozesse derart beeinflusst hat wie die Kinderladenbewegung, beklagt Helke Sander bis heute, dass die «Kinderfrage» damals von den dominierenden Kräften der Frauenbewegungen ins «Aus» befördert worden sei.[355] Tatsächlich ist in den «Standardwerken»

---

353 Zu dieser Diskussion und zur Umsetzung des Konzepts «sozialistische Erziehung» vgl. Lutz von Werder: Von der antiautoritären zur proletarischen Erziehung, Frankfurt/M. 1972, S.16 ff., zur gescheiterten Praxis, ebenda, S. 192 ff., zur Auflösung des Zentralrats, ebenda, S. 17.

354 Helke Sander: «Nicht Opfer sein, sondern Macht haben», in: Ute Kätzel: Die 68erinnen, Berlin 2002, S. 160–179; hier: S. 167.

355 Helke Sander: Überlegung zur Bewegung, in: Ingeborg Mues (Hg.): Was Frauen bewegt und was sie bewegen, Frankfurt/M. 1998, S. 289–

über die neuen Frauenbewegungen kaum etwas über diesen Teil ihrer Geschichte zu lesen.[356] Ganz offensichtlich wurde auch die pädagogische Dimension der 68er-Protestbewegung bis jetzt wenig erforscht.[357] Das gilt auch für die antifamilistische Diskussion.

Auch wenn die Kinder- und die bald folgenden Schülerladenexperimente von der Öffentlichkeit ängstlich beobachtet wurden und Verfechter familistischer Sozialisationskonzepte die Experimente unter dem Verdacht des Zusammenbruchs aller familialen Werte diskutierten, hatten sie einen nicht unerheblichen Einfluss auf die bestehende öffentliche und private Kinderbetreuung, zumal die Kinderladenbewegung Konflikte mit den traditionellen pädagogischen Einrichtungen nicht scheute. Schließlich waren die Kinderläden zunächst nur als Provisorien gedacht; Ziel war «eine angemessene öffentliche Erziehung für alle Kinder und [...] Definitionsmacht für Frauen».[358] Konzepte antiautoritärer Erziehung hinterließen deutliche Spuren der Liberalisierung der auf Gehorsam und Anpassung ausgerichteten Erziehung in Familie, öffentlichen und selbst kirchlichen Kindergärten, in Schule, Universität und Berufsausbildung. Die veränderten Konzepte und Versuche, «den Verknöcherungstendenzen von Erziehungs-Anstalten entgegenzuwirken», strahlen bis heute aus.[359]

5.4.5. Kommunen

Kommunen als «neue Gemeinschaftsprojekte» machten von sich reden und es mangelte ihnen nicht an Aufmerksamkeit. Sensationelle Meldungen in den Medien über die Aufhebung der Privatheit durch Gruppensex und sexuelle Querverbindungen haben dafür gesorgt, dass die Kommune zum Bürgerschreck

---

292; hier: S. 289.

356 Vgl. Gisela Notz: Warum flog die Tomate? Die autonomen Frauenbewegungen der Siebzigerjahre, Neu-Ulm 2006, S. 49 ff.

357 Das beklagen auch Thobias Schaffrik / Sebastian Wienges in dem von ihnen herausgegebenen Buch: 68er Spätlese – Was bleibt von 1968?, Münster 2008, S. 61.

358 www.helke-sander.de/2008/01/die-entstehung-der-kinderlaeden/ (Zugriff: 18.1.2015).

359 Maria-Eleonore Karsten / Ursula Rabe-Kleberg: Kinderläden und Kinderöffentlichkeit oder was ist an alternativen Formen vorschulischer Erziehung anders?, in: von Lutz Werder (Hg.): Was kommt nach den Kinderläden? Berlin 1977, S. 59–67; hier: S. 67.

wurde. In den ersten Kommunen der StudentInnenbewegung (Kommune 1 und 2) wurden alle Prinzipien der bürgerlichen Familie – privates Eigentum, interne Hierarchie, sexuelle Monogamie und damit verbundene zwischenmenschliche Besitzverhältnisse – abgelehnt und durch radikal-demokratische Strukturen ersetzt. Später hieß es in Berichten oft, dass viele Frauen nicht über die Theorie, sondern der Liebe wegen in die linke Politik geraten seien.[360] Frauen wären nicht mehr als Sexobjekte für die Befreiungsversuche der Männer gewesen, und Männer hätten die antiautoritäre Kindererziehung und die Kinderläden nur erfunden, damit sich den «Frauen größere Liebesspielräume eröffneten, die Männer für ihre sexuelle Befreiung nutzen konnten»[361]. Viele Frauen hatten jedoch ihre eigenen Befreiungsvorstellungen, hatten Lust am Entdecken und Überschreiten des Erlaubten und wollten aus dem Käfig traditioneller Geschlechterbeziehungen und vorgezeichnete Familienstrukturen ausbrechen. Susanne Schunter-Kleemann brachte es in einem Interview auf den Punkt: «Wir sind nicht in irgendwelche Betten gezogen worden, in die wir nicht wollten, sondern haben selbst getan, wozu wir Lust hatten.»[362] Erstaunlich ist, dass von später befragten Protagonistinnen sich keine von ihrer Rebellion gegen die traditionellen Frauenrollen und ihren damaligen Positionen grundlegend abgewandt hat, egal, ob sie in der Kommune 1, im Aktionsrat zur Befreiung der Frauen, im Sozialistischen Studentenbund Deutschland (SDS) oder bei den Protestaktionen gegen den §218 aktiv war und egal, was später aus ihnen wurde.[363]

Da auch Theorien und Praxen von Kommunen situativ vieldeutig sind, soll es in diesem Zusammenhang vor allem um politische Kommunen gehen, die seit Beginn der 1970er-Jahre alternative Arbeits- und Lebenskonzepte entwickelt haben und von denen etliche noch heute bestehen. In den 1990er- Jahren haben sie sich zum Netzwerk politischer Kommunen (Kommuja) zusammengeschlossen. 2012 gehörten 32 Kommunen mit ca.

---

360 Heide Platen: Rezension zu Ute Kätzel: Die 68erinnen, in: Die Tageszeitung vom 7. Januar 2003.

361 Lutz von Werder: Anmerkungen zur anti-autoritären Erziehung und den Kinderläden. Arbeitspapier vom 4.9.1987.

362 Susanne Schunter-Kleemann, in: Ute Kätzel: Die 68erinnen. Porträt einer rebellischen Generation, Berlin 2002, S. 101–119; hier: S. 104..

363 Ute Kätze: Die 68erinnen...

450 Menschen zum Netzwerk.[364] Nach ihrem Selbstverständnis sehen diese Kommunen «Gemeinschaft nicht als Selbstzweck. Die Gruppen sind von libertären, emanzipatorischen, solidarischen und ökologischen Ideen und Gedanken inspiriert.» Ihr gemeinsamer Grundsatz ist: «Wir wollen ein gleichberechtigtes Miteinander, Machtstrukturen lehnen wir ab.» Zum Zusammenleben heißt es: «In den Kommunen leben Menschen verschiedener sexueller Orientierung in unterschiedlichen Beziehungsformen und stellen sich den gesellschaftlichen Normierungen von Kleinfamilien, Singlehaushalten und heterosexuellen Zweierbeziehungen entgegen.»[365] Noch deutlicher wird die Kritik am Familismus aus dem «Grundsatzpapier» der Großkommune Niederkaufungen, einer linken, undogmatischen Gruppe, das 1983 formuliert wurde. Darin heißt es u. a.: «Ich will nicht mehr konkurrieren, beziehungslos und vereinzelt durch die Welt laufen. Ich will nicht mehr unter den herrschenden Bedingungen meine Arbeitskraft, meine Gesundheit, meine Energie ausbeuten lassen. Ich will mich nicht mehr in der Kleinfamilie verkriechen, die mich wieder fit macht für die Arbeit. Ich will nicht mehr konsumieren und all meine unerfüllten Wünsche vergessen.»[366] Praktisch gesehen, führt der «Abbau kleinfamiliärer Strukturen» – einer der fünf Grundsätze[367] – zu selbstgewählten Gruppen, in denen – unterstützt durch die gemeinsame Ökonomie und Gleichbewertung von Produktions- und Reproduktionsarbeiten – die Rollenverteilung zwischen Haupternährer und Zuverdienerin konsequent aufgehoben ist. Die Kindergruppe und die Küche sind eigenständige, vollwertige Arbeitsbereiche. Kinderbetreuung wird prinzipiell als Arbeitszeit anerkannt.[368]

Die KommunardInnen leben in selbstgewählten Wohngruppen, darunter eine Lesben- und eine Männer-WG. Die Größe der Wohngruppen variiert, zwischen drei bis zwölf Erwachsenen und null bis vier Kindern. Es gibt hetero- und homosexuelle

---

364 www.kommuja.de/meilensteine-der-kommuja/ (letzter Zugriff: 14.2.2015).

365 kommuja.netzwerk der politischen Kommunen: das kommunebuch. Berlin/Hamburg 2014, S. 129f.

366 Kommune Niederkaufungen: In Gefahr und größter Not bringt der Mittelweg den Tod! Grundsatzpapier, Hamburg 1983.

367 Die anderen Grundsätze sind: Linkes Politikverständnis, gemeinsame Ökonomie, Konsensprinzip, kollektives Arbeiten.

368 Kommune Niederkaufungen: Der Traum ist aus, aber wir werden alles tun, dass er Wirklichkeit wird, Kaufungen 2008, S. 8.

Beziehungen, monogame und polygame. Freilich gibt es auch ohne familistische Strukturen mitunter Eifersucht, Ablehnung, Macht und Besitzdenken, aber durch die Vielfalt der Beziehungen neben den «intimen» Beziehungen potenzieren sich die Möglichkeiten, persönliche Konflikte und Probleme zu lösen. Die Kinder sind gut in die Kommune integriert. Die gemeinsame Kindererziehung ermöglicht den Kindern aller Altersgruppen vielfältige soziale und emotionale Kontakte, löst die Fixierung auf die eigene Mutter bzw. den eigenen Vater und fördert die Selbständigkeit der Kinder.

Aus dem ehemals internen Kinderbereich wurde die staatlich anerkannte integrative altersstufenübergreifende Kindertagesstätte «Wühlmäuse», die auch den Kindern von außerhalb der Kommune offen steht. Selten leben alte und pflegebedürftige Menschen in altersgemischten Kommunen. Die «Kaufunger» haben mit ihrer selbstverwalteten Altentagesstätte «Lossetal», die tagsüber demente Menschen aus der Umgebung betreut und – wenn es notwendig wird – auch die Mit-KommunardInnen aufnehmen kann, seit etlichen Jahren ein Praxisprojekt entwickelt.

Durch die Tatsache, dass Hauswirtschaft, Kindererziehung und Altenpflege Arbeitsbereiche darstellen, die ebenso viel Wertschätzung bekommen wie alle anderen, ist die in der Kleinfamilie übliche Haus- und Sorgearbeit weitestgehend überflüssig bzw. – wie alle anderen Arbeiten – in Gruppen organisiert und kollektiv auf Männer und Frauen verteilt. Dass politische und kulturelle Arbeit als Arbeitszeit gilt, bedarf eigentlich keiner besonderen Erwähnung mehr. Auch die Forschung hat die Kommunen bereits entdeckt. Das Fazit einer Studie hat erbracht, dass «Lebensgemeinschaften wie in Niederkaufungen» deutlich ökologischer ausgerichtet sind als die «bundesweite Durchschnittsfamlie»[369]. Schließlich hat die Kommune eine große Regenwassersammelanlage, eine Solaranlage, ein eigenes Blockheizkraftwerk, kauft die Butter zehnkg-weise ein und jeder Mensch kommt mit 1/7 Auto und 1/35 Waschmaschine aus, wie Uli Barth, einer der Gründungsmitglieder zu berichten weiß.[370]

369 Kommune Niederkaufungen: 50 Jahre Niederkaufungen, Niederkaufungen 2012. Universität Kassel: Forschungsprojekt «gemeinschaftlich nachhaltig».

370 Uli Barth: Konsens als Entscheidungsform, in: Los geht's. Selbstbestimmt leben – Gruppen gründen. Reader zum Pfingsttreffen '99 in

Politische Kommunen stellen die Partialisierung in «Leben» und «Arbeiten» zur Disposition und versuchen, in ihrer Alltagspraxis beides zusammenzubringen. Ihre Kritik am herrschenden System ist eine doppelte: Sie kritisieren das kapitalistisch-patriarchale Wirtschaftssystem mit der Entfremdung der Produzenten von der Arbeit und der Um- und Mitwelt zerstörenden fremdbestimmten Arbeit in einer gnadenlosen Ellbogengesellschaft und sie kritisieren die bürgerliche heterosexuelle Kleinfamilie. Sie bilden Gegenstrukturen außerhalb von institutionalisierten Betriebsverfassungen und zum Zusammenleben in freien Gemeinschaften ohne Heiratsurkunden. Sie entwickeln neue Formen der Selbst- und gegenseitigen Hilfe und der zwischenmenschlichen Beziehungen in einem kollektiv organisierten Leben und finden eigene Regelungen. In ihren selbstgewählten Zusammenschlüssen finden heute viele Menschen eine verlässlichere und zukunftsfähigere soziale Bezugsgruppe als in der bürgerlichen Kleinfamilie[371]. Die Kritik an der Kleinfamilie als Erziehungsinstanz für «autoritätsgewohnte Untertanen»[372], als «Fabrik autoritärer Ideologien und konservativer Strukturen»,[373] als Institution, die der Aufrechterhaltung der bestehenden kapitalistisch-patriarchalen Machtverhältnisse dient, ist auch heute nicht verschwunden.

5.5. Einfluss der Frauenbewegungen auf die Politik der BRD

Die Politik der Bundesregierung nahm die von den Frauenbewegungen ausgehende Kritik am Familismus in den 1970er-Jahren (scheinbar) auf. Es wurde während einer relativ kurzen Zeit der Vollbeschäftigung um die Beteiligung der Frauen an der Erwerbsarbeit geworben, auch wenn sie Mütter waren. Im Jahre 1973 wurde vom damaligen Bundesministerium für Jugend, Familie und Gesundheit unter der Leitung von Katharina Focke (SPD, geb. 1922), die am 15. Dezember 1972 in das Amt der

---

Kaufungren, S.8–10.

371 Siehe zu Kommunen ausführlich: Gisela Notz: Theorien alternativen Wirtschaftens. Fenster in eine andere Welt, Stuttgart 2012, 2. Aufl., S. 137 ff.

372 Helmut Kentler: Die Wohngruppe als gesellschaftliche Institution, in: Wohngruppe, Kommune, Großfamilie, Hamburg 1972

373 Wilhelm Reich: Die sexuelle Revolution, Frankfurt/M. 1971.

Ministerin für Familie, Jugend und Gesundheit berufen worden war, eine Studie veröffentlicht, in der die «Sozialisationsschwächen» der modernen Kleinfamilie aufgezeigt wurden und nachgewiesen wurde, dass auch Säuglinge sich daran gewöhnen können, dass nicht (nur) die biologische Mutter, sondern (auch) andere Bezugspersonen sie betreuen.[374] In der Studie wurden familienpolitische Maßnahmen gefordert, die das ganze soziale Umfeld der Familie berücksichtigen. Die Trennung zwischen Mutter in der Hausfrauenrolle und Vater in der Erwerbsrolle wurde als völlig veraltet und als «ein Instrument zur Unterdrückung der Frauen und zur unterschiedlichen Positionierung der Geschlechter in der Gesellschaft» beschrieben. In der Studie wurde sogar festgestellt, dass die Struktur einer Wohngemeinschaft bessere Voraussetzungen als die Kleinfamilie schafft, um einer «zeitgemäßeren Auffassung von den Geschlechterrollen gerecht zu werden»[375]. Beide Positionen werden bis heute kontrovers diskutiert.

Katharina Focke formulierte während ihrer Amtszeit ein Recht auf personale und berufliche Entfaltung der Frauen und forderte eine bessere Vereinbarkeit von Beruf und Familie im Zusammenhang mit konsequenter Gleichstellungspolitik, weil es andernfalls zu einer Doppelbelastung der Mütter kommen würde. Dennoch blieb die Politik auch in ihrer Amtszeit im Wesentlichen dem Drei-Phasen Modell verhaftet. Sowohl die Einführung von Pflegetagen für Eltern erkrankter Kinder (1974), als auch das unter ihrer Nachfolgerin Antje Huber (SPD, geb. 1924) 1979 eingeführte Gesetz zum Mutterschaftsurlaub folgten weiterhin diesem familistischen Modell. Mit zunehmendem Sozialabbau in den 1980er-Jahren ist auch die Forderung nach mehr Kindertagesstätten und ausgebildeten Bezugspersonen oder gar nach Wohngemeinschaften verschwunden. «Familiengerecht» hieß für Frauen oft Berufstätigkeit in Teilzeitarbeit. Von der Einbeziehung der Männer in die Hausarbeit war noch wenig die Rede.[376] Die Erkenntnis, dass sich beide Arbeitsberei-

---

374 Bundesministerium für Familie, Jugend und Gesundheit: Probleme der Familie und der Familienpolitik in der BRD, Bonn-Bad Godesberg 1973, S. 80.

375 Ebenda S. 62.

376 Siehe hierzu: Gisela Notz: «Du bist als Frau um einiges mehr gebunden als der Mann». Die Auswirkungen der Geburt des ersten Kindes auf die Lebens- und Arbeitsplanung von Müttern und Vätern, Bonn 1991.

che ändern müssen, wie sie in der Studie von 1973 zumindest andiskutiert wurde und durch viele spätere Studien bestätigt wird,[377] hatte sich nicht durchgesetzt.

Unter Antje Huber wurde das Familienrecht reformiert. Das erste Gesetz zur Reform des Ehe- und Familienrechts, das von der sozial-liberalen Koalition am 14. Juni 1976 beschlossen wurde und das am 1. Juli 1977 in Kraft trat, brachte – sicher unter dem Einfluss der Frauenbewegungen – bessere gesetzliche Rahmenbedingungen für Frauen.[378] In seinem ersten Teil enthält es die Eherechtsreform, im zweiten die Reform des Scheidungsrechts, ein dritter Teil bringt die Neuordnung des Scheidungsverfahrens, das erleichtert wurde, indem das bisher geltende Verschuldensprinzip durch das Zerrüttungsprinzip abgelöst wurde. Durch die neu zu schaffenden Familiengerichte sollten alle mit einer Scheidung zusammenhängenden Fragen gebündelt werden.

Nach dem reformierten Gesetz dürfen Frauen, anders als vorher, ihr in die Ehe eingebrachtes Vermögen selbst verwalten. Beide Ehegatten müssen die Haushaltsführung in gegenseitigem Einvernehmen regeln. Beide sind berechtigt, berufstätig zu sein, beide müssen auf die Familie Rücksicht nehmen. Eine Pflicht zur Mitarbeit im Geschäft des anderen gibt es nicht mehr. Jeder darf «Geschäfte zur angemessenen Deckung des Lebensbedarfs der Familie» abschließen, für die auch der Ehepartner haftet. Nun bleiben Haushaltsführung und Erwerbstätigkeit zwar ganz der Entscheidung der Eheleute überlassen, doch auch die Neufassung des §1356 BGB verlangte noch immer das individuelle Aushandeln der jeweiligen Tätigkeitsbereiche, also auch der Verteilung der Erwerbsarbeit und der Haus- und Sorgearbeit. Aus vielen Studien geht hervor, mit welcher Selbstverständlichkeit die meisten Männer die volle Berufstätigkeit für sich in Anspruch nehmen und für ihre Frauen und Partnerinnen aufkündigen, wenn der «Sprung in ein anderes Leben»[379] mit der Geburt des ersten Kindes vollzogen ist.[380]

Zu einem Ausgleich der während der Ehe erworbenen Versorgungs- und Rentenansprüche hatte sich die Legislative nicht

377 Vgl. ebenda.

378 Bundesgesetzblatt vom 14.6.1976.

379 Elisabeth Beck-Gernsheim: Mutter werden – Der Sprung in ein anderes Leben, Frankfurt/M. 1993, 5. Aufl.

380 Gisela Notz: Du bist als Frau.

entschließen können. Dagegen führte das Gesetz eine gegenseitige Unterhaltspflicht der Ehegatten ein.

Zu unrecht titelte DIE ZEIT: «Hausfrauenehe abgeschafft».[381] Denn trotz der Abschaffung des Leitbildes der «Hausfrauenehe» blieb de jure auch nach der Eherechtsreform genau dieses Modell das Leitbild. Durch das Weiterbestehen des Ehegattensplittings wurde es auch steuerrechtlich weiter begünstigt.[382]

Welche Macht «die verqueren, bei jedem Reformversuch wiederkehrenden Argumente der Eheschützer»[383] ausübten, wird daran deutlich, dass es damals in der BRD nicht gelang, mit der Eherechtsreform durchzusetzen, dass auch Vergewaltigung in der Ehe eine strafbare Handlung darstellt. Während Vergewaltigung seit 1871 im Strafgesetzbuch steht, reformiert durch das vierte Gesetz zur Reform des Strafrechts von 1974, nach dem (§ 177) eine Vergewaltigung eindeutig das Recht auf sexuelle Selbstbestimmung verletzt, stellte ein erzwungener Geschlechtsverkehr in der Ehe lange Zeit keinen strafbaren Tatbestand dar. Immer wieder behaupteten PolitikerInnen: «Vergewaltigung in der Ehe? Gibt's bei uns nicht.»[384] Der Staatsanwalt habe unterm Ehebett nichts zu suchen. Es bedurfte eines fraktionsübergreifenden Gruppenantrags der weiblichen Abgeordneten des Deutschen Bundestages, bis 1997 unter Familienministerin Christine Bergmann (SPD, geb. 1939) Vergewaltigung in der Ehe ein strafbarer Tatbestand wurde. Frühere Versuche von SPD, Grünen und PDS sowie dem Juristinnenbund, den Ausnahmezustand von Ehefrauen, über die der Ehemann verfügen konnte, zu ändern, scheiterten jeweils an den CDU/CSU-Abgeordneten. Der Regierungsentwurf der CDU, CSU und FDP, der eine Widerspruchs- bzw. Versöhnungsklausel enthielt, die es Opfern ehelicher Vergewaltigung im Gegensatz zu Opfern außerehelicher Vergewaltigung ermöglicht hätte, vor der Hauptverhandlung Widerspruch einzulegen und so den Ehemann vor einer weiteren Strafverfolgung auszuschließen, wurde immerhin abgelehnt, obwohl sich die Politiker auf das Grundgesetz, wonach Ehe und Familie unter dem besonderen Schutz des Staates stehen, berufen hatten. Sie wollten dem «Verge-

381 DIE ZEIT vom 15.10.1976, Nr. 43.

382 Zum Ehegattensplitting siehe Kapitel 4.3.2.

383 Zitiert nach: Margrit Gerste: Endlich: Vergewaltigung in der Ehe gilt künftig als Verbrechen, in: DIE ZEIT vom 16.5.1997, Nr. 21.

384 Ebenda.

waltiger mit Trauschein ein hervorragendes Druckmittel» in die Hand geben[385]. Nachdem auch der Fraktionszwang aufgehoben worden war, wurde ein neuer Strafgesetzbuch-Paragraph 177 verabschiedet.

385 Regina-Maria Dackweiler / Reinhild Schäfer (Hg.): Gewalt-Verhältnisse: Feministische Perspektiven auf Geschlecht und Gewalt. Frankfurt a. M. 2002, S. 107 f.

6. Familismus in der DDR

In den von Marx und Engels ausgehenden theoretisch begründeten Zielen des sozialistischen Befreiungskampfes wird dem Recht der Frauen auf außerhäusliche Erwerbsarbeit ein zentraler Platz beigemessen. Auch die ersten Protagonistinnen der proletarischen Frauenbewegung sahen die Beteiligung an der außerhäuslichen Erwerbsarbeit als zentrale Bedingung an, um der Frau in der Familie die ökonomische Unabhängigkeit vom Manne zu ermöglichen.[386] Auch im Familiengesetzbuch der DDR war «die Familie die kleinste Zelle der Gesellschaft». Sie beruhte «auf der für das Leben geschlossenen Ehe [...] zwischen Mann und Frau»[387].

Die Gleichberechtigung der Frauen war seit Verabschiedung des Grundgesetzes nicht nur für die BRD seit 1949 de jure gegeben. Die erste Verfassung der DDR enthielt 1949 ebenfalls den Grundsatz der Gleichberechtigung zwischen den Geschlechtern: «Mann und Frau sind gleichberechtigt und haben die gleiche Rechtsstellung in allen Bereichen des gesellschaftlichen, staatlichen und persönlichen Lebens», hieß es in Artikel 7. Er ging allerdings weiter: «Alle Gesetze und Bestimmungen, die der Gleichberechtigung der Frau entgegenstehen, sind aufgehoben.» Anders als in der BRD wurden damit alle gegen die Gleichberechtigung verstoßenden Gesetze außer Kraft gesetzt. Mehr noch, in der Verfassung wurde auch die Schaffung der notwendigen Bedingungen für die Realisierung des Gleichberechtigungsprinzips verankert: In Artikel 18 hieß es: «Durch Gesetz der Republik werden Einrichtungen geschaffen, die es gewährleisten, dass die Frau ihre Aufgabe als Bürgerin und Schaffende mit ihren Pflichten als Frau und Mutter vereinbaren kann.»[388]

386 Herta Kuhrig: «Mit den Frauen» – «Für die Frauen». Frauenpolitik und Frauenbewegung in der DDR, in: Florence Hervé (Hg.): Geschichte der deutschen Frauenbewegung, Köln 1995, 5. neu bearbeitete und vollständig veränderte Aufl., S. 209–248; hier: S. 211.

387 Familiengesetzbuch der Deutschen Demokratischen Republik vom 20.12.1965. In §1(1) hieß es: «Der sozialistische Staat schützt und fördert Ehe und Familie.»

388 Verfassung der Deutschen Demokratischen Republik vom 7. Oktober 1949, Artikel 8.

Das nach der Verfassung der DDR (Art. 24) garantierte «Recht auf Arbeit» galt für Frauen und Männer und schloss aber zugleich die Pflicht zur Erwerbsarbeit ein. Andernfalls drohte §249 des Strafgesetzbuches – «Gefährdung der öffentlichen Ordnung durch asoziales Verhalten» – eine Geldstrafe, verbunden mit Arbeitsplatzbindung, oder eine Haftstrafe von bis zu fünf Jahren an. Dieses Gesetz kam dem in der DDR herrschenden permanenten Arbeitskräftemangel entgegen. Allerdings eröffnen sich für Frauen neue berufliche Möglichkeiten. Dies auch durch die Tatsache, dass es in den 1970er-Jahren, wie auch in den meisten osteuropäischen Staaten, zu einer zunehmenden Angleichung des Bildungsstandes von Frauen und Männern kam.

6.1. Die paternalistische Abhängigkeit blieb bestehen

Paragraf 10(1) des Familiengesetzbuches der DDR gebot: «Beide Ehegatten tragen ihren Anteil bei der Erziehung und Pflege der Kinder und der Führung des Haushaltes. Die Beziehungen der Ehegatten zueinander sind so zu gestalten, daß die Frau ihre berufliche und gesellschaftliche Tätigkeit mit der Mutterschaft vereinbaren kann.» Trotz dieses Gebotes und trotz der umfassenden Aktivierung der Frauen für die außerhäusliche Berufsarbeit blieben die Geschlechterrollen auch in der DDR erstaunlich unflexibel. In der staatssozialistischen Realität wurde die Emanzipation der Frau als ein Teil der gesamtgesellschaftlichen Emanzipation durch die Beteiligung an der Erwerbsarbeit gesehen. Der Arbeitsmarkt war weiterhin geschlechtsspezifisch segregiert, was sich auch in der DDR in der durchschnittlich besseren Bezahlung der männlichen Arbeitnehmer und in der mangelhaften Präsenz von Frauen in Leitungsfunktionen niederschlug. Daneben war die Hausarbeit mehr oder weniger vollständig dem Zuständigkeitsbereich der Frauen zugeordnet, so dass trotz veränderter politischer Rahmenbedingungen die geschlechtlich codierte Konstruktion öffentlicher und privater Räume bestehen blieb.[389]

Die neue sozialistische Rolle der Frau blieb mit der traditionellen Geschlechterrolle verknüpft, denn die Pflichten zur

389 www.zeithistorische-forschungen.de/3-2006/id%3D4564 (Zugriff: 16.2.2015).

Vereinbarkeit von Haus- und Sorgearbeit galten de facto auch in der DDR als Aufgabe der Frau und Bürgerin. Von einer Kritik am Familismus kann demnach nicht gesprochen werden, wenn auch gesellschaftliche Institutionen einen Teil der den Frauen zugeschriebenen Pflichten übernehmen sollten. Auch kann nicht verkannt werden, dass sich Männer von voll berufstätigen Frauen nicht gänzlich von der Hausarbeit befreien konnten, wie das beim «Ernährermodell» der Fall ist. Das proklamierte Ziel des Aufbaus der sozialistischen Gesellschaft war es, die antagonistische Klassengesellschaft zu überwinden. Herta Kuhrig verwies darauf, dass «die Überwindung des Patriarchats als zu lösende Aufgabe»[390]in der DDR keine Entsprechung fand. Es wurde nicht auf die Lösung der Unterdrückung von Frauen durch Männer (Geschlechterfrage), sondern auf die Lösung der Frauenfrage, letztlich «auf die Verwirklichung ihrer Gleichberechtigung mit dem Mann» hingearbeitet. Die in einem Artikel in der Zeitung «Neues Deutschland» vom 21. April 1949 gewählte Lobpreisung «Unsere Frauen stehen ihren Mann» sollte nicht nur für die weiblichen Volksvertreterinnen,[391] sondern auch für die «Frau an der Werkbank» vierzig Jahre lang wiederholt werden.[392]

Die Gleichstellungspolitik der DDR war geeignet, die Frauen in die Berufsarbeit zu integrieren. Es gelang jedoch nicht, Männer dazu zu bewegen, ihre traditionellen Privilegien aufzugeben. Auch die Soziologin Hildegard Maria Nickel betonte gleich nach der «Wende», dass der «Vater Staat» die Frauen zwar absicherte und versorgte, sie «aber auch in paternalistischer Abhängigkeit festhielt»[393]. Auch sie machte die patriarchalische Gleichberechtigungspolitik dafür verantwortlich, dass Frauen in der DDR «trotz der beeindruckenden Belege über den scheinbar unaufhaltsamen Aufstieg sozial Ungleiche blieben». Auf dem Hintergrund formaler Gleichheit konnten Männer an

390 Herta Kuhrig, Mit den Frauen, S. 214.

391 Rita Pawlowski (Hg.): «Unsere Frauen stehen ihren Mann». Frauen in der Volkskammer der DDR 1950 bis 1989. Ein biographisches Handbuch, Berlin 2008.

392 Ina Merkel: ... und Du, Frau an der Werkbank. Die DDR in den 50er-Jahren, Berlin 1990.

393 Hildegard Maria Nickel: Frauen auf dem Sprung in die Marktwirtschaft?, in: beiträge zur feministischen theorie und praxis, H. 29/1991, S. 105–110; hier: S. 105.

der traditionellen Arbeitsteilung festhalten, Machtgefälle übersehen und sich vor allem in den Familien vor ihrer Verantwortung als Väter und Ehemänner drücken und die nachwachsende Generation und die Mütter alleine lassen. Dabei kritisiert Nickel weniger, dass Frauen und Männer verschiedene Arbeiten verrichteten, sondern dass die Macht- und Herrschaftsverhältnisse bestehen blieben. Offensichtlich setzten sich Frauen nicht ausreichend dagegen zur Wehr. Denn diese Machtverhältnisse beeinflussen Lebensperspektiven und Handlungsspielräume für beide Geschlechter.[394]

Die Frauenfrage war nach dem theoretischen Postulat der DDR-Frauenpolitik «Teil der sozialen Frage und nur mit dieser endgültig zu lösen»[395]. Die Struktur der heterosexuellen Kleinfamilie wurde nicht in Frage gestellt. Ebenso blieb das Herrschaftsverhältnis zwischen Mann und Frau innerhalb der Klasse unangetastet. Das lag freilich nicht nur an rigiden staatlichen Vorgaben oder an der Weichenstellung von SED oder/und Gewerkschaften, sondern auch an den Frauen selbst. Das Wissen, dass die Frauen «selber die entschiedendsten Kämpferinnen für ihre Gleichberechtigung werden»[396], dass sie nicht Objekt, sondern Subjekt sind, dass sie sich nur selbst befreien können (Bebel), schien sich lediglich auf die Unterdrückung durch das kapitalistische Wirtschaftssystem zu beziehen; das ja durch das sozialistische System abgelöst war und nicht auf die Unterordnung im patriarchal strukturierten Reproduktionsbereich. Während im Westen von der Frauenbewegung die Akzeptanz individueller Subjektentwürfe als Ziel des politischen Engagements betrachtet wurde, ging es in der DDR eher darum, eine autonome BürgerIn gegenüber der Staatsmacht zu definieren, der unabhängig von Klassen- oder Geschlechtszugehörigkeit Grundrechte zukamen.[397]

Raum für diese Auseinandersetzung bot in der sozialistischen Gesellschaft vor allem der Betrieb, in dem die meisten Menschen den größten Teil ihres Tages verbrachten, weniger die Familie. Wichtig waren sozialistische Arbeitskollektive in Industrie, Landwirtschaft und Verwaltung. Nicht mehr die Klein-

394 Ebenda, S. 108 f.

395 Herta Kuhrig: Mit den Frauen, S. 214

396 Protokoll des II. Parteitages der SED, Berlin 1947, S. 546.

397 www.zeithistorische-forschungen.de/3-2006/id%3D4564 (letzter Zugriff: 16.2.2015).

familie, sondern diese Kollektive galten als «Grundzellen der Gesellschaft»[398]. Wie im kapitalistischen System waren für die Auseinandersetzung im Erwerbsbereich die Gewerkschaften und die Partei zuständig. Für den Reproduktionsbereich war nicht mehr nur die Familie zuständig, sondern zusätzlich der Demokratische Frauenbund Deutschlands (DFD) als staatliche Frauenorganisation.[399] Er sollte «politische und kulturelle Aktivitäten im Wohngebiet fördern», sich für die «kleinen Dinge des Alltags einsetzen», die «Herausbildung des sozialistischen Bewußtseins der Frau fördern» und noch nicht ins Berufsleben integrierte Familienfrauen für die Berufsarbeit gewinnen.[400] Die kleinen Dinge des Alltags bezogen sich auf Stricken, Kochen, Feiern oder Vorträge zu Themen wie «Im Labyrinth der Putzmittel». Politische Arbeit verbanden die wenigsten Frauen mit dem DFD.[401] Die Probleme, die sich durch die geschlechtsspezifische Arbeitsteilung innerhalb der Familie ergaben, wurden offensichtlich ebenso wenig diskutiert. Allerdings bekam der DFD Ende 1971 eine neue Aufgabe: Zur beratenden Unterstützung berufstätiger Mütter sowie zur Vorbereitung auf Ehe und Familie wurden über zweihundert «Beratungszentren für Haushalt und Familie» geschaffen, die sich unter der Regie des DFD in den Bezirks- und Kreisstädten bald zu Einrichtungen praxisorientierter Haushalts- und Säuglingspflege sowie zu Eheberatungsstellen entwickelten.[402]

6.1.1. Die ökonomische Unabhängigkeit der Frau erleichterte die Trennung

Der hohe Grad der Berufstätigkeit der Frauen – 1988 waren in der DDR 91 % aller Frauen im erwerbsfähigen Alter berufstätig, davon hatten 87 Prozent eine abgeschlossene Berufsausbildung[403] – spricht allerdings dafür, dass die Mehrheit der Frauen nicht ökonomisch von Männern abhängig war, auch dann nicht, wenn sie mit ihnen gemeinsam Kinder hatten, zumal nicht exis-

---

398 www.kas.de/wf/de/71.6586/ (Zugriff: 15.12.2014).

399 Zum DFD siehe: Demokratischer Frauenbund Deutschlands (Hg.): Geschichte des DFD, Leipzig 1989.

400 Herta Kuhrig: Mit den Frauen, S. 223.

401 Ebenda, S. 224.

402 www.mdr.de/damals/artikel75268_page-1_zc-43c28d56.html (Zugriff: 15.12.2014).

403 Hildegard Nickel: Frauen auf dem Sprung, S. 105.

tenzsichernde Teilzeitmodelle die absolute Ausnahme darstellten. Damit hatte auch die Ehe ihre Funktion als Versorgungsinstitution für Ehefrauen verloren. Durch die Pflichtversicherung, die mit der Aufnahme der Erwerbsarbeit verbunden war, erwarben Frauen eigene Ansprüche auf Leistungen im Krankheitsfall sowie auf Rente. Das erleichterte ein eigenständiges Leben im Falle einer Trennung. Tatsächlich stiegen auch in der DDR immer mehr Frauen aus den Familiennestern aus; zwischen 1970 und 1989 verdoppelte sich die Zahl der Ehescheidungen von 63,9 auf 122,8 je 10.000 bestehender Ehen. Da annähernd alle jungen Frauen ein Studium aufnahmen oder einen Beruf erlernten und diesen auch ausführten, war es für sie aus ökonomischer Sicht leichter, eine unbefriedigende Beziehung aufzugeben, als für die meisten BRD-Frauen.[404] Entsprechend waren die Scheidungsraten in der BRD im gleichen Zeitraum niedriger (von 50,9 gestiegen auf 84,6 je 10.000 bestehender Ehen).[405]

Nach dem Familiengesetzbuch konnte die Eheschließung keine Einschränkung der persönlichen Entscheidungsfreiheit der Frauen zur Folge haben. Aber auch in der DDR erfolgte die Entscheidung über die Arbeitsteilung letztlich innerhalb der Kleinfamilie, die aufgrund der fehlenden materiellen Abhängigkeit der Ehefrau zwar weniger Probleme schaffte, aber individuell geregelt werden musste. Eine Kollektivierung der Haus- und Sorgearbeiten, wie sie von SozialistInnen wie August Bebel oder Lily Braun bereits vor oder um die Jahrhundertwende gefordert worden war,[406] unterblieb auch in der sozialistischen DDR. Allerdings erleichterte das Vorhandensein der Kindertageseinrichtungen die Berufstätigkeit von Frauen.

6.1.2. Das Recht auf Selbstbestimmung

Das Selbstbestimmungsrecht der Frauen war in der DDR zunächst insofern eingeschränkt, da der §218 im Strafgesetzbuch verblieb und einer freien Entscheidung über das Austragen einer ungewollten Schwangerschaft entgegenstand. Herta Kuhrig verwies später darauf, dass dies im Widerspruch zu den er-

---

404 Herta Kuhrig: Mit den Frauen, S. 230 ff.

405 Evelyn Grünheid: Ehescheidungen in Deutschland: Entwicklungen und Hintergründe. BiB Working Paper 1/2013. Wiesbaden Bundesinstitut für Bevölkerungsforschung, S. 8

406 Siehe Abschnitt 2.1. in diesem Buch.

reichten Rechten stand, es also überfällig war, «dieses Relikt unverhüllter patriarchaler Herrschaft endlich zu beseitigen»[407]. Nach ihrer Meinung waren es allerdings *auch* die Aktionen der Frauenbewegung in der BRD, die «mit Nachdruck an das Versäumte» erinnerten und dazu führten, dass am 9. März 1972 – einen Tag nach dem Internationalen Frauentag, weshalb es auch als «Frauentagsgeschenk» bezeichnet wurde – das «Gesetz über die Unterbrechung der Schwangerschaft» beschlossen wurde.

Da diese Gesetzesformulierung auch mit der Gleichberechtigung der Frau in Ehe und Familie begründet wurde, soll darauf näher eingegangen werden. In der Präambel heißt es, dass gerade die «Förderung der Familie und der Liebe zum Kind» die selbstbestimmte Entscheidung der Frau erfordere. Ausdrücklich wird dann in § 1 (1) der Frau das Recht übertragen, «über die Unterbrechung (sic!) einer Schwangerschaft in eigener Verantwortung zu entscheiden». Es ging also nicht um «Frauen und Paare», wie es im bundesdeutschen Zusammenhang oft formuliert wird, sondern es ging in dem Gesetz ausschließlich um «die Frau» und «die Schwangere». Eine Pflichtberatung sah das Gesetz nicht vor. Der Schwangeren war innerhalb von zwölf Wochen (Fristenlösung) eine Abtreibung erlaubt. Der behandelnde Arzt war «verpflichtet, die Frau über die medizinische Bedeutung des Eingriffs aufzuklären und über die künftige Anwendung schwangerschaftsverhütender Methoden und Mittel zu beraten ...». Der Schwangerschaftsabbruch wurde von der Krankenkasse übernommen und schwangerschaftsverhütende Mittel an sozialversicherte Frauen unentgeltlich abgegeben.[408] Bemerkenswert ist, dass dieses Gesetz das einzige Gesetz in der Geschichte der Volkskammer war, bei dessen Abstimmung es Gegenstimmen gab. Einige CDU-Abgeordnete stimmten aus Gewissensgründen gegen die Fristenlösung.

---

407 Herta Kuhrig: Mit den Frauen, S. 231.

408 Gesetz über die Unterbrechung der Schwangerschaft vom 9. März 1972, GBl. 1 Nr. 5, S. 89.

6.1.3. Bevölkerungspolitik – auch in der DDR

Erich Honecker, Generalsekretär des ZK der SED, verkündete auf dem VIII. Parteitag 1971 die Einheit von Wirtschafts- und Sozialpolitik. Daraufhin wurden ab 1972 eine Reihe sozialpolitischer Maßnahmen zur Frauen- und Familienförderung, zur Sicherung der Arbeitsfähigkeit von Frauen und gleichzeitig zur Kompensation des «Pillenknicks» eingeleitet. Unter anderem wurden materielle und immaterielle Anreize für berufstätige Frauen verabschiedet, wie Arbeitszeitverkürzung, Verlängerung des bezahlten Mutterschaftsurlaubes und Ausbau von Kindergartenplätzen, Kinderbetreuung, bezahltes Babyjahr, bezahlte Freistellung bei Krankheit der Kinder und Kündigungsverbot für alleinstehende Mütter.[409] Damit sollten vor allem Mütter noch stärker in den Arbeitsprozess integriert werden. Teilzeitarbeit, etwa 25 bis 35 Stunden, wurde nun möglich, allerdings nicht gern gesehen.[410]

Herta Kuhrig verweist darauf, dass diese «neue Etappe der Frauenpolitik» allerdings auch «von nicht wenigen als eine Abkehr von den proklamierten frauenemanzipatorischen Ansprüchen» gewertet wurde.[411] Familienpolitik war seit den 1970er-Jahren auch in der DDR auf die Politik zur Vereinbarkeit von Kind und Beruf eingeengt worden. Nicht der Grad weiblicher Emanzipation, sondern höhere Geburtenzahlen wurden seitdem zum Kriterium für erfolgreiche Frauen- und Familienpolitik. Das «Babyjahr», das 1976 eingeführt wurde und nur für Frauen galt, wurde vor allem von jungen Frauen durchaus kritisch gesehen. Einmal vorhandene «gute Ansätze für eine arbeitsteilige Wahrnehmung der Verantwortung für Kind/er und Haushaltsführung» gingen nicht selten wieder verloren, weil durch die lange Erwerbsarbeitspause der Frau innerhalb der Kleinfamilie die familistische Arbeitsteilung zumindestens (vorübergehend) wiederhergestellt war: Die Frau arbeitete ja nicht außerhalb des Hauses, also konnte sie nach Ansicht vieler Ehemänner die anfallenden Haus- und Sorgearbeiten übernehmen. Das traditionelle Leitbild war aus den Köpfen der jungen SozialistInnen keinesfalls verschwunden. Durch zunehmende ökonomische Schwierigkeiten in den 1980er-Jahren wurde die Einengung

409 www.kas.de/wf/de/71.6586/ (Zugriff: 15.12.2014).

410 www.mdr.de/damals/artikel75268.html (Zugriff: 15.12.2014).

411 Herta Kuhrig, Mit den Frauen, S. 236.

auf Bevölkerungspolitik auch in der DDR verschärft: Es ging um sozialpolitische Maßnahmen, die geeignet sein sollten, den (unterstellten) Kinderwunsch zu realisieren und die «Vereinbarkeit» für das weibliche Geschlecht zu ermöglichen. Herta Kuhrig kritisiert heute, dass trotz eines fortschrittlichen Familiengesetzes die «Väterfrage» ebenso wenig thematisiert wurde, wie das in der BRD der Fall war. Sie verweist darauf, dass sich aus dieser Disproportion Probleme ergaben, die auch die «privaten» Partnerbeziehungen betrafen und schließlich zu den schon erwähnten hohen Scheidungsraten führten.

De facto ließ die Gleichberechtigung in beiden deutschen Staaten viele Wünsche offen. Auch in der DDR, die ja nur bis 1990 existierte, ergaben sich Diskrepanzen zwischen Wunsch und Wirklichkeit, bildete sich eine Kluft zwischen dem proklamierten Ziel von der Frau in der sozialistischen Gesellschaft und der realen Politik. Die Ergebnisse der Frauen- und Familienpolitik der DDR fanden jedoch international Beachtung und durchaus auch Anerkennung, was auch 25 Jahre nach der Wende nicht in Frage gestellt werden kann.

Mit der Wiedervereinigung war der «Modernisierungsvorsprung» der DDR-Frauen schnell ausgeräumt. Einen hohen Preis hatten die Frauen für die neu gewonnenen Freiheiten zu entrichten – «von A wie Arbeitslosigkeit bis Z wie Zwang zur Austragung einer ungewollten Schwangerschaft»[412], jedenfalls zur Fristenlösung mit Zwangsberatung.

6.2. Unterschiedliches Rollenverständnis in Ost und West

Die letzten Jahrzehnte vor der Wiedervereinigung der beiden deutschen Staaten waren in der Alt-BRD von einer ständig steigenden «Erwerbsneigung» der Frauen gekennzeichnet. Der Platz am Herd des eigenen Mannes genügte ihnen nicht mehr. Der Begriff «Erwerbsneigung» ist schon deshalb diskriminierend, weil er für Männer niemals gebraucht wird. Besonders bei den jüngeren Frauengenerationen gab und gibt es eine eindeutige Tendenz zu einem Lebensmodell, in dem die eigene Erwerbstätigkeit einen hohen Stellenwert hat. Selbst dann, wenn Frauen Mütter werden, unterbrechen sie die Erwerbsar-

412 Ebenda, S. 248.

beit für kürzere Zeiten als früher. Und immer mehr Frauen, die der Familie zuliebe ihren Beruf aufgegeben hatten, versuchen einen Weg zurück in den Beruf zu finden.[413] Dennoch war die Erwerbsbeteiligung der Frauen im Westen nach der Wiedervereinigung wesentlich niedriger als im Osten der Republik. 1991 waren 58,4% der westdeutschen Frauen und 77,2% der ostdeutschen Frauen erwerbstätig.[414] Aber sie war trotz der fortschreitenden Erwerbslosigkeit (zahlenmäßig) gestiegen. Dieser Anstieg war allerdings wesentlich auf teilzeitige Arbeitsplätze oder «ungeschützte» und geringfügige Beschäftigungsverhältnisse ohne eigenständige Existenzsicherung für die Frauen zurückzuführen. So blieben sie oft ökonomisch abhängig vom (Ehe-)Mann und waren weiter für die Haus- und Sorgearbeiten (Care-Arbeiten) in der Kleinfamilie zuständig.[415]

Für die Frauen in der DDR gehörte Berufstätigkeit zur selbstverständlichen Lebensplanung. Seit den 1960er-Jahren war es auch für die weitaus meisten Männer selbstverständlich, dass Frauen berufstätig sind, auch wenn sie Teil einer sozialistischen Kleinfamilie waren. Die DDR-Wirtschaft brauchte ihre Arbeitskraft zum Aufbau des sozialistischen Systems. Das Leitbild der berufstätigen Mutter wurde vom Staat gefördert. Dennoch hielten die «Ost-Frauen» auch nach der Wiedervereinigung an ihrer Erwerbsarbeit fest: Noch 1996 meinten in Ostdeutschland 73 % der Frauen (West 45 %) und 62 % der Männer (West 28 %), dass eine berufstätige Frau die bessere Mutter sei.[416] An den heimischen Herd zurück wollten die Frauen immer noch nicht.

Frauen in der DDR haben sich sowohl im Arbeits- als auch im Alltagsleben Respekt verschafft und ihre Bedürfnisse und Interessen mehr oder weniger durchsetzen können. Dennoch

413 Vgl. Gisela Notz: Zurück in den Beruf.

414 Bundesministerium für Familie, Senioren, Frauen und Jugend: Gender Datenreport, Berlin 2005.

415 Vgl. auch Gisela Notz: Doppelt belastet, aber nicht gleichberechtigt, in: Helga Schwitzer / Christiane Wilke / Mechthild Koppel (Hg.): aktiv kompetent mittendrin. Frauenbilder in der Welt der Arbeit, Hamburg 2008, S. 53–64; hier: S. 57.

416 Allbus, zit. nach Ursula Schröter: Als ganzer Mensch Leben. Lebensvorstellungen ostdeutscher Männer und Frauen, in: Heinrich-Böll-Stiftung (Hg.): Mütterlichkeit und Väterlichkeit in West und Ost. Dokumentation einer Tagung in Zusammenarbeit mit Katrin Rohnstock, Berlin, S. 68–75; hier: S. 72.

war auch die real existierende sozialistische Gesellschaft patriarchal und familial geprägt. Die DDR-Naturwissenschaftlerin und Soziologin Ursula Schröter spricht vom «sozialistischen Patriarchat».[417] Die strukturelle männliche Dominanz und die weibliche Unterordnung waren trotz gravierender gesellschaftlicher und gesetzlicher Veränderungen nicht vollends aufgehoben. Auch in der DDR waren Kindererziehung und Altenpflege überwiegend Frauenpflichten. Auch die Ostberliner Kultur- und Theaterwissenschaftlerin Ina Merkel verweist in ihrem eindrucksvollen Bildband «... und Du, Frau an der Werkbank»[418] darauf, dass sich innerhalb der sozialistischen Gesellschaft die Frauenbilder nicht von den traditionellen Geschlechterstereotypen und männlichen Zuschreibungen lösen konnten.

Dennoch war die Verantwortung der Gesellschaft für die Kombination von «privater» und «öffentlicher» Sphäre spürbarer, die ökonomische und emotionale Abhängigkeit der Familienmitglieder untereinander war nicht so stark wie in der BRD.[419]

Die Chancen, die sich für Frauen durch die wirtschaftliche Unabhängigkeit ergaben, aber auch die Probleme, die dieser Emanzipationsaufbruch mit sich brachte, wurden nach der Wiedervereinigung öffentlich wenig thematisiert, weil sie pauschal abgewertet wurden. Heute wird in der gesamtdeutschen Debatte die Spezifik ostdeutscher Geschlechterverhältnisse weitestgehend negiert. Ein hoher Anteil berufstätiger Frauen, die Selbstverständlichkeit gesellschaftlich organisierter Kinderbetreuung, die Fristenlösung bei der Abtreibung, das Selbstverständnis alleinerziehender Mütter bildeten kulturelle Unterschiede und unterschiedliche Voraussetzungen für gegenseitiges Verstehen zwischen Ost und West, die trotz der Angleichung an das kapitalistische Wirtschaftssystem bis heute wirken.[420]

417 Ursula Schröter: «Als ganzer Mensch leben», Lebensansprüche ostdeutscher Frauen, Berlin 1997, S. 68f.

418 Merkel: ... und Du, Frau, S. 173.

419 Gitta Scheller: Partner- und Eltern-Kind-Beziehung in der DDR und nach der Wende, in: Aus Politik und Zeitgeschichte, B 19/2004, S. 33–38; hier: S. 34.

420 Vgl. Gisela Notz: Familie – eine Lebensform wie andere auch, in: Eva Schäfer u. a.: Irritation Ostdeutschland. Geschlechterverhältnisse seit der Wende, Münster 2005, S. 195–209; hier: S. 198.

7. Staatlicher und wirtschaftlicher Familismus nach der «Wende»

Wiedervereinigung, so befürchtete die Frauenforscherin Ina Merkel bereits kurze Zeit nach der «Wende», hieße – wenn «die Diktatur des Politbüros durch die Diktatur des Bundeskanzleramtes» ersetzt würde – in der Frauenfrage «drei Schritte zurück». Es hieße, überspitzt gesagt: «Frauen zurück an den Herd»[421]. Das war im Nachhinein betrachtet nicht überspitzt: Mit dem Abbau von Kindergärten und -krippen und der Schließung von Polikliniken und Ambulatorien wurden Frauen nicht nur ihre Arbeitsplätze, sondern auch die Voraussetzungen genommen, ihre Existenz aus eigener Arbeit zu sichern.

7.1. Angst vor dem Verlust «traditioneller Familienwerte»

Das Interesse seitens Politik, Kirchen und Verbänden, das alte Familienbild wieder aufzuhängen, schien nach der Zusammenführung der beiden deutschen Staaten groß. Die Hoffnung, dass Frauen ihr Glück am heimischen Herd finden sollten, ja sogar wollten, war noch größer. Mit der Wiederherstellung des traditionellen, bürgerlichen Kleinfamilienmodells wären viele Probleme, vor allem das Problem der Erwerbslosigkeit, leichter zu lösen gewesen. Dennoch wollten die meisten Frauen (und auch eine zunehmende Anzahl von Männern) nicht mehr in überkommene Rollen zurück. Die Bemühungen um die Rettung der «Normalfamilie» konzentrierten sich vor allem auf die Sorge um die Kinderlosigkeit und den damit angeblich verbundenen Transfer zwischen den Generationen und den «intergenerationalen Solidarpotentialen». Das zeigen Befürchtungen, die geäußert wurden, wenn es um «ungewöhnliche» Formen des Zusammenlebens ging, durch die eben diese «Solidarpotentiale» gestützt werden könnten. Autoren, die sich mit der Zu-

421 Ina Merkel: Ohne Frauen ist kein Staat zu machen, in: Cordula Kahlau (Hg.): Aufbruch. Frauenbewegung in der DDR. München 1990, S. 28–38; hier: S. 28 f.

kunft von Arbeit und Gesellschaft auseinandersetzen, wie zum Beispiel der CDU-Berater Warnfried Dettling,[422] sahen die Tatsache, dass sich scheinbar vor allem unter jungen Menschen immer mehr neue kommunitäre Lebensformen entwickeln, mit Sorge. Sie «teilen Autos, Wohnungen, teure Maschinen», anstatt Familien zu gründen und Kinder zu bekommen. Dettling führt das darauf zurück, dass der deutsche Sozialstaat zwar sehr transferlastig sei, aber nur wenig institutionelle Unterstützung für Familien mit Kindern bereithält. Und er folgert daraus, dass unter allen Umständen die (traditionelle) Familie aufgewertet und die Phase der Familiengründung massiv durch den Sozialstaat unterstützt werden muss,[423] ganz offensichtlich, damit alternativen Lebensformen die Attraktivität entzogen wird.

Nach der Wende erschien 1994 der 5. Familienbericht der Bundesregierung, der sich mit «Familien und Familienpolitik im vereinten Deutschland» befasste. Daraus wird ersichtlich, dass nur noch etwa ein Drittel der Haushalte in der Bundesrepublik Deutschland (Ost und West) Familienhaushalte im Sinne der Eltern-Kind-Einheit waren.[424] Den FamiliensoziologInnen, die den Bericht geschrieben haben, ging es offenbar weniger darum, gelebte andere (Zusammenlebens-)Formen sichtbar zu machen. Sie trösteten sich – wie andere FamiliensoziologInnen auch – damit, dass sowohl kinderlose Ehen, «Ein-Eltern-Familien» sowie auch die «sogenannten Singles» ihre Lebensform nicht als bewusste Alternative zur traditionellen Eltern-Familie gewählt haben, sondern dass alle diese Formen eher als «verhinderte Eltern-Familien» zu gelten haben. Womit offenbar wieder einmal bewiesen werden sollte, dass die Kleinfamilie die stabilste Lebensform ist. Auch die meisten Medien zaubern nach wie vor ein Bild von der Renaissance der «Normalfamilie» und vermitteln die Illusion von Geborgenheit und Lebensglück, das man nur in der «normalen» Familie mit einer weitgehend stereotypen und traditionellen Geschlechterrollenverteilung finden kann. Viele Rundfunk- und

422 Warnfried Dettling: «Jugend Gesellschaft Zukunft. Zur Situation junger Menschen in einer veränderten Welt. Möglichkeiten und Grenzen der Politik. Sieben Thesen», in: Bundesarbeitsgemeinschaft Jugendsozialarbeit, Zeitschrift für Jugendsozialarbeit 2 (1997), S. 63–67; hier: S. 66.

423 Ebenda, S. 67.

424 Deutscher Bundestag, 12. Wahlperiode: Familien und Familienpolitik im geeinten Deutschland. Zukunft des Humanvermögens. 5. Familienbericht, Bonn 1994, S. 71.

Fernsehsendungen und Abbildungen in Printmedien sind geeignet, Kindern und Jugendlichen, die in anderen als kleinfamilialen Zusammenlebensformen aufwachsen, Defizitgefühle oder zumindest das Gefühl, nicht dazuzugehören, zu vermitteln.

7.2. Versuch der Herstellung eines gesamtdeutschen Familismus

Unmittelbar nach der Vereinigung von DDR und BRD plädierten konservative PolitikerInnen, unterstützt durch WissenschaftlerInnen in Ost und West, offen für einen gesamtdeutschen Familismus. Beklagt wurde die gestiegene (West) oder ungebrochene (Ost) «Erwerbsneigung» der Frauen. Frauen drängten auf den Arbeitsmarkt, obwohl niemand sie gerufen hatte, bzw. wollten sich nicht zurückdrängen lassen, obwohl sie nicht mehr gebraucht wurden. Kein Wunder, dass diese ungebührliche «Neigung» immer wieder als Ursache der Massenerwerbslosigkeit nach der Wende genannt wurde. Die Erwerbsbeteiligung der Frauen müsse auf ein «Normalmaß» zurückgeschraubt werden, betonen Politiker seit dem Zusammenschluss der beiden deutschen Staaten. «Normal» war die wesentlich geringere Erwerbsbeteiligung der West-Frauen. Diese wiederum sollten ihre «Erwerbsneigung» auf das Quantum der 1960er- und 1970er-Jahre zurückschrauben. Dann nämlich «wäre die Zahl der Erwerbspersonen in Westdeutschland rund drei Millionen geringer und damit die Arbeitslosigkeit weit weniger brisant», so die Meinung des Sozialwissenschaftlers Meinhard Miegel nach der Wende.[425] Das Rad der Geschichte ließ sich aber nicht so leicht zurückdrehen.

Politiker sprachen von der großen Herausforderung, die sich stellte, weil in der ehemaligen DDR nur wenige Frauen gewillt seien, dem Rat gut verdienender Männer zu folgen und ihre Berufsarbeit aufzugeben, um sich der Familie zu widmen. Mit großen Anstrengungen wurde versucht, das traditionelle Familienbild auch auf dem Gebiet der ehemaligen DDR zu rekonstruieren. Die damit verbundene Diskriminierung von ostdeutschen Frauen begann schon unmittelbar nach der Wiedervereinigung: 65% aller Erwerbslosen waren bereits im Oktober 1991 in den

425 Meinhard Miegel: Der ausgefranste Arbeitsmarkt, in: DIE ZEIT vom 9.2.1996, S. 20.

«neuen Bundesländern» Frauen.[426] Wiedereingliederung nach Erwerbslosigkeit oder einer Familienpause führte auch dort in die prekären Arbeitsverhältnisse, wie sie in der Alt-BRD schon lange üblich waren, zu Dequalifizierung und zu ökonomischen Abhängigkeiten vom Haupternährer oder vom Staat. Abhängigkeiten, die die Ost-Frauen und die Mehrzahl der Männer in Ost und West bis dahin nicht kannten.

Nach dem Zusammengehen der beiden deutschen Staaten wurden allerlei Befragungen durchgeführt, die von der Annahme ausgingen, dass DDR-Frauen froh sein müssten, nicht mehr doppelt belastet zu sein und in den Schoß der Familie zurückkehren zu dürfen, um sich fortan als glückliche Hausfrauen den (eigenen) Männern und Kindern zu widmen und dabei ihre Lebenserfüllung zu finden. Eine solche postindustrielle Individualisierung fand vornehmlich in den Köpfen derjenigen statt, die sich das wünschten.

Konservative Politiker in Ost und West plädierten offen dafür, dass Frauen ihr Glück am heimischen Herd finden sollen. Und subtile Anspielungen auch (sonst) progressiver Zukunftsforscher dienten der Glorifizierung der Frau als hausarbeitende Mutter, die «selbstverständlich» nicht entlohnte Tätigkeiten, nicht nur im eigenen Haushalt, sondern auch noch in «vielen sozialen Einrichtungen» ehrenamtlich und ohne Bezahlung verrichten konnte.[427] Dennoch wollten sich Frauen nicht in die alten Rollen fügen.

Immer wieder wurden die Frauen, die in der DDR sozialisiert waren, danach gefragt, ob sie auch berufstätig sein wollten, wenn ihre Männer genug verdienten. Alle nach der «Wende» aufgelegten Studien, egal von welcher Seite sie in Auftrag gegeben worden waren, hatten das gleiche Ergebnis: Nur ein verschwindend geringer Prozentsatz der befragten Frauen sprach sich für eine Tätigkeit als Hausfrau aus. Nach einer Studie, die durch das BMFG in Auftrag gegeben worden war, sprachen sich nur 3 % der befragten Frauen für eine Tätigkeit als Hausfrau aus. 65 % sagten klipp und klar, sie wollten berufstätig sein,

426 Gisela Notz: (Haus)wirtschaft ist keine Alternative, in: Werner Schulz / Ludger Vollmer (Hg.): Entwickeln statt Abwickeln, Berlin 1992, S. 154–164; hier: S. 156.

427 Vgl. Otto Ullrich: Lebenserhaltende Tätigkeit jenseits der Lohnarbeit, in: Werner Fricke (Hg.): Jahrbuch Arbeit und Technik, Bonn 1993, S. 84–98; hier: S. 88.

auch wenn dies finanziell nicht unbedingt erforderlich sei.[428] Die Frage nach der finanziellen Notwendigkeit ist vor allem deshalb ärgerlich, weil sie von einem Familieneinkommen ausgeht, das in der Regel dem Manne zusteht, berufstätige Frauen diskriminiert und Männern nie gestellt wird.

Die damalige Bundesfrauenministerin Angela Merkel zog aus der Studie den Schluss, dass Frauen das «Drei-Phasen-Modell» bevorzugen würden.[429] Denn die Studien hatten auch nach der subjektiven Gewichtung von Lebensbereichen von Frauen gefragt, und da stand mit 89 % «eigene Familie und Kinder» an der Spitze. «Eigene Familie und Kinder» hatten die meisten Ostfrauen aber auch, obwohl sie berufstätig waren und nicht phasenweise ausstiegen. Die eklatanten Schwierigkeiten der beruflichen Reintegration von Frauen wurden zu dieser Zeit im Westen breit diskutiert.[430] Frau Merkel musste zudem wissen, wie wichtig eigenständige Existenzsicherung für die «Ostfrauen» auch dann war, wenn sie «eigene Familie und Kinder» hatten oder haben wollten.

Nach der Wende bekamen die Frauen in den so genannten neuen Ländern die familienpolitischen Errungenschaften der Alt-BRD zu spüren. Dazu gehörte der dreijährige Erziehungsurlaub, den der damalige Familienminister Heiner Geißler (geb. 1930, CDU-Familienminister von 1982–1985) als Teil eines nach dem Leitbild des «Haupternährers» ausgerichteten Systems von familien- und arbeitsmarktpolitischen Maßnahmen in der BRD eingeführt hatte. Nach dem 1986 in Kraft getretenen Bundeserziehungsgeldgesetz konnten berufstätige Mütter und Väter nach der Geburt eines Kindes zunächst zehn Monate und ab 1992 bis zu drei Jahre pausieren. Sie hatten einen erweiterten Kündigungsschutz, jedoch keine Arbeitsplatzgarantie und Anspruch auf ein einkommensabhängiges Erziehungsgeld des Bundes von 600 DM. Für Frauen, die den «Urlaub» weitestgehend in Anspruch nahmen, bedeutete es zumindest teilweise oder zeitweilige ökonomische Abhängigkeit vom (Ehe-)Mann oder – im Falle von Alleinerziehenden – vom Staat.[431]

428 Zweiwochendienst, 15/1991, S. 2.

429 Ebenda – Zum Drei-Phasen-Modell siehe Abschnitt 4.7. in diesem Buch.

430 vgl. Gisela Notz: Zurück in den Beruf.

431 Vgl. Gesellschaft für Informationstechnologie und Pädagogik am IMBSE (Hg.): Beschäftigungsrisiko Erziehungsurlaub, Opladen/Wiesbaden 1998.

Auch führte die Inanspruchnahme des Erziehungsurlaubs besonders auf dem Gebiet der ehemaligen DDR dazu, dass viele Mütter, die zu Hause geblieben waren, erwerbslos wurden. Eine in den neuen Ländern durchgeführte Untersuchung zeigte, dass 34 % der «Erziehungsurlauberinnen» noch vor der Beendigung des «Erziehungsurlaubs» ihren Arbeitsplatz verloren. Wenige Monate nach dem Erziehungsurlaub waren nur noch 40 % beschäftigt.[432] Trotz der nach der Wiedervereinigung beibehaltenen hohen Berufsmotivation kam es zur Annäherung der Frauenerwerbstätigkeitsquote an das Westniveau.

7.3. Familismus und Bevölkerungspolitik

In der Politik der BRD wurde Frauenpolitik schon seit längerer Zeit mit Familienpolitik gleichgesetzt und Familienpolitik mit Fragen der Bevölkerungspolitik überlagert und bisweilen von ihr instrumentalisiert. Nicht nur BevölkerungswissenschaftlerInnen, auch Sozial- und FamilienpolitikerInnen beobachten die Ausdifferenzierung von Familie und den Geburtenrückgang in Ost- und Westdeutschland mit Sorge. Seit 1991 – mit Ausnahme der Jahre 1996/1997 – sind die Geburtenzahlen in Deutschland durchwegs rückläufig. Etwa jede fünfte westdeutsche Frau des Jahrganges 1955 blieb kinderlos, unter denen des Jahrgangs 1965 sogar fast jede dritte. Im Jahr 2005 sei die deutsche Geburtenzahl auf den niedrigsten Stand seit 1945 gefallen, alarmierten gleichzeitig viele Medien.[433] Grund genug für das Schüren von Ängsten, dass das «deutsche Volk» aussterben müsse, durch «Rassenvermischung» aufgelöst, «durch Angehörige fremder Völker» überschwemmt werden könnte und dass sich ganz Europa zum Altersheim entwickle, wenn es nicht gelänge, gegenzusteuern. Das erinnert an Diskussionen, wie sie während des Nationalsozialismus geführt worden sind und anlässlich der Hochzeit der Familienpolitik in den 1950er-Jahren wieder aufgenommen wurden.[434]

---

432 Bundesministerium für Familie, Senioren, Frauen und Jugend 1995, S. 46 f.

433 z. B. Geburtenzahlen. Kinderknick 2005, in: Manager-Magazin vom 14.3.2006

434 Zur Politik im Nationalsozialismus siehe Kapitel 2.7; zu den 1950er-Jahren siehe Kapitel 4.3 in diesem Buch.

Zu den «ideologischen Schlüsselelementen» von RechtsextremistInnen und Neonazis gehört seit eh und je die Diskussion, dass der Fortbestand des «deutschen Volkes» durch geeignete Maßnahmen (Geburtenförderung, Mutterkreuz, strenge Bestrafung von Schwangerschaftsabbrüchen, Ideologisierung der Hausfrauenmutter) garantiert werden muss.[435] Durch die permanente Rezeption der Horrorvision eines «(aus-)sterbenden Volkes» werden bei vielen Menschen systematisch Angstgefühle erzeugt bzw. gestärkt.[436] Kein anderes politisches Lager hat sich so früh und auch so intensiv mit Fragen der Bevölkerungsentwicklung und mit Möglichkeiten der Geburtenförderung befasst wie die extreme Rechte. Das heißt nicht, dass etablierte FamilienpolitikerInnen und FamiliensoziologInnen der übrigen gesellschaftlichen Lager nicht ebenso daran interessiert sind, den sogenannten «demographischen Wandel» für ihre Zwecke zu benutzen. Max Wingen, bis 1991 Präsident des Statistischen Landesamtes in Baden-Württemberg, der sich für eine «bevölkerungsbewusste Familienpolitik» aussprach, behauptet, Kinder seien keine reine Privatangelegenheit. Damit meinte er offensichtlich etwas ganz anderes, als es mit dem Slogan der «neuen Frauenbewegung»: «Das Private ist politisch» ausgedrückt werden sollte. Er verwies auf die Notwendigkeit, den Zusammenhang von Familienpolitik und Geburtenentwicklung ins Blickfeld der gesellschaftspolitischen Diskussion zu rücken.[437] Auch die Sozialforscher Prof. Dr. Meinhard Miegel und Stefanie Wahl sind überzeugt: «Die Kultur des Westens zerstört sich selbst.»[438]

Solche Aussagen sind Wasser auf die Mühlen der Rechtsextremen: «Geschähe nicht umgehend ein Umdenken», beständen die «äußere Gefahr der fremdstämmigen Besetzung» und

435 Vgl. auch Christoph Butterwegge: Stirbt «das deutsche Volk» aus? Wie die politische Mitte im Demografie-Diskurs nach rechts rückt, in: Christoph Butterwegge u. a. (Hg.): Themen der Rechten – Themen der Mitte. Zuwanderung, demografischer Wandel und Nationalbewusstsein, Opladen 2002, S. 167–214.

436 Vgl. Siegfried Jäger / Margret Jäger: Gefährliche Erbschaften. Die schleichende Restauration rechten Denkens, Berlin 1999, S. 71.

437 Max Wingen: Die Gesellschaft schrumpft sich krank. Familienpolitik und Bevölkerungsrückgang, in: Rheinischer Merkur vom 22.6.2001.

438 Meinhard Miegel / Stefanie Wahl: Das Ende des Individualismus. Die Kultur des Westens zerstört sich selbst, München 1993.

die «innere Gefahr der fremdstämmigen Vermehrung»[439], so der Publizist Pierre Krebs. Prof. Dr. Robert Hepp, zu dieser Zeit Leiter der Forschungsstelle für phänomenologische Soziologie und Bevölkerungswissenschaft an der Universität Osnabrück, sprach im Bezug auf die demografische Entwicklung der Bundesrepublik bereits 1987 von einem «sanften Völkermord an sich selbst» und – indem er nicht vor dem Gebrauch nationalsozialistischen Vokabulars zurückschreckte – von einer «Endlösung der Deutschen Frage»[440], die wegen des Bevölkerungsschwundes nur noch eine Frage der Zeit sei. Wenn die deutsche Bevölkerung weiter abnähme, drohe die Überalterung, unter der die ökonomische Risikofreudigkeit und Innovationsbereitschaft und – schlimmer noch – die Machtbasis des Staates und seine Fähigkeit, sich selbst militärisch gegen Aggressoren zu verteidigen, leiden würden.[441] Er verwies darauf, dass es gegen das Waldsterben zumindest Kampagnen gab, die den «Gemeingeist» der Deutschen mobilisieren konnten.[442] Gegenüber dem «Bevölkerungssterben» vermisst er offensichtlich einen solchen «Gemeingeist». Die Botschaft ist leicht verständlich: Das «generative Verhalten» ist keine private Angelegenheit, in die sich der Staat nicht einmischen darf, solange die Bevölkerung sich nicht von selbst reproduziert. Von selbst reproduziert sie sich angeblich erst dann, wenn Empfängnisverhütung und Schwangerschaftsabbruch nicht mehr legal sind und das Leitbild der Frau, die sich durch berufliche Tätigkeit selbst verwirklichen will, ebenso verurteilt wird wie «Ehescheidungen, Promiskuität, alternative Lebensgemeinschaften etc. kurz die Abkehr von christlichen Normen und abendländischer Kultur». Denn das alles sei «Gift für die Familie»[443] und verantwortlich für die «Todesspirale unseres Volkes»[444] Diese Positionen aus extrem rechten Zeitschriften – hier «Junge Freiheit» und «Nation und Europa» – ließen sich beliebig fortsetzen.

439 Pierre Krebs: Spektrale Analyse des Geburtenrückganges, in: Elemente zur Metapolitik 3/1987, S. 7–16; hier: S. 7.

440 Robert Hepp: «... als würde der deutsche Wald das deutsche Volk überleben», in: Elemente zur Metapolitik 3/1987, S. 16–24; hier: S. 20 ff.

441 Ebenda, S. 20.

442 Ebenda, S. 24.

443 Franz Harder: Die Zeche zahlen die Enkel, in: Junge Freiheit vom 4.1.2002.

444 Uwe Rheingans: Die Deutschen – ein sterbendes Volk, in: Nation und Europa, H.11/12, 2000, S. 20.

Im Mittelpunkt der bevölkerungspolitischen Diskussion steht die mit Vater, Mutter und mehreren Kindern «normal» besetzte deutsche Familie. Besonders wichtig in diesem Arrangement sind die deutschen (Haus-)Frauen; denn sie sind für die biologische Reproduktion des «Volkes» zuständig und sollen sich den Kindern, ungeachtet ihrer eigenen Bedürfnisse und Interessen (und auch der der Kinder), mit ganzem Herzen widmen. Statt zu akzeptieren, dass Frauen weniger oder keine Kinder wollen, wird «Kinderlosen» Egoismus, Karrierestreben, «Trittbrettfahren»[445] unterstellt. Die Frage, wie Menschen zusammenleben, ob sie sich für oder gegen (eigene) Kinder entscheiden, wird nicht ihnen überlassen, sondern Gegenstand öffentlicher Diskussion.

Christoph Butterwegge macht zu Recht darauf aufmerksam, dass es eine «wertfreie» oder «neutrale Bevölkerungswissenschaft» nicht gibt, weil die Ergebnisse genutzt werden, um politische Vorstellungen und Interessen gesellschaftlicher Gruppen zu verwirklichen.[446] Bevölkerungspolitische Diskurse mit eindeutig familistischen Positionen werden auch von der «bürgerlichen Presse» aufgenommen. So schreibt Susanne Mayer, Redakteurin der Wochenzeitung DIE ZEIT, dass doch «alle wissen, dass es die Kinderarmut ist, die unser Sozialsystem unterhöhlen wird». Mit Kinderarmut meint sie keinesfalls die verbreitete Armut unter Kindern, sondern sie schreibt: «In Deutschland werden Hunderttausende von Menschen zu wenig geboren. Wer soll einst für die Älteren sorgen [...]. Wollen wir nur noch Fachkräfte aus der Dritten Welt abwerben?»[447]

In der Debatte um den Geburtenrückgang nehmen rassistische und klassistische Argumente eine zentrale Rolle ein. Es geht in der politischen Diskussion nicht um irgendwelche Kinder, sondern ganz eindeutig um weiße, deutsche Kinder gut qualifizierter Eltern. Bevölkerungswissenschaftler haben herausgefunden, dass sich Kinderlosigkeit auffallend häufig mit einer bestimmten Bildungsbiografie koppelt. Diesbezügliche

---

445 Christian Leipert / Michael Opielka: Erziehungsgehalt 2000, Bonn 1998.

446 Christoph Butterwegge, Stirbt «das deutsche Volk» aus?. Wie die politische Mitte im Demografie-Diskurs nach rechts rückt, in: Christoph Butterwegge u. a. (Hg.): Themen der Rechten, Opladen 2002, S. 167 ff.; hier: S. 177.

447 Susanne Mayer: Die betrogene Familie. Demografischer Irrsinn: Die Regierung hat die Kinder vergessen, in: DIE ZEIT, vom 1.2.2001, S. 1.

Daten differieren allerdings stark. Auch ein Mangel an schulischer Bildung ist der Mutterschaft abträglich. Eine Studie zeigt, dass 40 Prozent der Akademikerinnen in Deutschland keine Kinder bekommen.[448] 35- bis 39-Jährige ohne jeden Schulabschluss bilden mit 30,6 % die zweitgrößte Gruppe der «Kinderlosen». 19% der HauptschulabsolventInnen bleiben ebenfalls ohne Nachwuchs. ExpertInnen verweisen darauf, dass die mit einem Kind verbundenen Einkommenseinbußen beide Gruppen davon abhalten, sich für Kinder zu entscheiden. Für viele Akademikerinnen sei die Konsequenz, dass der Kinderwunsch bis hinter die biologischen Grenzen verschoben wird.[449] Da soll zukünftig das *Social freezing* helfen, d.h. das vorsorgliche Einfrieren von unbefruchteten Eizellen ohne medizinischen Grund, die dann bei Bedarf abgerufen werden können.

Bevölkerungswissenschaftlerlnnen suchen die Ursache dafür, dass sich immer weniger Frauen für Kinder entscheiden, darin, dass Beziehungen in den letzten Jahrzehnten zwar nicht seltener geworden seien, aber instabiler. Gerade beruflich qualifizierte Frauen – und um die geht es beim Ruf nach höheren Geburtenraten – zögerten nicht lange, den Trennstrich unter eine Beziehung zu ziehen. Eine Studie des Instituts für Bevölkerungsforschung im Auftrag der Bundesregierung fand heraus, dass es nicht nur die Unvereinbarkeit von Kind und Beruf ist, die Frauen vor dem Kinderkriegen zurückschrecken lässt. Es ist auch die Angst, als berufstätige Mutter von der Gesellschaft nicht anerkannt zu sein, weil das kulturelle Leitbild der «guten Mutter» nach wie vor die Mutter ist, die zu Hause bei den Kindern bleibt.[450]

7.3.1. Bevölkerungspolitik als Familienpolitik der Bundesregierung

Zwar sind demografischer Wandel und Geburtenrückgang, wie weiter oben gezeigt, keine neue Erscheinung, doch wurde der Geburtenrückgang kaum zuvor mit gleicher Aufmerksamkeit

448 Spiegel-online vom 7.9.2005.

449 Gisela Notz: Geburtenrate und Familienpolitik im Wandel der Zeit, in: Friedrich-Ebert-Stiftung (Hg.): Dokumentation 1. Fachgespräch zum Thema Gesellschaftliche Desintegration. Probleme und Herausforderungen, Berlin 2006, S. 10–12.

450 Spiegel online politik vom 17.2.2012.

verfolgt wie in der politischen Diskussion und Intervention der letzten Jahre.

«Das eigentliche Problem», heißt es in einem Gutachten, das das Bundesministerium für Familie, Senioren, Frauen und Jugend (BMFSFJ) 2003 in Auftrag gegeben hat, «ist das Ausmaß der Kinderlosigkeit.»[451] Die amtierende Ministerin Renate Schmidt (SPD, geb. 1943, von 2002 bis 2005 Bundesministerin für Familie, Frauen und Jugend) startete im Sommer 2003 ihre Kampagne «bevölkerungsorientierter Familienpolitik» mit dem Slogan «Deutschland braucht mehr Kinder». Sie nannte es nachhaltige Familienpolitik. Die wollte sie mit einem abgestimmten Mix aus Zeitpolitik, Infrastrukturförderung und monetärer Unterstützung erreichen. Die wichtigste Voraussetzung für eine aktive Kinderwunschpolitik sind traditionelle Kleinfamilien. Das erklärte sie am 8.11.2004 bei einer Konferenz in Berlin – «Deutschland braucht stabile Familien»[452]. Sie glaubte zu wissen, dass junge Menschen auf die «klassische Kernfamilie» vertrauen und sich Kinder wünschen würden, «im Durchschnitt 2,4». Im «letzten Jahr» hätten sie aber nur 1,29 Kinder bekommen und das sei zu wenig. Die langfristige Innovationsfähigkeit und das wirtschaftliche Wachstum in Deutschland seien nur durch «viele stabile Familien mit mehr Kindern» zu erreichen. Freilich ging es ihr nicht einfach um «mehr Kinder». Als Problem sah auch sie vor allem den «Trend zur Kinderlosigkeit besser Gebildeter».

«Wir wollen mehr Kinder in den Familien und mehr Familie in der Gesellschaft. [...] Denn Deutschland braucht mehr Kinder», hieß es auch im Koalitionsvertrag zwischen CDU/CSU und SPD nach den Bundestagswahlen im Jahre 2005. Familienpolitik, verengt auf Bevölkerungspolitik, war eine wichtige Klammer zwischen Schwarz und Rot. Wieder einmal sollte «durch eine konsequente Familienpolitik» erreicht werden, dass Frauen sich vermehrt für Kinder entscheiden. Alle im Koalitionsvertrag aufgeführten familienpolitischen Vorhaben waren mit dieser einen, immer wiederkehrenden Forderung begründet. Ihr wurde in dem Vertragswerk höchste Priorität eingeräumt: «Wir wollen dafür sorgen, dass kein Kind verloren geht und die Kinder

---

451 BMFSFJ: Nachhaltige Familienpolitik im Interesse einer aktiven Bevölkerungsentwicklung, Bonn 2003.

452 Vgl. Gisela Notz: Geburtenrückgang. Sorgen um den Nachwuchs, in: SoZ vom Februar 2005, S. 4.

best- und frühestmöglich gemeinsam mit ihren Familien gefördert werden.» Keine Rede davon, dass viele Kinder in Armut aufwachsen. Auch in dem Kapitel «Familienfreundliche Arbeitsbedingungen» ging es nicht um Mütter (oder etwa Väter), die zwei gegensätzliche Welten vereinbaren sollen, sondern um das «Ziel, dass sich wieder mehr Menschen ihre Kinderwünsche erfüllen [...].» Auch der damalige Arbeitsminister Franz Müntefering (geb. 1940, SPD) zeigte sich fest überzeugt: «Wir müssen die Rahmenbedingungen für Familien verbessern, damit Deutschland wieder mehr Kinder bekommt.» Er bedauerte besonders die geschwisterlos aufwachsenden Kleinen in «unserem Land».

Vertraten frühere FamilienministerInnen die Meinung, man müsse den Frauen zumindest phasenweise das Hausfrauenleben schmackhaft machen, um sie zum Kinderkriegen zu veranlassen, so ging die Familienministerin nun andere Wege: Sie empfahl einen Blick über die nationalen Grenzen. Dieser Blick zeige, dass dort, wo es mehr Kinderbetreuungsangebote gibt und wo eine Balance von Familie und Beruf erleichtert wird, auch die Geburtenraten höher sind. Daraus folgerte sie, was progressive Verbände schon lange vergeblich gefordert hatten, nämlich dass Deutschland erstens einen Ausbau der Kinderbetreuung brauche, zweitens eine bessere monetäre Förderung und drittens eine familienfreundliche Unternehmenspolitik. Es blieb nicht bei der verbalen Aufgeschlossenheit. Im Januar 2005 traten der neue Kinderzuschlag und das Tagesbetreuungsausbaugesetz in Kraft.

Waren die konservativen Parteien bis vor kurzem noch mit dem Ruf nach Familiengeld, das den Frauen das Verbleiben in der Familienarbeit erleichtern sollte, in die Wahlkämpfe gezogen, so waren sich jetzt alle Parteien darüber einig: Ein Blick nach Skandinavien sei lohnend. Dort sind weit mehr Frauen berufstätig, und immer mehr Väter sind bereit, zeitweilig zu Hause zu bleiben. Und was für die PolitikerInnen das Wichtigste dabei ist, die skandinavischen Eltern bekommen mehr Kinder als die deutschen. Ergo muss nun die Berufstätigkeit von (qualifizierten) Müttern gefördert werden, denen der Platz am Herd schon lange nicht ausreicht. Die hierzulande zur Erreichung des Zieles «mehr Kinder» genannten Instrumente – Teilzeitanspruch sowie der Anspruch auf eine dreijährige Elternzeit und die Absetzbarkeit der Kinderbetreuungskosten von der Steuer – wirken aber nicht dahin, die gleichberechtigte Berufstätigkeit zu fördern, sondern sie stabilisieren weiter die «Normalfamilie» mit Haupteinährer und Zuverdienerin.

Familienministerin Ursula von der Leyen (geb. 1958, CDU, Amtszeit 2005 bis 2009) führte die bevölkerungsorientierte Kinderwunschpolitik fort. «Die Frage ist: Kriegen Frauen noch Kinder?» erklärte sie in einem Interview mit Alice Schwarzer in deren Zeitschrift «Emma».[453] Den Ernst dieser Frage erläuterte ihr Staatssekretär Gerd Hofe auf einer familienpolitischen Tagung in Berlin: «Die Zukunft der Familie ist die Zukunft unseres Landes.» Damit die Familie kein Auslaufmodell wird, sondern ein «Erfolgsmodell» bleibt, brauchen «wir» mehr Kinder. Das meinten und mahnten Hofe und seine Ministerin und fanden damit große Zustimmung in der großen Koalition. Man müsse endlich herausfinden, was die jungen Leute vom Kinderkriegen abhält. Für andere frauenpolitische Themen, zu denen beispielsweise auch Sexualpolitik gehört, hatte das Ministerium wenig Zeit.[454]

7.3.1.1. Geburtenrückgang und Sozialpolitik

WissenschaftlerInnen und PolitikerInnen argumentieren immer wieder mit dem «Generationenvertrag», der unserem Rentensystem zugrunde liege. Sie übersehen, dass höhere Geburtenraten alleine weder kurz- noch langfristig Mittel zur Lösung des Rentenproblems sein können. Kinder können nur dann in die Rentenversicherung einbezahlen, wenn sie im Jugendlichen- und Erwachsenenalter entsprechende Ausbildungs- und Erwerbsmöglichkeiten vorfinden, die ihnen das ermöglichen. Ist das nicht der Fall, werden auch sie dem Sozialstaat, der schon lange über finanzielle Erschöpfung klagt, zur «Last» fallen. Zudem bekommen Menschen kaum Kinder, um der Allgemeinheit einen Gefallen zu erweisen. Die Funktionalität der Generationengemeinschaft erweist sich als abhängig von der herrschenden Anordnung der gesellschaftlich notwendigen Arbeit. Die ungleiche Verteilung von bezahlter und unbezahlter Arbeit und von Einfluss an der Gestaltung der Arbeitsbeziehungen trägt

453 Ursula von der Leyen: «... und immer das schlechte Gewissen», Interview mit Alice Schwarzer, in: Emma, Nr. 2/2006.

454 Vgl. auch Gisela Notz: Schwarz-rote Kinderwunschpolitik, in: Ossietzky H.9/2006.

immer mehr zur Spaltung in Arme und Reiche, aber auch zur Spaltung zwischen den Generationen bei.

2007 wurde das Elterngeld anstelle des stark einkommensabhängigen Erziehungsgeldes eingeführt. Es sollte vor allem dazu dienen, der sinkenden Geburtenrate, besonders der Kinderlosigkeit gut ausgebildeter Frauen, gegenzusteuern. Der «Wirtschaftsweise» Bert Rürup, der dieses Konzept für von der Leyens Vorgängerin Renate Schmidt entwickelt hatte, hielt das Elterngeld schon immer für eine richtige Antwort auf den Kindermangel.[455] Moderne Familienpolitik muss nach seiner Meinung sowohl die berufliche Emanzipation der Frau fördern als auch die Entscheidung für ein Kind erleichtern. Wohlfahrts- und Familienverbänden ging es eher darum, durch das Elterngeld als Lohnersatzleistung für Mütter und Väter nach der Geburt eines Kindes einen Einbruch des Einkommens von Paar-Eltern zu verhindern und Alleinerziehenden zu ermöglichen, ohne staatliche Unterstützung auszukommen. Sie verwiesen darauf, dass sich die Höhe des Elterngeldes an dem Einkommen orientieren sollte, das durch die Erziehungszeit wegfällt, und forderten zusätzlich eine Kindergrundsicherung sowie bessere Erwerbsmöglichkeiten für Eltern und Infrastrukturangebote.[456]

So wie es dann verabschiedet wurde, begünstigt es Besserverdienende. Als Einkommensersatzleistung beträgt es 65 % und bei gering Verdienenden 67 % des Nettogehaltes des angestellten Elternteils. Es beträgt höchstens 1.800 und mindestens 300 Euro. Bei ALG-II-EmpfängerInnen wird das Elterngeld seit dem 1.1.2011 als Einkommen angerechnet. Sie gehen also leer aus. Nicht hinzuverdienende Hausfrauen bekommen hingegen 300 Euro, egal, wieviel der Mann verdient.

Das Neue am Bundeselterngeldgesetz (BEEG) ist, dass das Elterngeld als Lohnersatzleistung gewährt wird; vorher war es eine Sozialleistung. Anspruchsberechtigt sind alle Eltern, egal ob sie erwerbstätig sind oder nicht, also auch Auszubildende, Studierende, Erwerbslose und Ausländer aus EU-Mitgliedstaaten und der Schweiz, sofern sie in Deutschland einen Erwerbs-

455 Das sind zwei speziell für Väter reservierte Monate der Elternzeit, die verfallen, wenn sie nicht in Anspruch genommen werden.

456 Zeit, Geld und Infrastruktur für Eltern und Kinder. Gemeinsame Stellungnahme des AWO Bundesverbandes und des Zukunftsforums Familie zum Rentenentwurf für ein Gesetz zum Elterngeld und zur Elternzeit (BEEG), Bonn 24.5.2006.

arbeitsplatz haben. Wer erwerbstätig ist, kann frei entscheiden, wer von beiden Eltern in Elternzeit geht. Sie können auch gleichzeitig Elternzeit in Anspruch nehmen. Anspruchsberechtigt ist, wer die Kinder nach der Geburt selbst betreut, nicht mehr als 30 Stunden pro Woche erwerbstätig ist, mit den Kindern in einem Haus lebt und einen Wohnsitz in Deutschland hat.

Zum Aushängeschild für Familienpolitik wurde das Elterngeld für Väter, die Elternzeit mit den speziell für Väter reservierten Monaten. Es dauerte keine zwei Jahre nach Einführung der Lohnersatzleistung, da stieg sie von 5 auf 20 %. Um diesen «sanften Zwang» der zwei «Papa-Monate» schlugen die Wogen hoch. Wer Elterngeld für Väter beziehen möchte, muss in Elternzeit gehen. Das Elterngeld von maximal 1.800 Euro monatlich wird nur dann über ein ganzes Jahr komplett ausgezahlt, wenn der Vater mindestens zwei Monate davon zu Hause bleibt. Auch bei dieser Regelung geht es um Bevölkerungspolitik. «Wir müssen eine Kultur entwickeln, in der die Vaterrolle so wichtig wird wie die Mutterrolle», sagte von der Leyen im Vorfeld der Gesetzesfassung im ZDF. Wer den geplanten Regelungen nicht folgen wolle, könne «auf das Elterngeld ja verzichten» – insofern handele es sich keineswegs um eine Einmischung des Staates in das Familienleben junger Eltern. Letztlich wolle sie einen «Mentalitätswechsel» erreichen, damit sich mehr Paare für Kinder entscheiden, sagte die designierte Ministerin.[457] Die damalige frauenpolitische Sprecherin der FDP-Bundestagsfraktion, Ina Lenke, lehnte es ganz und gar ab, auf diese Weise «auf Männer einen Zwang zur Hausarbeit auszuüben»[458]. Mehrere CDU-Politiker und der CSU-Landesgruppenchef Peter Ramsauer forderten, die zwei «Papa-Monate» zu streichen.

Noch weiter ging der nordrhein-westfälische Ministerpräsident Jürgen Rüttgers (CDU). Es sei verfassungsrechtlich bedenklich, wenn man Eltern vorschreiben wolle, wie sie ihre Rollenaufteilung gestalten, sagte er. Die Vorsitzende der Arbeitsgemeinschaft sozialdemokratischer Frauen (AsF), Elke Ferner, sprach von einer «Herdprämie» für Hausfrauen gutverdienender Männer. Zudem könne die Einführung des Elterngeldes nur ein erster Schritt sein, um die Situation von Familien zu verbessern. Ziel müsste sein, die Elternzeit zwischen Frauen und Männern paritätisch aufzuteilen. Die größere Beteiligung der

457 Der Tagesspiegel vom 20.11.2005.

458 Ebenda.

Väter konnte aber den Geburtenrückgang nicht stoppen. Das Familienministerium unterKristina Schröder (2009–2013) setzte nun zusätzlichauf den Rechtsanspruch auf einen Kita-Platz und das Betreuungsgeld.

Das Fatale an der gesamten Diskussion um die Bevölkerungsentwicklung in der BRD ist, dass kaum berücksichtigt wird, dass während die «Reproduktionsrate» in Deutschland zum Steigen gebracht werden soll, die Forderung nach einer (notfalls auch zwangsweisen) Familienplanung, um den Bevölkerungswachstum in der Dritten Welt zu stoppen, von Bevölkerungswissenschaftlern unterstützt wird. Sie sehen darin keinen Widerspruch, denn sie unterscheiden zwischen Volk und Bevölkerung. Sie sehen (deutsche «Normal»-)Familien als das entscheidende Bindeglied zwischen den einzelnen Menschen und ihrem «Volk», anstatt endlich die Frage zu stellen, ob das nationalistische Konstrukt «deutsches Volk» angesichts des Zusammenwachsens der Welt noch zeitgemäß ist, sofern es überhaupt jemals zeitgemäß gewesen sein sollte.[459]

7.3.1.2. Kinderlos glücklich

Empirische Untersuchungen zeigen, dass der Entscheidungsprozess, der letztlich zum Kinderwunsch führt, selten ein rationaler, sondern fast immer ein emotionaler und oft von Zufall geprägt ist.[460] In der Zukunft sollte es darum gehen, dass junge Menschen, die einen Kinderwunsch haben, die geeigneten Rahmenbedingungen vorfinden, um diesen auch verwirklichen zu können, und dass Menschen ohne (eigene) Kinder nicht diskriminiert werden.

In den letzten Jahren sind mehrere Studien erschienen, aus denen deutlich wird, dass «Kinderlose» mit ihrem Leben ohne Kinder ganz zufrieden sind. Das geht beispielsweise aus einer Studie des Meinungsforschungsinstituts Forsa hervor, in deren Rahmen 40.000 Männer und Frauen im Alter zwischen 18 und 49 Jahren befragt worden sind. Von den 44 % «glücklich Kinderlosen» wollten sogar 40 % kinderlos bleiben. Sonja Siegert und Anja Uhling, die Männer und Frauen befragt haben, warum sie sich gegen ein Kind entschieden haben, fanden heraus, dass Kinderlose weder egoistisch noch einsam noch schuld an der «demografischen Katastrophe» seien. Sie kamen zu dem

459 Vgl. auch Gisela Notz: Familien.

460 Gisela Notz: Du bist als Frau, S. 61 ff.

Schluss, dass ein Kinderwunsch eben nicht «natürlich» ist, und dass auch nicht jede Frau einen solchen hat oder hatte. «Kinder haben macht glücklich – keine Kinder haben auch», so lautet ihr Fazit.[461] Zu ähnlichen Schlüssen kommt auch Sarah Diehl in ihrer Streitschrift «Die Uhr, die nicht tickt». Ihre Protagonistinnen sagen zum Teil klipp und klar, dass sie froh seien, keine Kinder zu haben.[462]

7.4 Familienpolitische «Reformen» unterstützen Familismus

Die nach der Zusammenführung der deutschen Staaten praktizierte Familienpolitik ging an den tatsächlich gelebten Zusammenlebensformen und auch an den Bedürfnissen der Individuen, die «Familie» leben, mehr denn je vorbei und begünstigt nach wie vor die Hausfrauen- oder Zuverdienerinnenehe. Nicht nur das Ehegattensplitting, auch die «Reformierung» der sozialen Sicherungssysteme ging von diesem einen Familienmodell aus und versuchte, es durch Gesetze zu verfestigen. Die Entlastung von Familien durch Steuervergünstigungen für die Kinderbetreuung sollte «qualifizierten Frauen» zukommen. Benachteiligt wurden «arme Familien», die gar keine Steuern zahlen (können).

Alle Familienpolitikerinnen, die nach der Vereinigung der beiden deutschen Staaten für die Familienpolitik der Bundesrepublik verantwortlich waren, setzten die Politik für die Förderung der heteronormativen bürgerlichen Kleinfamilie fort.[463]

Nach der ersten gesamtdeutschen Wahl 1991 wurde Hannelore Rönsch (geb. 1942, CDU) Bundesministerin für Familie und Senioren, Bundesministerin für Frauen und Jugend wurde Angela Merkel (geb. 1954, CDU). In die Amtszeit von Hannelore Rönsch fiel auch das «Internationale Jahr der Familie»,

461 Sonja Siegert / Anja Uhling: Ich will kein Kind – Dreizehn Geschichten für eine unpopuläre Entscheidung, Marburg 2013.

462 Sarah Diehl, Die Uhr, die nicht tickt: Kinderlos glücklich, Zürich 2014.

463 Heterosexualität und Reproduktion fungieren als Norm, die Gesellschaft konstituiert. Spivak nennt das «reproduktive Heteronormalität». Gayatri Chakravorty Spivak: Feminism an Human Rights, in: Normen Shaik (Hg.): The Present as History. Critical Perspektives on Global Power, New York 2007, S. 172–201; hier: 192

für die Deutsche Nationalkommission übernahm sie die Präsidentinnenschaft. «Die Familie ist die Keimzelle der Gesellschaft und bedarf als solche besonderer Aufmerksamkeit» und «Wer die Zukunft gestalten will, muss die Familie fördern, denn sie ist die Basis der Gesellschaft» hieß es in den herausgegebenen Broschüren; gemeint war die Vater-Mutter-Kind-Familie.[464] Ernsthaft diskutiert wurde die Kinderlosensteuer. Umgesetzt wurde eine Erhöhung des Kindergeldes. Im Zuge der Einigung um einen für Ost und West geltenden §218 wurde 1992 unter Rönschs Regie der Rechtsanspruch auf einen Kindergartenplatz für drei- bis sechsjährige Kinder verabschiedet. Der Rechtsanspruch sollte den Entschluss begünstigen, eine Schwangerschaft auszutragen. Er trat 1996 in Kraft. Die Nachfolge von Hannelore Rönsch im wieder zusammengefügten Ministerium für Familie, Senioren, Frauen und Jugend übernahm von 1994–1998 Claudia Nolte (geb. 1966, CDU). Sie verlangte angesichts der Diskussion um die nach der «Wende» (wieder einmal) viel beschworene Krise der Familie: «vorurteilsfreie Information über die aktuelle Familienwirklichkeit in Deutschland»[465].

Auch die SPD-Ministerin Christine Bergmann (geb. 1939), die 1998–2002 folgte, stellte «die Stärkung und Förderung von Familien» in den Mittelpunkt ihres Jahresprogramms für 1999. Auch sie war der Meinung, «die Familien gehören zu den wichtigsten Leistungsträgern in unserer Gesellschaft»[466]. Christine Bergmanns Verdienst war es, dass die rot-grüne Bundesregierung 1998 – folgte man der Koalitionsvereinbarung – bereits da Familie sah, «wo Kinder sind». Die damaligen Regierungsparteien wollten darauf hinarbeiten, dass die vielfältigen Familienformen respektiert werden und für deren Gleichstellung sorgen. Dennoch wirkt auch diese Definition exklusiv. Sie erfasst Töchter, die ihre Eltern pflegen, ebenso wenig wie Wohngemeinschaften, in denen beispielsweise Studierende und Ältere oder Behinderte und nicht Behinderte zusammenleben.

464 Geschäftsstelle der Deutschen Nationalkommission für das Internationale Jahr der Familie: Abschlußbericht zum Internationalen Jahr der Familie 1994, Bonn 1994, S. 9 und 28.

465 Claudia Nolte: Vorwort in: Bundesministerium für Familie, Senioren, Frauen und Jugend: Die Familie im Spiegel der amtlichen Statistik, 3. Auflage, Bonn 1998, S. 3.

466 Christine Bergmann: nach: Bundesministerium für Familie, Senioren, Frauen und Jugend, Pressemitteilung Nr. 24 vom 21. 1. 1999, S. 1

Arbeitsmarkt- und familienpolitische «Reformen» waren auch unter der «Rot-Grünen»-Koalition seit 1998 nicht in erster Linie darauf ausgerichtet, bestehende geschlechtsspezifische Diskriminierungen zu beseitigen, sondern konzentrierten sich darauf, künftige «demografische Lücken» durch das Erwerbspotential und die Gebärfähigkeit der Frauen zu schließen. Immerhin wurde aus dem dreijährigen Erziehungsurlaub, den fast ausschließlich Frauen in Anspruch nahmen, die Elternzeit, die beide Elternteile gleichzeitig nehmen (könnten) und dabei bis zu dreißig Wochenstunden pro Person im Beruf arbeiten können.[467] Auch das Recht von Kindern auf eine gewaltfreie Erziehung wurde gesetzlich verankert sowie Kindererziehungszeiten in die gesetzliche Rentenversicherung eingeschrieben. Die nach Bergmann von 2002–2005 amtierende Familienministerin Renate Schmidt (geb. 1943, SPD) sagte von sich selbst: «Ich bin ein Familientier». Für den der nicht wissen sollte, was das ist, hielt sie selbst die Antwort bereit: «ein Mensch, der sich in der Familie so wohl fühlt wie die Katze auf der Ofenbank»[468]. «Deutschland braucht mehr Kinder» war ihr Grundsatz. Später trat sie für das Wahlrecht für Kinder ein[469]. «Wir brauchen mehr Kinder in den Familien und mehr Familien in der Gesellschaft» war auch das familistische Credo von Ursula von der Leyen (geb. 1958, CDU), Familienministerin von 2005–2009. Sie stellte drei familienpolitische Forderungen in den Vordergrund: das einkommensunabhängige Elterngeld mit den Vätermonaten, den Ausbau der Kinderbetreuung durch öffentliche Einrichtungen und auch durch Tagesmütter und den Ausbau der Mehrgenerationenhäuser zur gegenseitigen und ehrenamtlichen Unterstützung von Familien. Besonders konservativ stellte sich die 1977 geborene Kristina Schröder (ebenfalls CDU) dar. Sie leitete das Ministerium bis 2013 und trat für die «Wahlfreiheit für Familien» ein, das hieß für sie: Nach Durchsetzung des durch progressive Verbände erkämpften Rechtsanspruchs auf Kinderbetreuungseinrichtungen sollten Eltern «wählen» können, auch ihren Beruf (zumindest vorübergehend) aufzugeben.

---

467 Siehe Kapitel 7.3.1.1.

468 Renate Schmidt: S.O.S. Familie. Ohne Kinder sehen wir alt aus, Berlin 2002, S. 16.

469 Renate Schmidt: Laßt unsere Kinder wählen, München 2013.

7.5. Arbeitsmarktpolitische «Reformen» unterstützen den Familismus

Mit dem Konzept «Moderne Dienstleistungen im Arbeitsmarkt» (genannt Hartz-Konzept), das im August 2002, kurz vor der damaligen Bundstagswahl, durch die Hartz-Kommission vorgestellt wurde,[470] wurde das antiquierte konservative Familienmodell mit dem Familienvater als «Haupternährer» und der dazugehörigen Mutter als Hausfrau oder «Zuverdienerin» restauriert. Absicht des unmittelbar nach der Veröffentlichung in Gesetz gegossenen Konzeptes war, die Erwerbslosigkeit bis 2005 zu halbieren. Die SPD sprach von einem «zukunftsweisenden Gesamtkonzept zur Bekämpfung der Arbeitslosigkeit»[471]. In Wirklichkeit sollte die Erwerbslosigkeit der Familienmänner bekämpft werden. In dem Konzept hieß es: «Arbeitslose, die besondere Verantwortung für abhängige betreuungsbedürftige Personen oder Familienangehörige tragen»[472], sollen bei der Vermittlung bevorzugt behandelt werden. In der ursprünglichen Fassung hieß es sogar «Familienväter». Wörtlich: «Jeden Montag erhalten der Leiter des Arbeitsamtes und der Vorsitzende der Bundesanstalt für Arbeit eine Liste der arbeitslosen Familienväter.»[473] Der Grundgedanke der geschlechtsspezifischen Arbeitsmarktsegregation blieb auch mit der veränderten Formulierung gleich. Eine klare Definition dieser verantwortungsvollen Teilgruppe im Konzept fehlt bis heute, und damit bleibt auch ungeklärt, wer bevorzugt vermittelt wird, wenn beide Eltern in einer Familie erwerbslos sind. Die Tatsache, dass Frauen als Zuverdienerinnen in der Vermittlung zurückstehen sollen, bedeutet einen Rückfall in die Familienpolitik der BRD der 1950er-Jahre, gegen die sich Frauen schon damals auflehnten.[474]

---

470 Dr. Peter Hartz u.a.: Moderne Dienstleistungen am Arbeitsmarkt. Bericht der Kommission, Berlin 2002

471 SPD-Bundestagsfraktion: Zur Sache. Aufbruch am Arbeitsmarkt. Die Umsetzung des Hartz-Konzepts, Berlin 2003

472 Peter Hartz: Moderne Dienstleistungen, S. 81.

473 Zit. nach Anne Rösgen: Zur Evaluation von Chancengleichheit und Gender Mainstreaming. Vortrag zum Arbeitstreffen EP-EvaluatorInnen und Programm-Evaluation am 11.7.2003 in Bremen, Manuskript, S. 7.

474 Notz, Gisela: Frauen in der Mannschaft.

Die negativen Folgen der Einführung der «Hartz-IV-Reformen», die 2003 in Kraft getreten sind, in Form einer weiteren Prekarisierung des Arbeitsmarktes hatten vor allem Frauen zu tragen. Die Familien- und Kinderarmut nahm in erschreckendem Maße zu. Menschen, die in einer «Bedarfsgemeinschaft» leben, haben keinen unabhängigen Anspruch auf Leistungen. Wenn der Partner bzw. die Partnerin genug verdient, bekommet er/sie nach einem Jahr Erwerbslosigkeit kein eigenes Geld mehr. Betroffen sind vor allem Frauen, die in Abhängigkeit von Partnern geraten, egal, ob sie verheiratet sind oder nicht. Einer Schätzung des Deutschen Juristinnenbundes zufolge sollten ab Januar 2004 bereits sechzig Prozent aller arbeitslosen erwerbsfähigen Frauen ohne Leistungsbezug bleiben.[475] Die Vorhersage, dass die «Hartz IV»-Gesetze erwerbslose Frauen verstärkt in die Abhängigkeit von Ehemännern und Lebensgefährten treiben, sollte sich bestätigen. Durch die Rekonstruktion des «Familienernährers» wird die frauenpolitische Forderung nach eigenständiger Existenzsicherung missachtet. Erst wenn das gemeinsame Einkommen einer Bedarfsgemeinschaft nicht ausreicht, wird staatlich mitfinanziert. Solange ein Einkommen vorhanden ist, gilt die Versorgerehe. Wenn beide Personen erwerbslos sind, besteht auch für die bisher «versorgte» Frau wieder Arbeitspflicht. Ob der Partner seinen Verpflichtungen nachkommt, wird nicht kontrolliert. LeistungsempfängerInnen *müssen* jede Arbeit, auch einen «Mini-Job», annehmen.

Das Konstrukt der Bedarfsgemeinschaft verdeutlicht auch, dass alternative Lebensformen von staatlicher Politik dann anerkannt werden, wenn sie für den Sozialstaat nützlich sind, um Kosten zu sparen.

Seit 1.4.2003 sind die Mini-Jobs in Kraft. Das sind geringfügige Beschäftigungsverhältnisse, die in der Vergangenheit bereits zu mehr als siebzig Prozent durch Frauen ausgeführt und auch von SPD und Grünen lange Zeit als frauendiskriminierend eingestuft wurden, weil sie Frauen auf einen Zuverdienst festlegen. Mit dem «Hartz-Gesetz II» taucht der Billigjob als «Innovation» auf. 2012 war jedes fünfte Beschäftigungsverhältnis in der BRD ein Mini-Job. Sie werden Frauen in vielen Bereichen als «Zuverdienst» angeboten, dienen aber in erster Linie dazu, für Unternehmen die Personalkosten zu senken. Ein Grund für die

475 Zit. nach: Sozialverband Deutschland: SoVD-Zeitung, Nr. 11 November 2004, S. 1.

Einführung sollte die Eindämmung der Schwarzarbeit in den Privathaushalten sein. Nach der neuen Mini-Job-Regelung können Familien, die für die Putz- und Sorgearbeiten, die in ihrem privaten Haushalt anfallen, bis zu 450 Euro im Monat aufbringen können, eine steuerlich begünstigte Haushaltshilfe einstellen. Letztlich soll die Abgabe von ungeliebten Schmutzarbeiten (vor allem) an Frauen über steuerliche Begünstigungen, für die die Gemeinschaft bezahlt, finanziert werden. Der Privathaushalt wird von Arbeitgeberverpflichtungen weitgehend freigehalten. Die Frauenministerin Renate Schmidt (SPD) hat sich schon früher positiv zu diesem Modell geäußert: «Das hilft erwerbstätigen Eltern, vor allem Einelternfamilien, und das eröffnet neue Möglichkeiten für qualifizierte Tagesmüttermodelle.»[476] Daher sei es «richtig und wichtig», dass die Entscheidung getroffen wurde, dass die neuen Mini-Jobs im Zusammenhang mit der Hartz-Kommission verabschiedet worden sind. Darüber, dass «vor allem Einelternfamilien», und das sind zu 85 % Frauen, kaum 450 Euro für eine Kinderfrau erübrigen können, oder darüber, wie die Mini-Jobberin mit 450 Euro monatlich auskommen soll, vor allem, wenn sie selbst Kind/er hat, scheint sich niemand Gedanken zu machen. Die Mini-Beschäftigte ist nur krankenversichert, wenn sie noch einen versicherungspflichtigen Job hat oder verheiratet ist. Im letzteren Falle zahlen die anderen Beitragszahler ihre Beiträge, was den Druck auf die Kassenbeiträge bei Ausweitung der Minijobs erhöht. Haben Frauen keinen versicherten Ehemann, müssen sie sich freiwillig versichern. Sozialhilfebedürftigkeit und Altersarmut sind mit der Aufnahme von Mini-Jobs vorprogrammiert. Der Abstand der Frauenaltersrenten zu den Männeraltersrenten wird sich durch die rasante Ausweitung der Mini-Jobs weiter erhöhen. Freilich trifft verheiratete Männer das gleiche Schicksal, wenn Frauen die «Hauptverdienerinnen» sind. Ein solcher Rollentausch ist jedoch noch selten und stellt ebenfalls keine arbeitsmarktpolitische Innovation dar.

476 Sozialdemokratische Partei Deutschlands: Pressemitteilung Nr. 6 vom 13.11.2002.

7.6. Vereinbarkeit von Familie und Beruf

Obwohl die Zahl der Kleinfamilien rückläufig ist und sie nicht mehr die vorherrschende Familienform sind,[477] stand und steht die Vereinbarkeit von Familie und Beruf seit vielen Jahren im Mittelpunkt der familienpolitischen Diskussionen in Ost und West. Besonders den jüngeren Frauen wird unterstellt, die «Vereinbarkeitsproblematik» sei ihr größtes Problem, weil sie ein Lebensmodell anstreben, in dem die Erwerbstätigkeit einen hohen Stellenwert hat, der «Verzicht» auf die Kleinfamilie jedoch keine Option darstellt. Das dringendste Problem von Kleinfamilien, in denen beide Eltern erwerbstätig sind, nämlich der Mangel an Plätzen für eine pädagogisch wertvolle Kinderbetreuung und das Fehlen partnerschaftlichen Arrangements in der Haus- und Sorgearbeit, wird weder durch steuerliche Förderung der Hausfrauenehe noch durch immer längere Auszeiten (Elternzeit, Pflegezeit) gelöst.

Viele Studien weisen nach, dass sich Frauen zwar die Berufswelt erobert haben, Männer an der Übernahme von Haus- und Sorgearbeit jedoch nach wie vor wenig Interesse zeigen.[478] Viele der jungen Väter steigern nach der Familiengründung berufliches Engagement, oft aus finanziellem Zwang. Bestenfalls nehmen sie die zwei «Vätermonate».[479] Mit der gestiegenen Erwerbsneigung der Frauen geht in der Regel kein verstärkter Wunsch von Männern einher, Haus- und Familienarbeit zu übernehmen. Die meisten Arbeiten im Haushalt und die mit dem Kind verbundenen Arbeiten macht die Partnerin.

Selbst wenn das Interesse der Männer an der Haus- und Sorgearbeit größer sein würde, wäre es schwierig, das «Vereinbarkeitsproblem» innerhalb der Kleinfamilie befriedigend zu lösen. Auch wenn die infrastrukturellen Voraussetzungen zur Verfügung stünden (dazu gehörten auch Pflegeeinrichtungen für Alte) würde die verbleibende Belastung wesentlich auf den Schultern der Frauen ruhen. Die Gebühren für Kindertagesstätten sind drastisch gestiegen. Das führt dazu, dass sie von vielen Eltern aus den unteren gesellschaftlichen Schichten gar nicht mehr in Anspruch genommen werden können.

---

477 Siehe Kap. 7.3.1.1. in diesem Buch
478 Vgl. auch Kapitel 5.5.in diesem Buch
479 Siehe Kap. 8.1. in diesem Buch

Auch die Tatsache, dass es in den 1970er-Jahren durch die Zunahme nicht-ehelicher Gemeinschaften in Deutschland (Ost und West) zu einer Abkehr vom staatlich legitimierten Familienbild gekommen ist, hat an der Rollenaufteilung zwischen den Geschlechtern kaum etwas verändert. Familienleben und Berufstätigkeit in eine gute Balance zu bringen ist eine Herausforderung, die Frauen und Männer gleichermaßen betreffen sollte, aber de facto vor allem Frauen betrifft. Fraglich ist, ob es innerhalb der Kleinfamilie überhaupt zu lösen ist. Viele Frauen beanspruchen eigene Lebens- und Arbeitsräume und nehmen das Recht auf eigene Existenzsicherung in Anspruch, auch wenn sie Kinder haben. Auch für viele Männer – zumindest aber für eine zunehmende Zahl – wird die traditionelle Rollenverteilung problematisch. Sie sind nicht mehr damit einverstanden, dass auf ihren Schultern alleine die finanzielle Verantwortung für die Familie ruht, und sie wollen mit ebenbürtigen Partnerinnen zusammenleben. Das traditionelle Familienmodell wusste eine männliche Arbeitsbiografie mit einer lebenslangen Hausfrauen- oder Zuverdienerinnenexistenz zu verzahnen, nicht aber zwei Erwerbsbiografien mit zwei Sorgearbeitsbiografien. Wenn sich die Strukturen der Erwerbsarbeit «familienfreundlich» gestalten sollen, muss sich auch die «kleine in sich geschlossene Familiendreieinigkeit – Mann, Weib und Kinder» (Lily Braun) – ändern.

Die angebotenen Vereinbarkeitsmodelle (Arbeitszeitflexibilisierung, Teilzeitarbeit, Erziehungsurlaub und Elternzeit) sind bislang mit Nachteilen im weiteren Berufsverlauf verbunden. Wirft man einen Blick auf die 22,9 % der Haushalte der Alleinerziehenden (zu 90,1 % Frauen), so wird deutlich, wie sehr sich alle Lösungsvorschläge an der traditionellen Kleinfamilie orientieren. Für Mütter, die ihr Kind ohne den Vater erziehen, sind Teilzeitarbeit und prekäre Arbeitsverhältnisse durch die mangelhafte ökonomische Absicherung, die davon ausgeht, dass Frauen einen «Haupternährer» zu Hause haben, nicht ohne die Gefahr in Armut zu verfallen möglich. Zusätzlich schafft die noch immer zu geringe Zahl an öffentlichen Kinderbetreuungsplätzen in vielen Regionen für viele Frauen Probleme. Oft bleibt nur die Möglichkeit, vorübergehend die Erwerbsarbeit zu unterbrechen. Sie muss nach wie vor mit erheblichen Schwierigkeiten bei der Wiedereingliederung in den Beruf erkauft werden.[480]

480 Gisela Notz: Vereinbarkeit von Familie und Beruf – eine frauenspezifische Problemstellung, in: Gerhard Engelbrech / Sabine Schenk / Pe-

Bei allen Modellen zur «Vereinbarkeit» scheint es in erster Linie darum zu gehen, dass die Berufswelt familientauglich werden muss, nicht etwa die Familie berufstauglich. Das Wissen, dass weder Familie noch Beruf in ihrer jetzigen Form geeignet sind, «beides» zu vereinbaren, liegt seit langem vor und potenziert sich durch die Zunahme von pflegebedürftigen Alten und anderen Hilfsbedürftigen. «Reformmaßnahmen» gehen weiter vom «Haupternährermodell» aus und versuchen, dieses zu festigen. Oft wird das «Vereinbarungsproblem» auf Kosten von anderen Frauen gelöst, nämlich Dienstbotinnen, die vorwiegend aus den armen Ländern der Welt oder als Pendelemigrantinnen aus Osteuropa kommen. Das ist eine schlechte Lösung des Problems, denn so bleibt die Arbeit «privat» und in der Familie und verwandelt sich zu einer äußerst schlecht bezahlten Ware. Das führt nicht nur zur Beibehaltung der geschlechtsspezifischen Arbeitsteilung, sondern auch zu neuen Unterschichtungen und Ausbeutungsverhältnissen (auch) unter Frauen.

Von einer Vergesellschaftung der Hausarbeit, wie sie von SozialistInnen Ende des 19. Jahrhunderts gefordert wurde, ist keine Rede mehr. Auch die Kritik an der kleinfamilialen Lebensform zugunsten von Wohn- und Lebensgemeinschaften, wie sie in den 1970er-Jahren (in der BRD) geführt wurde, ist weitgehend verstummt.

Aus der Feststellung, dass Beruf und Familie heute nur durch Seiltänzerinnen zu vereinbaren sind, ist die Konsequenz abzuleiten, dass Strukturveränderungen in der Berufswelt, die nicht auf Kosten der Existenzsicherung der Frauen gehen, und Veränderungen in der Struktur der Kleinfamilie notwendig sind. Es geht um Neuverteilung und Neubewertung aller jetzt bezahlt und jetzt unbezahlt geleisteten gesellschaftlich notwendigen und nützlichen Arbeiten und um eine Umverteilung der Verantwortung für Kinder, Sorge- und Pflegebedürftige auf beide Geschlechter – individuell, im Kollektiv und in der Gemeinschaft.

---

tra Wagner (Hg.): Bedingungen der Frauenerwerbsarbeit im deutsch-deutschen Einigungsprozeß (Beiträge zur Arbeitsmarkt- und Berufsforschung, 167), Nürnberg, 1992, S. 49–63.

7.7. Monetäre Förderung von Ehe und Familie

Die sogenannte Hausarbeitsdebatte der 1970er-Jahre entstand vor dem Hintergrund des Familienernährermodells.[481] Gilt sie nicht ebenso für die späteren Auseinandersetzungen angesichts widersprüchlicher Entwicklungen im neoliberalen Kapitalismus zwischen Kommodifizierung und Refamiliarisierung? Hatte Ingrid Strobl Recht damit, dass die bürgerlichen Parteien es profitabel finden, die Gratis-Haushaltsarbeiterinnen mit ein bisschen Geld an den Haushalt zu binden? Hier nur ein paar Beispiele.

7.7.1. Hausfrauengehalt und Familiengehalt

Von verschiedenen konservativen Seiten aus Wissenschaft und Politik wurde immer wieder ein «Hausfrauengehalt» oder «Familiengehalt» gefordert, das es erleichtern soll, die Kinder zu Hause zu erziehen.

Zu den großen Versprechen der CDU/CSU im Bundestagswahlkampf 2002 gehörte das «Familiengeld» in Höhe von bis zu sechshundert Euro monatlich pro Kind. Es sollte ab 2003 einkommensunabhängig an alle Familien gezahlt werden und zu einer «echten Wahlfreiheit» zwischen Familie und Beruf führen, wenn die christlichen Parteien die Wahl gewonnen hätten. Die Kosten für das «Familiengeld» wurden auf zwanzig Milliarden Euro beziffert. Die regierende Rot-Grün-Koalition kritisierte die Finanzierung als «völlig illusorisch»; das Hausfrauengehalt unterblieb – zunächst. Familien sollten dafür steuerlich mehr entlastet und das Kindergeld stufenweise erhöht werden. Die CDU versuchte es weiter. Anlässlich der niedersächsischen Landtagswahl im Februar 2003 wurde das Konzept wieder aufgelegt, obwohl die CDU zwischenzeitlich scheinbar – ebenso wie die Regierungsparteien – eingesehen hatte, dass Kinderbetreuung «wichtiger als Geld» ist, weil für die meisten Frauen Familiengeld keine Alternative zur Erwerbsarbeit ist. Das «Familiengeld» blieb zunächst eine konservative Vision.

Obwohl es von der Partei der LINKEN massiv kritisiert, als «Griff in die Mottenkiste reaktionärer Frauenpolitik» und «Hausfrauenprämie» abgetan wurde, wollte der saarländische Landesverband der Partei noch 2009 mit der Forderung nach einem Erziehungsgehalt von monatlich 1.600 Euro brutto für das

481 Siehe Kapitel 5.3.2. in diesem Band

erste Lebensjahr des Kindes, für das zweite und dritte je 1.000 Euro und vom vierten bis zwanzigsten 500 Euro monatlich in den Landtagswahlkampf ziehen, damit die Frauen (!) von der entfremdeten Arbeit unabhängiger gemacht würden. «Es ist die Aufgabe des Sozialismus des 21. Jahrhunderts, die unterbewertete Familienarbeit finanziell und ideell anzuerkennen und individuell sozial abzusichern. Das müssen wir Frauen durchsetzen und nur dann wird der Sozialismus siegen», sagte Christa Müller, damals familienpolitische Sprecherin der Partei DIE LINKE im Saarland.[482] Auch dazu kam es nicht. Linke Feministinnen und ihre MitstreiterInnen fegten das Konzept vom Tisch.

Die potentiellen Hausfrauen der Partei DIE LINKE hatten wohl auch Zweifel daran, dass die isoliert geleistete Arbeit in den kleinfamilialen Küchen und Kinderzimmern wirklich weniger entfremdet sei als die Berufsarbeit.

Weder die ideologische Aufwertung noch die Betonung der qualifikatorischen Elemente von Hausarbeit noch deren Bezahlung durch ein bedingungsloses Grundeinkommen[483] oder ein Familiengehalt würde etwas an der geschlechtsspezifischen Zuordnung dieser Arbeiten ändern. Sie sind für Männer ebenso wenig attraktiv wie für diejenigen Frauen, die sich ihrer entledigen wollen.

7.7.2. Betreuungsgeld

Statt eines Familiengehaltes ist seit dem 1. August 2013 das Betreuungsgeld gesetzlich geregelt, das an alle Väter oder Mütter gezahlt wird, die ihr Kind zu Hause betreuen. Familienministerin Kristina Schröder jubelte zu ihrer Zeit die Betreuung in der Familie hoch. In ihrem Buch «Danke, emanzipiert sind wir selber!» schwärmt sie von «der Familie», die sich «nach dem Prinzip der Solidarität, nicht nach dem der Konkurrenz» organisiert und deren «Kapital der glücklich erlebte Augenblick, nicht das irgendwann erreichte Ziel, der abgearbeitete Dienstplan (ist). Sie gehorcht angeblich dem Herzens-, nicht dem Effizienzprinzip». Deshalb sollen Frauen die «Wahlfreiheit» haben, ob sie aus dem Beruf aussteigen oder «Karriere» machen wollen.

482 In einem Interview mit DER FREITAG vom 3.8.2007.

483 Gisela Notz: Grundeinkommen gegen Ungleichheit und Armut. Anmerkungen aus feministischer Sicht, in: Widerspruch Heft 49/2005, Zürich, S. 115–126.

An ihnen läge es schließlich, «aus den grundsätzlich möglichen Optionen die beste zu wählen», wenn sie sich «als emanzipierte Gestalterinnen ihres eigenen Lebens begreifen» wollen.[484] Dafür bräuchte es gar keine Gesetze, offensichtlich aber monetäre Anreize. Daher kämpfte Kristina Schröder wie eine Löwin um die Durchsetzung des Betreuungsgelds. Der weit gestreute Widerstand gegen die «Herdprämie» half nichts. Eltern bekommen für zwei Jahre 150 Euro im Monat ausgezahlt, wenn sie für ihre Kinder zwischen dem 13. und 36. Lebensmonat kein staatlich gefördertes Angebot in Anspruch nehmen. Ein Schelm, wer Böses dabei denkt, nämlich, dass der bereits bestehende Rechtsanspruch auf einen Kindertagesstättenplatz umgangen werden soll. Durch den Ausstieg aus der Erwerbstätigkeit vor allem von Frauen nach der Geburt eines Kindes verfestigen sich traditionelle Rollenmuster zwischen Mutter- und Hausfrauenrolle und Vater- und Erwerbsarbeitsrolle in der Kleinfamilie, auch das ist Absicht. Es ist ein erneuter Versuch, die «alte Ordnung» wiederherzustellen. Alleinerziehende, Lebensformen außerhalb der Kleinfamilie und Eltern, die ihre Kinder in Einrichtungen betreuen lassen, weil sie einer Erwerbsarbeit nachgehen wollen und weil sie es als notwendig und richtig erachten, dass Kinder von ausgebildeten Bezugspersonen profitieren und im Miteinander soziale Kompetenzen erwerben können, werden diskriminiert. Hartz-IV-EmpfängerInnen gehen ohnehin leer aus; das Betreuungsgeld wird von ihren Leistungen abgezogen. Man geht davon aus, dass sie sowieso zu Hause sind, um ihre Kinder zu betreuen.[485]

---

484 Kristina Schröder mit Caroline Waldeck: Danke, emanzipiert sind wir selber. Abschied vom Diktat der Rollenbilder, München 2012.

485 Während der Drucklegung dieses Buches hat das Bundesverwaltungsgericht am 21.7.2015 das Betreuungsgeld für verfassungswidrig erklärt. Es sprach dem Bund die Gesetzgebungskompetenz ab, da die Regelung nicht zur Herstellung gleicher Lebensverhältnisse im Bundesgebiet erforderlich ist. Pressemitteilung Bündnis Kindergrundsicherung vom 21.7.2015.

7.8. Förderung der familialen Betreuung von Alten und Pflegebedürftigen

Die demographische Entwicklung der nächsten Jahrzehnte stellt Gesellschaft und Politik vor große Herausforderungen: Wer pflegt uns, wenn wir alt sind?, scheint jetzt schon eine Frage zu sein, die viele Menschen umtreibt. Die Frage ist vor allem an die Familie gerichtet. Beklagt werden nachlassender Familiensinn, undankbare Töchter, seltener abwesende Söhne, zerrissene Familienbande. Es gibt viele Spekulationen darüber, warum die traditionellen Familienbande reißen. Viele Frauen lösen sich heute aus Abhängigkeiten, die Männer nie kannten. Das geänderte Rollenverständnis der Frauen, auch wenn sie Mütter oder Großmütter sind, der verstärkte Wunsch nach Teilnahme an der außerhäuslichen Erwerbsarbeit, verbunden mit der steigenden Mobilität im Berufsleben sind es vor allem, die den Veränderungsprozess der Familie beeinflussen und dazu führen, dass Angehörigenpflege zukünftig nicht mehr im bisherigen Umfang kostenlos in der Familie geleistet werden kann. Frauen stellen das Bedürfnis nach eigener Existenzsicherung sogar oft in den Mittelpunkt, ohne abzuwarten, bis der männliche Teil der Gesellschaft ebenfalls seine Normen und Wertvorstellungen ändert. Nun werden Gesellschaftssysteme der Vergangenheit als «gute alte Zeit» glorifiziert. Frauen, die ihre «natürlichen Aufgaben» verweigern, werden wie früher schon für eine inhumane Gesellschaft verantwortlich gemacht. Prestigebehaftete Begriffe wie Moral, Gerechtigkeit, Gemeinsinn und Familiensinn sollen die Einengung oder Diskriminierung von Freiheiten Anderslebender bemänteln.

Dennoch ist die Familie der «Pflegedienst der Nation»[486]. siebzig Prozent der rund 2,5 Millionen Pflegebedürftigen werden nach dem siebten Altenbericht der Bundesregierung zu Hause gepflegt. Mehr als zwei Drittel der Pflegenden sind Frauen. Bis 2030 werden eine Million Pflegebedürftige hinzukommen.[487] Aber die familiären Ressourcen werden bald aufgebraucht sein. Und eine wachsende Zahl von Pflegebedürftigen will gar nicht zu Hause gepflegt werden, weil sie ihren Töch-

486 Dirk Oliver Heckmann: Unterstützung für den «größten Pflegedienst der Nation». Deutschlandfunk: Informationen am Mittag, Beitrag vom 14.11.2014.

487 www.best-age-conference.com/Kongress/ (Zugriff: 3.3.2015).

tern, Schwiegertöchtern und Enkelinnen nicht zur Last fallen wollen. Die Frage, wie die zunehmende Zahl der hochaltrigen Menschen ihren Bedürfnissen entsprechend versorgt werden kann, wird selten gestellt. Bei vielen Bestrebungen, diese Probleme zu lösen, stehen die Belange und Wünsche der Betroffenen sowie die Interessen der Familienangehörigen nicht im Vordergrund. Es geht, wie in vielen Bereichen, die menschliche Arbeit betreffen, eher darum, Kosten zu sparen. Das Interesse am Zukunftsmodell «häusliche Pflege» speist sich auch daraus, dass es das kostengünstigste ist. Es ist aber eine auf die Dauer teure Irrationalität, einer ganzen Frauengeneration gleichwertige Bildungschancen einzuräumen und sie hochqualifiziert weit überwiegend in pflegerischen Bereichen – für die sie meist gar nicht qualifiziert ist – unbezahlt beschäftigen zu wollen. Zudem sollte die Qualität der Pflege im Mittelpunkt stehen, denn Familien sind oft überfordert, Wohnungen zu klein und Konflikte, die sich zwischen Pflegenden und Pflegebedürftigen ergeben, kaum zu lösen.

Viele pflegende Familienangehörige geben ihre Erwerbsarbeit auf oder reduzieren sie merklich, wenn sie die Pflege übernehmen; Frauen wesentlich häufiger als Männer. Die überwiegende Mehrzahl erlebt die Pflege als körperlich und psychisch belastend. Dass sie die Pflege in der Familie mit großem persönlichen und finanziellen Einsatz sicherstellen müssen, weil die Leistungen der Pflegeversicherung nicht reichen, wird von Politikerinnen als Vereinbarkeitsproblem von Pflege, Familie und Beruf individualisiert. Ein entsprechendes Gesetz trat am 1. Januar 2015 in Kraft.[488] Bis zu 24 Monate kann sich eine pflegende Angehörige von der Arbeit ganz oder teilweise freistellen lassen und bekommt dafür ein zinsloses Darlehen. Das muss man sich leisten können, aber selbst dann sind auch für diese Personengruppe die Schwierigkeiten des beruflichen Wiedereinstiegs vorprogrammiert.

Es ist gut, dass sich Frauen verstärkt zur Wehr setzen und den «Familiendienst» verweigern. Die Verantwortung kann nicht weiter einseitig Familien, sprich Frauen, zugeschoben werden. Auch die bezahlt geleistete Pflegearbeit ist ganz wesentlich Frauenarbeit. Auch sie wird in unserer familistischen Gesellschaft zum Problem, weil die Professionalität der Pflege nicht

488 www.bundesregierung.de/Content/DE/Artikel/2014/10/2014-10-15-kabinett-vereinbarkeit-familie-pflege-beruf.html (Zugriff: 3.3.2015).

hinreichend anerkannt, akzeptiert und miserabel entlohnt wird. Neben den Kämpfen in der Produktion gewinnen die Kämpfe in den Bereichen von Dienstleistungen und Reproduktion zunehmend an Bedeutung.[489] Parteien, die aus der Tradition der Arbeiterbewegung kommen, auch Gewerkschaften, tun sich schwer damit, diese Entwicklung zu erfassen und sie politisch voranzutreiben. Einiges deutet darauf hin, dass die richtungsweisenden Arbeitskämpfe in der Pflege und im Erziehungsbereich weitergeführt werden müssen.

7.8.1. Neue soziale Netze durch bürgerschaftliches Engagement

In der aktuellen sozialpolitischen Debatte hat die Diskussion um den «aktivierenden» Staat, die Zivilgesellschaft, um Selbsthilfe, Bürgersinn und Gemeinsinn Konjunktur. In der aktuellen Diskussion um die «Krise der Familie» werden bürgerschaftliches Engagement und Selbsthilfe als eine Möglichkeit, neue Formen sorgender Netze zu schaffen, angesehen. Sie sollen familienbezogen, familienergänzend und familienentlastend sein.[490] Solange ein Ausgleich durch Familie, Selbsthilfe und Ehrenamt erwartet werden kann, wird bezahlte Arbeit abgebaut. «Neue Netze» will auch die Bundesregierung schaffen, «um die Vorteile der früheren Großfamilie in moderne Sozialstrukturen übertragen zu können». Sie hat deshalb «Mehrgenerationenhäuser als familienunterstützende Zentren» geschaffen. Sie sollen bürgerschaftliches Engagement erschließen, Zusammenhalt erfahrbar machen, Alltagskompetenzen und Erziehungswissen weitergeben und Antworten darauf geben, «wie die Generationen sich untereinander helfen können in einer Gesellschaft des langen Lebens».[491] Hier wird das viel zitierte und glorifizierte «ganze Haus» der vorindustriellen Gesellschaft aus dem Museum gezerrt.[492] Mit den Mehrgenerationenhäusern will das

---

489 Siehe auch den Streik der Krankenschwestern und Erzieherinnen im Mai/Juni 2015, hierzu: Gisela Notz: Kampf um Geld und Aufwertung, in Ossietzky, vom 6.6.2015

490 Projektförderung «Den Familienbezug von Selbsthilfegruppen verdeutlichen und die Familienorientierung der Selbsthilfeunterstützung stärken» durch das BMFSFJ, in: NAKOS, Jahresbericht 2005, S. 11.

491 Stellungnahme der Bundesregierung zum 7. Familienbericht, S. XXIV.

492 Siehe hierzu Abschnitt 2.2 in diesem Buch.

Familienministerium Zentren schaffen, die sich in die Nachbarschaft öffnen. In ihnen soll generationsübergreifend Alltagssolidarität gelebt werden, die in der Kleinfamilie nicht mehr überall möglich ist. Daneben sollen mit den durch die SPD-Ministerin Renate Schmidt seit Beginn des Jahres 2004 geschmiedeten «Lokalen Bündnissen für Familie» Unternehmen, Verbände, Kirchen und soziale Einrichtungen für mehr Familienfreundlichkeit in Städten und Gemeinden sorgen. Viele Arbeiten, die in Mütter- und Familienzentren geleistet werden, können nicht durch professionelle Hilfe erbracht werden, vor allem, weil (angeblich) das Geld fehlt. Dennoch brauchen Selbsthilfegruppen, wie auch bürgerschaftliches Engagement die Unterstützung und Begleitung von Professionellen, um effektiv arbeiten zu können.[493] Unterbleibt diese Unterstützung, so erfahren die SelbsthelferInnen nicht selten Überforderung durch emotionale, psychische und zeitliche Belastungen. Das schränkt die positiven Aspekte der Familienselbsthilfe ein.[494]

In der Alt-BRD war die Selbsthilfebewegung zu Beginn der 1970er-Jahre oft ein Stachel im Fleisch der etablierten Wohlfahrtsverbände und Sozialsysteme. Sie war damals eine Art Gegenbewegung zum traditionellen Fürsorgebereich. Es waren Gruppen von Jugendlichen und Erwachsenen, auch Frauengruppen, Wohngemeinschaften und Bezugsgruppen, die sich für neue, eigene, den Menschen nahe Gestaltungs- und Selbstbestimmungsmöglichkeiten gegen damals oft einschränkende, unterdrückende, unzulängliche öffentliche Angebotsstrukturen einsetzten. Ebenso bildeten sich Bürgerinitiativen, die Missstände in den Wohngebieten und in der Gesellschaft anprangerten und darauf pochten, dass sich etwas ändert. Optimal organisierte Selbsthilfegruppen und Bürgerinitiativen fragten damals auch nach den Wurzeln der Probleme, mit denen sie sich beschäftigten, und arbeiteten an Maßnahmen, um ihre soziale und wirtschaftliche Situation zu verbessern. Solche Zusammen-

493 Vgl. auch: NAKOS (Hg): Konzepte und Praxis 1: Selbsthilfe unterstützen. Fachliche Grundlagen für die Arbeit in Selbsthilfekontaktstellen und anderen Unterstützungseinrichtungen. Ein Leitfaden, Berlin 2006.

494 Vgl. auch Gisela Notz: Familienselbsthilfe in Europa – Zukunftsperspektiven aus der Sicht der Familienforschung, in: Bundesarbeitsgemeinschaft Selbsthilfegruppen Stieffamilien (Hrsg.): Von Nachbarn in Europa lernen. Der Beitrag der Eltern- und Familienselbsthilfe zu kinderfreundlichen Lebensbedingungen, Obertshausen 2001, S. 50–62.

schlüsse richteten immer auch Forderungen an den Sozialstaat. Sie gilt es neu zu beleben.

Gute Beispiele sind heute Gruppen von Alleinerziehenden, Zusammenschlüsse von binationalen Familienformen und Migrantinnen mit und ohne Familienzusammenhang.

Gerade für diese Gruppen wird die «Stärkung der Selbsthilfekräfte» (modern: *empowerment*) aber auch immer wieder kritisch betrachtet, sei es, dass die Gefahr gesehen wird, dass die «Selbsthilfekräfte» der Adressatinnen überschätzt werden, oder/und weil Problem- und Konfliktpotentiale immer wieder neu entstehen. Die Zusammenschlüsse verfügen oft über zu wenig Ressourcen, um an die Wurzeln der Übel, z. B. Erwerbslosigkeit, Wohnungsnot, Geringschätzung öffentlicher Kinderbetreuung, psycho-soziale Probleme, zu gehen.

Appelle an die Bereitschaft zu mehr bürgerschaftlichem Engagement und Selbsthilfe und mehr Geben und Nehmen zwischen den Generationen, wie es in der aktuellen Familienpolitik immer wieder gefordert wird, reichen für die Zukunft nicht. Bürgerschaftliches Engagement und Familienselbsthilfe kann nicht als Top-down-Prozess (von oben nach unten) verordnet werden. Sie dürfen nicht auf Kosten von Frauen ablaufen, denen das Recht auf existenzsichernd bezahlte Arbeit abgesprochen wird. Eigeninitiative darf nicht missachtet und blockiert werden, aber auch nicht als Antwort auf eine ganze Palette sozialer Problemlagen und von Alltagsproblemen «gehandelt» werden, die Familien dann schließlich doch selbst bewältigen müssen. Und schon gar nicht darf sie als kostengünstige und bedarfsgerechte Antwort auf (fast) jedes Krisensymptom betrachtet werden.[495]

495 Siehe hierzu auch: Gisela Notz: «Freiwilligendienste» für alle. Von der eherenamtlichen Tätigkeit zur Prekarisierung der «freiwilligen» Arbeit, Neu-Ulm 2012.

8. Phänomene des aktuellen Familismus

Viele Frauen in Ost und West wissen, dass sie von einer Ehe als Existenzgrundlage nicht (langfristig) leben können. Spätestens wenn die Szenerie für die weibliche Hauptrolle als Hausfrau und Mutter zerbricht, das heißt, wenn die Ehe, aus welchen Gründen auch immer, «scheitert», sind sie es meist, die den Kürzeren ziehen. Daran ändert auch die völlig unzureichende Entlohnung für häusliche Care-Arbeit durch Elterngeld oder Pflegegeld für pflegende Angehörige wenig. Immer noch zuwenig problematisiert wird die Tatsache, dass Frauen dort, wo ihnen versprochen wird, Sicherheit und Geborgenheit zu finden, nämlich in der Familie, ihnen und ihren Kindern die meiste Gefahr droht. Jede dritte Frau in Deutschland war schon einmal von häuslicher Gewalt betroffen oder ist immer noch Opfer körperlicher oder sexualisierter Gewalt durch ihren Partner. Dabei sind immer auch die Kinder Opfer – das stellt auch das Bundesministerium fest –, denn sie erleiden häufig selbst Gewalt oder beobachten sie.[496]

Nach einer Trennung oder Scheidung folgt leider nicht selten der Abhängigkeit vom Ehemann die Abhängigkeit vom Sozialamt. Kein Gesetz der Welt kann eine zerbrochene Ehe kitten und auch «gute» (Ehe-)Männer können erwerbslos oder erwerbsunfähig werden oder ein Einkommen erhalten, das nicht ausreicht, um die Familie zu ernähren. Geheiratet wird heute später und seltener als früher. Auch wenn die romantische Liebe und Treue bei jungen Leuten wieder «in» zu sein scheint, geht die gelebte Realität an dem immer wieder an die Wand gemalten Bild der deutschen Musterfamilie schon lange vorbei. Die Bilanz der Bundesrepublik Deutschland zählte im Jahre 2013 373.655 Eheschließungen und 169.833 Scheidungen.[497] Jede dritte Ehe, in den Metropolen schon lange jede zweite, wurde geschieden. Die Scheidungsanfrage wurde zu 52% von

496 www.bmfsfj.de/BMFSFJ/Gleichstellung/frauen-vor-gewalt-schuetzen.html (letzter Zugriff: 24.2.2015).

497 www.statistik-portal.de/Statistik-Portal/de_jb01_jahrtab3a.asp (letzter Zugriff: 24.2.2015).

den Frauen gestellt. Oft reichen sie die Scheidung ein, weil sie unerträgliche familiale Beziehungen, die noch für ihre Mütter oder Großmütter zum «normalen» Alltag zählten, nicht mehr hinnehmen wollen.

8.1. Traditionelle Familie als Auslaufmodell?

«Klassische Familie auf dem Rückzug»[498] oder «Wandel im Familienleben»[499], so oder ähnlich titelten die Medien, nachdem das Statistische Bundesamt die Zahlen aus dem Mikrozensus veröffentlicht hatte. Die aktuellen Zahlen wirkten für sie alarmierend.

Sieht man sich die Zahlen aus dem Mikrozensus 2013 und – wo sie noch nicht vorliegen – die von 2011 an, so wird deutlich: Die traditionelle heterosexuelle Familie mit Vater, Mutter und Kindern ist, wenn nicht ein Auslaufmodell, so doch auf keinen Fall das vorherrschende Lebensmodell in Deutschland und die Zahl derjenigen, die diese Lebensform wählen, nimmt ständig ab. Im Jahr 2013 lebten von den 39,9 Millionen Haushalten mit rund 80,5 Millionen Haushaltsmitgliedern 28% in der klassischen Kleinfamilie, also im Zweigenerationenhaushalt, in dem Eltern und ihre Kinder zusammen leben. Dabei sind Stief-, Pflege-, Adoptivkinder und die Großeltern, die mit ihren Enkel leben, mitgezählt.[500] Rechnet man die Familien mit minderjährigen Kindern, so waren es 2011 nur zwanzig Prozent aller Haushalte.[501] Sieht man sich die Zahlen zu anderen in die Statistik eingegangenen Familienhaushalten an, so sind Haushalte, in denen drei und mehr Generationen unter einem Dach zusammenleben, in Deutschland kaum noch zu finden; nur in 0,5 % der Haushalte lebten Eltern mit Kindern, deren Großeltern sowie in seltenen Fällen deren Urgroßeltern zusammen.[502] Eine ständig wachsende Familienform sind alleinerziehende Eltern.

498 www.paradisi.de/Freizeit_und_Erholung/Familie/Familienplanung/News/110710.php (Zugriff: 16.12.2014).
499 Lausitzer Rundschau vom 21.10.2014.
500 https://www.destatis.de/DE/ZahlenFakten/GesellschaftStaat/Bevoelkerung/HaushalteFamilien/Aktuell.html (Zugriff: 10.6.2015).
501 Mikrozensus 2011.
502 https://www.destatis.de/DE/ZahlenFakten/GesellschaftStaat/Bevoelkerung/HaushalteFamilien/Aktuell.html (Zugriff: 10.6.2015).

Im Jahre 2011 machten sie 22,9% aller Haushaltsformen aus, eigentlich sind es alleinerziehende Frauen, denn 90,1% dieser Familien sind Mütter mit ihren Kindern.[503]

Knapp 9,6% der eingetragenen Lebenspartnerschaften lebten im Jahr 2011 mit Kinder zusammen.[504] Insgesamt nehmen die Lebenspartnerschaften jedoch zu: 2013 gab es in Deutschland insgesamt rund 78.000 Paare, die in einer gleichgeschlechtlichen Lebensgemeinschaft lebten. Männer lebten etwas häufiger mit einem Partner des gleichen Geschlechtes zusammen als Frauen, sie führten 54% aller Lebensgemeinschaften. Mit 45% lebte 2013 nur etwas weniger als die Hälfte aller gleichgeschlechtlichen Paare in einer eingetragenen Lebenspartnerschaft (35.000 Paare).[505]

Ganz wenig sagen die amtlichen Statistiken über außergewöhnliche Formen des Zusammenlebens aus. Sehr spärlich finden sich Angaben über Menschen, die in Wohngemeinschaften wohnen oder sich das vorstellen können: Laut statistischen Befragungen gab es im Jahr 2013 in der deutschsprachigen Bevölkerung rund 4,18 Millionen Personen, die zusammen mit anderen in einer WG lebten. 14% der Befragten über 45-jährigen Personen gaben an, sie würden im Alter gerne in einer Wohngemeinschaft mit Freunden und Bekannten wohnen.[506]

Deutlich sagt die Statistik: Der häufigste Haushaltstyp in Deutschland ist nicht mehr der Familienhaushalt, sondern der Singlehaushalt. Nach dem Mikrozensus 2011 lag dessen Anteil bei 37,2%; damit leben 17,1% der Bevölkerung allein. Ohne Kinder lebten auch 29,1% der Haushalte, in denen (Ehe-)Paare lebten.[507] Um noch einmal den Anteil der Älteren deutlich zu machen: 2013 wohnten in knapp einem Viertel (24,5%) der Haushalte ausschließlich Menschen im Seniorenalter ab 65 Jahren. In 6% der Haushalte lebten Senioren mit jüngeren Menschen unter einem Dach zusammen. Damit war in gut 30% der Haushalte mindestens eine Person im Seniorenalter. Dieser Anteil ist gegenüber 1991 um knapp 4 Prozentpunkte gestiegen.

503 Miktrozensus 2011.

504 https://www.destatis.de/DE/PresseService/Presse/Pressemitteilungen/2014/05/PD14_185_122.html (Zugriff: 10.6.2015).

505 https://www.destatis.de (Zugriff: 10.6.2015).

506 de.statista.com/statistik/daten/studie/238449/umfrage/bevorzugte-art-des-wohnens-im-alter-in-deutschland/ (Zugriff: 10.6.2015):

507 https://www.destatis.de (Zugriff: 10.6.2015).

Das Verständnis von Familie, Ehe und Partnerschaft hat sich gewandelt, das ist nicht zu übersehen, meinen die einen. Die anderen trösten sich damit, dass der Familienreport des Bundesministeriums für Familie, Senioren, Frauen und Jugend noch unter der Leitung von Kristina Schröder[508] eine Umfrage enthält, in der fast 80 % der Menschen angeben, dass man eine Familie zum Glück brauche. Dabei verbinden 97 % der Befragten, egal wie alt sie sind, mit Familie ein Ehepaar mit Kindern. Auch Familien- und Bevölkerungspolitiker beziehen sich darauf, dass Umfragen immer wieder ergeben würden, dass für die meisten Deutschen «Familie» ganz oben auf der Werteskala steht, sogar weit vor dem Wunsch nach persönlicher Freiheit. Im Notfall, so meinten 51 % «der Deutschen» nach einer Emnid-Umfrage von 2006, «könnten sie sich am ehesten auf ihre Familie verlassen»[509]. Die Autorinnen schließen daraus, dass «die Deutschen im Zeichen der Globalisierung ganz allgemein nach Halt suchen». Und den glauben die Befragten, auch wenn sie selbst anders leben, in der Kernfamilie zu finden. Etwas weniger als die Hälfte der Befragten ist allerdings nicht dieser Meinung. Vielleicht verlassen sie sich doch lieber auf enge Freunde und vertraute Personen außerhalb der Familie. Immer wieder wird von konservativen Christen behauptet, dass die Familienkritik der «68er» passé sei. Dem ist zu entgegnen: Es ging in den 1968er- und folgenden Jahren nicht um einen «ideologischen Frontalangriff», wie z.B. von Andreas Püttmann in Christ und Welt behauptet.[510] Schon damals ging es darum, die gesellschaftlichen Veränderungen nicht zu ignorieren und anstatt zu mahnen «Ehe und Familie dürfen nicht ständig als Verfallserscheinungen dargestellt werden»[511], sollte zur Kenntnis genommen werden, dass die traditionelle Familie tatsächlich aus den Fugen gerät und die gelebten Lebensformen ebenso wie Ehe und Familie weder in den Lehrplänen der Schulen noch anderswo totgeschwiegen, sondern akzeptiert, propagiert, ermutigt und unterstützt werden sollten.

---

508 Bundesministerium für Familie, Senioren, Frauen und Jugend: Familienreport 2012. Leistungen, Wirkungen, Trends, Berlin 2012.

509 Karen Andresen u. a.: Die Familie von morgen, in: SPIEGEL SPECIAL 4/2007.

510 Andreas Püttmann: Runter vom Sockel, in Christ und Welt, H. 26/2012.

511 Z.B. Klaus Stüwe vom Zentralinstitut für Ehe und Familie in der Gesellschaft: Ehe und Familie sind keine Auslaufmodelle, in: Donaukurier vom 9.11.2014.

8.2. Die «vollständige» und «intakte» Familie bleibt Leitbild

Die heteronormative monogame Kleinfamilie mit verheirateten Eltern ist, wie aufgezeigt, keinesfalls mehr die vorherrschende Lebensform. Dennoch bleibt sie weiter das gesellschaftliche Leitbild und wird mit großer Aufmerksamkeit und Aufwand verteidigt. Dass ein Leben ohne Kinder sinnerfüllt sein kann, wird gesellschaftlich bis heute kaum akzeptiert. 95% der Befragten sagten nach einer Studie des Allensbacher Instituts für Demoskopie von 2009, dass sie unter Familie «ein verheiratetes Ehepaar mit Kindern»[512] verstehen. «Die traditionelle Eltern-Familie hat an subjektiver Wertschätzung keineswegs verloren»[513], meint auch die Familienforscherin Rosemarie Nave-Herz. Zwar konstatiert auch sie, dass nur noch knapp jede dritte Haushaltsform eine «normalbesetzte» Familie mit Vater, Mutter und ein bis zwei Kindern sei. Aber vier von fünf Kindern hätten 1995 – zumindest über einen gewissen Zeitraum – in dieser klassischen Familienform gelebt. Oft scheinen es nach ihrer Meinung die Umstände zu sein, die Menschen daran hindern, Familie zu leben; sie nennt: die Vereinbarkeit von Beruf und Familie, eine Trennung oder zu hohe Ansprüche an eine Ehe.

Inmitten der problembeladenen Mit- und Umwelt soll die Vater-Mutter-Kind-Familie auch heute weiter die Illusion der Sicherheit und des sinnvollen Lebens vermitteln. Nicht nur in der Werbung wird immer noch die «Rama-Frühstücksfamilie» an die Wand gemalt. Und die Menschen meinen, so und nicht anders als nach dem ideologischen Bild der Kleinfamilie müsste man leben.[514] Trotz der vielen Klagen um die ungleiche Verteilung von Haus- und Sorgearbeiten[515] und trotz der Analysen von Hass und Gewalt, die Menschen in eben dieser Familie all-

512 Renate Köcher (Hg.): Allensbacher Jahrbuch der Demoskopie 2003–2009, Berlin 2009, S. 653.

513 Rosemarie Nave-Herz: Der Wandel der Familie nach dem Zweiten Weltkrieg. Eine soziologische Analyse, in: Gottfried Bachl (Hg.): Familie leben. Herausforderungen für kirchliche Lehre und Praxis (Schriften der Katholischen Akademie in Bayern, Band 153), Düsseldorf 1995, S. 62–80.

514 Vgl. Gisela Notz im Gespräch mit Malaika Rödel und Alek Ommert, in: Diskus 2/2007, S. 30–34; hier: S. 34.

515 Vgl. Gisela Notz: «Du bist als Frau um einiges mehr gebunden als der Mann». Die Auswirkungen der Geburt des ersten Kindes auf die Lebens- und Arbeitsplanung von Müttern und Vätern, Bonn 1991.

zu oft erfahren.[516] Vergewaltigung (in der Ehe), Misshandlung von Kindern und andere Familientragödien sind nicht nur der Phantasie der Medien entsprungen, sondern beschäftigen auch die Gerichte verstärkt. Nicht mehr zu reparierende psychische und physische Schäden bei den (zumeist schwächeren) Familienmitgliedern, und das sind vor allem Frauen und Kinder, sind die Folgen.

Beklagt wird das Abweichen vom Leitbild der traditionellen Familie weniger wegen der hohen Scheidungsraten, sondern vor allem wegen der vielen Kinderlosen, der Singles und vor allem immer auch deshalb, weil die Eltern (sprich Mütter) durch ihre Berufstätigkeit zu wenig zu Hause sind und weil die Abtreibungsraten zum Verlust an potentiellen Kindern führen würden. Der Mangel an familiären Bindungen wird von Familiensoziologen für die Gleichgültigkeit und Orientierungslosigkeit bei den Kindern und Jugendlichen verantwortlich gemacht. Berufstätigen Müttern, vor allem alleinerziehenden, und anderen, die außerhalb des «normalen» Familienmodells leben, wird die Schuld für «verunsicherte», «missratene» oder «psychisch gestörte» Kinder und Jugendliche zugeschoben. Solche Schuldzuschreibungen werden immer wieder aufs Neue vorgenommen, obwohl Untersuchungen immer wieder zeigen, dass Kinder berufstätiger Mütter und auch solche, die in Gemeinschaften aufwachsen, selbständiger und verantwortungsbewusster sind als Gleichaltrige, deren Mütter nicht berufstätig sind.

Diskriminierung und Benachteiligung von Frauen, verbunden mit ökonomischer Abhängigkeit in der Familie, schaffen zunehmend Probleme in der Verständigung zwischen Männern und Frauen und wirken sich trennend auf Gesellschaft, Berufstätigkeit und auf die Formen des Zusammenlebens aus. Gleichberechtigte Entscheidungsstrukturen im Zusammenleben außerhalb der normierten Kleinfamilie könnten sich hingegen konstruktiv und lebensbereichernd auf die Beziehungen zwischen Frauen und Männern und auf eventuell vorhandene Kinder auswirken. Diese Chance wird vertan, wenn nach der Restabilisierung «traditioneller Familienbande» gerufen wird.

---

516 Gisela Notz: Gewalt im Geschlechterverhältnis. Zum Zusammenhang von «Liebe», Besitzansprüchen und Gewalt. In: Kritische Interventionen 6: Gewalt und Zivilisation in der bürgerlichen Gesellschaft. Hannover 2001, S. 200–216.

8.3. Aktuelle Politik der Bundesregierung

Zwar wird heute kaum mehr jemand offen sagen, Frauen gehören an den Herd, doch die neoliberalen Ideologien, die mehr oder weniger offen auf die Propagierung von häuslicher Kindererziehung und Altenpflegearbeit in der «Kernfamilie» zielen, führen dazu, dass Familienfrauen zumindest zeitweise oder teilzeitig aus der Erwerbsarbeit aussteigen oder sich mit prekären Erwerbsarbeitsverhältnissen abfinden. Monetäre Leistungen für Pflege von alten und behinderten Familienmitgliedern und Erziehungs- und Betreuungsgeld ändern aufgrund ihrer Taschengeldförmigkeit nichts. Sie fokussieren auf die bürgerliche Kleinfamilie als Institution, in der diese Arbeiten kostengünstig geleistet werden können. Dabei mangelt es gar nicht an Geld. 3 % des Bruttoinlandsprodukts gibt der deutsche Staat für Kindergeld und Kinderbetreuung aus. Im Durchschnitt der EU-Länder sind es 2,5 %. Rund 200 Milliarden Euro werden laut Spiegel und anderen Presseorganen jährlich für etwa 156 familienpolitische Maßnahmen ausgeschüttet; vom Kindergeld bis zum Kindererziehungsergänzungszuschlag. Ein Großteil dieser Summe – immerhin 5 % der deutschen Wirtschaftsleistung – wird nicht gerade zielgerichtet verteilt und ist eher kontraproduktiv, also eher vergeudet. Das fanden Gutachter heraus, die die staatlichen Familienleistungen im Auftrag der Bundesregierung evaluierten.[517] 85 % der Summe fließe direkt an die Familien, in Form von Geld oder Steuererleichterungen, nur 15 % seien sogenannte Realtransfers, also etwa Geld für Bildung und Kitaplätze, die nicht nur in den Augen der Wissenschaftler mehr Wirkung zeigen würden.

Der ideologisch aufgeladene Schutz der Familie dient offensichtlich Partialinteressen. Ehegattensplitting und beitragsfreie Mitversicherung in der Krankenversicherung wurden von den WissenschaftlerInnen als für die Familie unwirksam bezeichnet. Denn weil die Mütter aufgrund von Hausfrauenförderung weniger arbeiten, entgingen «dem Staat Steuereinnahmen sowie Einnahmen der Sozialversicherung»[518].

---

517 Spiegel Nr. 5 vom 3. und 4.2.2013, sowie Die Welt vom 4.2.2013. Das Gutachten ist noch nicht veröffentlicht. Das neue Betreuungsgeld ist noch nicht Teil der Studie.

518 Spiegel Nr. 6, 2013, S.1.

Das Kindergeld, das seit 1975 unabhängig vom Einkommen an alle gezahlt wird, ist immer noch der größte Posten im Familienetat mit 35 Milliarden Euro im Jahr. Dazu kommen Ausbildungsfreibeträge, steuerliche Absetzbarkeit von Privatschulgebühren – überall Klauseln und Förderparagrafen und Sonderbedingungen. Es zahlen: der Bund, die Länder, Kommunen, Arbeitgeber und Sozialversicherungsträger. Bundesministerin Kristina Schröder, die die Studie nicht leiden mochte, fehlte die Einsicht, dass ihr konservatives Familienmodell nicht mehr in die Zeit passt.

Auch die aktuelle Politik der Bundesregierung richtet sich vor allem auf die Förderung der «Normalfamilie». Die 2012 verabschiedete Absetzbarkeit der Kinderbetreuungskosten, auch von Kindermädchen und Au-Pairs (von Rot/Grün früher als «Dienstmädchenprivileg» abgelehnt), in Höhe von zwei Drittel der geleisteten Zahlungen bis maximal 4.000 Euro pro Kind und Jahr für Kinder bis zum 14. Lebensjahr, kommt vor allem den besser verdienenden «qualifizierten Frauen» zugute. Schließlich sind (angeblich) sie es vor allem, die zu wenig Kinder bekommen. Auch wenn alle Eltern vom ersten Euro an Kinderbetreuungskosten von der Steuer abziehen können, bleibt die Entlastung über das Steuersystem sozial ungerecht. Denn die Ersparnis ist umso größer, je höher das Einkommen liegt. 20 % der Familien sind von diesem Steuergeschenk ausgeschlossen, weil sie zu wenig verdienen und keine Steuern zahlen. Dazu gehören die «Dienstmädchen» selbst: Die meisten arbeiten als «Mini-Jobberinnen» und dürfen nicht mehr als 450 Euro verdienen, damit ihre DienstherrIn weitere Steuern und Abgaben sparen kann. Der Privathaushalt wird von der Politik als «Jobmaschine» für Frauen propagiert. Wie die Mini-Jobberinnen, die möglicherweise selbst Kinder haben, meist aus anderen Ländern kommen und oft hoch qualifiziert sind, von ihrem Mini-Einkommen leben, wird selten gefragt.

Mitte des Jahrs 2014 sorgte Verteidigungsministerin Ursula von der Leyen (CDU) für Schlagzeilen in der bürgerlichen Presse. Nachdem sie sich während ihrer Amtszeit als Familienministerin für familienfreundliche Arbeitsbedingungen eingesetzt hat, übertrug sie das in ihrem Amt als Verteidigungsministerin, das sie seit 2013 innehat, auf die Bundeswehr. In der nun angestrebten familienfreundlichen Bundeswehr sollte es nicht nur um gute Kinderbetreuung für die Kinder der SoldatInnen in den Kasernen, flexiblere Dienstzeiten für SoldatInnen und die Begrenzung von Versetzungen gehen, sondern auch um finanzielle Verbesserungen und um Verbesserungen bei späterer Rente, beim Trennungsgeld und bei Umzugskosten. Die bürgerliche Presse lobte das, hatte aber auch ihre Zweifel. Und die bezogen sich nicht etwa auf die besonderen Aufgaben der BundeswehrsoldatInnen, sondern auf die Höhe der Kosten, die die Umsetzung verursachen würde. Voller Lob war der Vorsitzende des Bundeswehrverbandes: Endlich sollte die Bundeswehr ein moderner Arbeitgeber werden.[519] Damit soll auch suggeriert werden, dass die Bundeswehr ein Arbeitgeber ist, wie jeder andere auch.

Aktuell hat der Bundesrat die Einführung des sogenannten Elterngeld Plus zum 1. Juli 2015 gebilligt. Diese neue Form der einkommensabhängigen staatlichen Unterstützung bietet Müttern und Vätern die Möglichkeit, nach Geburt eines Kindes in Teilzeit zu arbeiten und trotzdem Elterngeld zu erhalten. Das Elterngeld Plus ist nur halb so hoch wie das reguläre Elterngeld, wird dafür aber mit 24 Monaten doppelt so lange ausbezahlt wie bisher. Möglich ist auch ein Partnerschaftsbonus, wenn Mutter und Vater beide Teilzeit arbeiten.[520] Mütter und Väter bekommen nun rund zwei Drittel des bisherigen Einkommens, mindestens 300 und höchstens 1.800 Euro im Monat. Auch Alleinerziehende können das Elterngeld beantragen. Alleinerziehende mit gemeinsamem Sorgerecht der Eltern des Kindes sind aber ausgeschlossen. Der Erwerbsumfang von 25 bis 30 Stunden als Voraussetzung für den Bonus ist zu hoch, das moniert der Verband alleinerziehender Mütter und Väter, der ohnehin nicht begeistert ist.[521]

Familienministerin Manuela Schwesig will die Vereinbarkeit von Familie und Beruf noch weiter verbessern und setzt dabei vor allem auf das Thema Partnerschaftlichkeit zwischen Frauen und Männern. Ihre Vorstellungen bleiben, wie die ihrer Vorgängerinnen auch, innerhalb der Kleinfamilie stecken. «Zufrieden im Beruf und genug Zeit für die Familie: In diesem berechtigten Wunsch möchte die Bundesregierung Eltern mit kleinen Kin-

519 Christian Tretbar: Wie familienfreundlich ist die Bundeswehr?, in: Der Tagesspiegel vom 12.1.2014.

520 www.t-online.de/nachrichten/id_71975572/bundesrat-billigt-elterngeld-plus.html (Zugriff: 30.11.2014).

521 Verband alleinerziehender Mütter und Väter (VAMV): Pressemitteilung vom 6.4.2014.

dern stärker unterstützen. Das Elterngeld Plus, das in den Bundestag eingebracht wurde, ist dafür ein wichtiger Baustein.»[522] So kann man es auf den Webseiten lesen. Schwesig und die ihr zuarbeitenden WissenschaftlerInnen wollen mit dem Elterngeld Plus das Elterngeld und Teilzeitarbeit miteinander kombinierbar machen und neue Wege in der Familienpolitik gehen. Auch sie sehen moderne Familienpolitik als zentrales Element der Demografiestrategie der Regierung. Sie gehen davon aus, dass Eltern vor allem Zeit brauchen, um sich um ihre Kinder zu kümmern. Deshalb will Schwesig die Arbeitszeit für junge Eltern aus Steuermitteln finanziert auf 32 Stunden wöchentlich verkürzen. An dem Modell hält sie trotz anhaltender Arbeitgeberproteste fest.

Dass die 32-Stunden-Woche alleine nicht reicht, weiß auch Schwesig. Eltern müssten sich auch auf ein gutes und bedarfsgerechtes Betreuungsangebot verlassen können. Die Bundesregierung geht davon aus, dass von einer familienfreundlichen Personalpolitik Beschäftigte wie Unternehmen profitieren, weil dadurch ArbeitnehmerInnen motivierter sind und seltener ausfallen. Es geht ihr also um «eine höhere Arbeitgeberattraktivität» als «Wettbewerbsvorteil». Die Bundesregierung ist davon überzeugt, dass neben dem Gehalt «familienfreundliche Angebote» notwendig sind. Dies vor allem «um qualifizierte Beschäftigte zu gewinnen und zu halten.»[523]

Wie schon in den 1970er- und 1980er-Jahren wird von einem künftigen Fachkräftemangel ausgegangen. Deutlich wird erneut, dass immer dann, wenn die Wirtschaft die berufstätigen Frauen braucht, Maßnahmen aufgelegt werden, um ihnen die Teilnahme an der Erwerbsarbeit zu ermöglichen. Herrscht aber ein Überangebot an Arbeitskräften, wird Frauen die – zumindestens zeitweise oder teilzeitige – Hausfrauentätigkeit schmackhaft gemacht. An den Strukturen der Kleinfamilie, auf die die jeweiligen Maßnahmen zugeschnitten sind, hat sich seit Beginn der Industrialisierung wenig geändert. So wirken Frauen nach wie vor als «industrielle Reservearmee» – wenn sie sich das weiter gefallen lassen.

---

522 www.bundesregierung.de/Webs/Beg/Themen/Demografiestrategie/A-Familie/1-Zeit-Familie/_node-html(Zugriff: 29.7.2014).

523 www.bundesregierung.de/Content/DE/Infodienst/2014/06/2014-06-11-vereinbarkeit-von-beruf-und-familie/2014-06-11-vereinbarkeit-von-beruf-und-familie.html (Zugriff: 7.11.2014)..

Der Familiensoziologe Franz-Xaver Kaufmann sprach schon 1995 von «struktureller Rücksichtslosigkeit», wenn das gesellschaftliche Umfeld nicht zur Kenntnis nimmt, dass sich Lebensformen etablieren und verändern, oder wenn es so tut, als würde das «Familienpersonal» immer aus zwei Eltern bestehen, die nie daran denken, ihre Beziehung aufzugeben, und die stets noch geneigt sind, die binnenfamiliale Arbeitsteilung nach dem Muster der bürgerlichen Familie zu gestalten.[524] Schließlich werden anders zusammengesetzte Lebensformen bereits aufgrund dieser familistischen Orientierung zu «Problemfamilien».

8.4. Christlich-konservativer Familismus

Christlich-fundamentalistische Familien sind nach innen gekehrte, «selbstgenügsame» Familien, die allerdings versuchen, ihren Familismus als den einzigen «richtigen» Weg zu propagieren und dafür zu missionieren, indem sie sich auf göttliche Prinzipien berufen. In dieser «gottgewollten» Gesellschaft kommt der traditionellen Familien- und Frauenrolle eine große Bedeutung zu. Christlich-konservativer Familismus geht mit der Abwertung derjenigen Menschen einher, die das «gottgewollte» Ehe- und Familienideal nicht erfüllen. Die standesamtlich geschlossene und mit kirchlichem Segen versehene, monogame, heterosexuelle Ehe mit eigenen Kindern ist für sie das einzige gültige Lebensmodell. Argumentiert wird dabei weniger mit den eigenen Bedürfnissen der Eheschließenden, sondern oft damit, dass es keinen Zweifel daran gäbe, dass Kinder eine traditionelle Familie wünschen und nachhaltige Schäden davontragen, «wenn dieser ‹elementare Wunsch› nicht erfüllt wird»[525].

8.4.1. Familie als «Keimzelle des Staates»

Im christlich-konservativen Lager wird die Familie als «Keimzelle des Staates» hoch gelobt und gepriesen. Wer kinderlos oder unverheiratet ist, gilt als «Demografiedienstverweigerer».[526]

524 Franz-Xaver Kaufmann: Zukunft der Familie im vereinten Deutschland. Gesellschaftliche und politische Bedingungen, München 1995.

525 Gabriele Kuby: Auf dem Weg zum neuen Gender-Menschen, Kisslegg 2007, S. 26.

526 Andreas Püttmann: Runter vom Sockel.

Der mit dem katholischen Journalistenpreis ausgezeichnete Andreas Püttmann vertritt die Meinung, man bräuchte gar kein familistisches Lobpreisen, weil Familie schließlich eine «in allen Kulturen selbstverständlich gepflegte Lebensform» sei, «die man deshalb einfach nüchtern der menschlichen Sozialnatur zuordnen könnte, ohne Girlanden darum zu flechten»[527]. Indem Familie der «menschlichen Sozialnatur» zugeordnet wird, wird wiederum jede andere Lebensform diffamiert und als widernatürlich ausgegrenzt. Zwar wendet sich Püttmann dagegen, dass kinderlose Ehepaare mit Mitleid betrachtet werden, wenn sie «die nicht geleistete Reproduktion» durch ein Engagement – das möglichst noch etwas mit Kindern zu tun hat – kompensieren, Singles hingegen als «bevölkerungspolitische Blindgänger» und «Sozialschmarotzer» abgewertet werden. Püttmann stellt die berechtigte Frage, ob nach dieser Ideologie ein Priester oder eine passionierte ledige Lehrerin nichts für die Gesellschaft täten bzw. getan hätten.[528] Gleichzeitig konstatiert er allerdings, dass «eine falsche Geringschätzung der Hausfrau und Mutter» in der Gesellschaft nicht zu übersehen sei, was sich in der Debatte um das Betreuungsgeld gezeigt hätte. Wie sehr er selbst am Familismus hängt, zeigt sich darin, dass er die «Forderung nach Fremdkindadoption für gleichgeschlechtliche Paare» als «eine überziehende ‹Antidiskriminierung› am falschen Objekt» ansieht. Gleichgeschlechtliche Paare können auch für «fortschrittliche» christliche Familisten eben keine Familie sein.[529]

Die Notwendigkeit der Geschlechterhierarchie in Beruf und Haushalt wird von den christlichen Fundamentalisten damit begründet, dass Männer und Frauen gegensätzliche oder einander ergänzende Wesen mit unterschiedlicher Aufgabenstellung sind. Die «natürliche» Aufgabe der Frau sei danach die der Ehefrau, Mutter und Hausfrau; die des Mannes die Rolle des Geldverdieners. Zwar wird dieses Bild in der aktuellen politischen Diskussion bevorzugt muslimischen Familien untergeschoben. Für christlich-konservative Familien und besonders für Evangelikale gilt es jedoch mindestens ebenso.[530] So verweist

527 Ebenda.
528 Ebenda.
529 Ebenda.
530 Eike Sanders / Ulli Jensch / Felix Hansen: Deutschland treibt sich ab, Münster 2014.

das Forum deutscher Katholiken darauf, dass «die beste Förderung der Kinder in den ersten Lebensjahren [...] in der eigenen Familie passiert», deshalb müssten Frauen, die zu Hause erziehen «eine Erziehungshilfe in Höhe der Kosten des Kinderkrippenplatzes» gewährt werden[531]. Solange dies nicht geschieht, wäre auch keine «Wahlfreiheit» gegeben. Hier wird die Tatsche, dass in den meisten Städten immer noch viel zu wenige Kinderkrippen und -gärten zur Verfügung stehen, jedoch Betreuungsgeld, Ehegattensplitting und andere Steuervorteile für Hausfrauen flächendeckend eingeführt sind, übersehen. Nun geht es allerdings nicht nur um die Hausversorgung der Kinder. «Als Problemgruppe, die künftig zahlenmäßig eine erhebliche Bedeutung haben wird, kristallisieren sich die älteren kinderlosen Alleinstehenden heraus, von denen nur 20 % darauf vertrauen, im Pflegefall auch auf Angehörige rekrutieren zu können».[532] «Kinderlose» werden also früher oder später zum Problem und fallen dann der «christlichen Caritas und Seelsorge» oder ähnlichen Organisationen zur Last.

8.4.2. Abtreibung als «Mord im Mutterleib»

Selbstbestimmung der Frauen über den eigenen Körper ist bei christlichen Fundamentalisten und Evangelikalen tabu, Abtreibung sei «Mord im Mutterleib». Sie wird gar als «Babycaust» bezeichnet und so mit dem nationalsozialistischen Holocaust gleichgesetzt, der damit relativiert wird. Vor etwa drei Jahren hat der Bundesgerichtshof in letzter Instanz Klaus Günter Annen, einem katholischen, verheirateten Vater von zwei Kindern und namhaften Vertreter der «Aktion Leben», zugebilligt, dass sein Slogan «Damals: Holocaust – heute: Babycaust» mit der freien Meinungsäußerung vereinbar sei.[533] Auf seiner Internetseite[534] ruft er zum Gebet für betroffene Frauen und Abtreibungsärzte auf. «Ohne Gebet geht nichts», so seine Überzeugung. Auch die Tatsache, dass er in mehr als zehn Jahren Lebensrechtsarbeit von gewaltsamen Übergriffen verschont geblieben ist, führt er auf die Erhörung zahlloser Gebete zurück. Damit konstatiert er allerdings auch, dass seine sehr gewalt-

531 Ebd., S. 26.

532 Renate Köcher: Allensbacher Jahrbuch, S. 660 f.

533 www.kath.net/news/5014 (Zugriff: 3. März 2015).

534 www.babycaust.de (Zugriff: 3. März 2015).

samen, einschüchternden und diskriminierenden Vorgehensweisen nicht mit ähnlichen Methoden erwidert worden sind. Annen ist nur ein Beispiel für zahlreiche religiöse Eiferer. Sie alle sprechen Schwangeren das ohnehin eingeschränkte Recht auf Schwangerschaftsabbruch ab.

Immer wieder werden Gottesdienste und Mahnleuten von Kirchenglocken für «ungeborene Kinder», «Gehsteigberatungen», mit denen die selbsternannten «Lebensschützer» vor Kliniken und Praxen von ÄrztInnen, die Schwangerschaftsabbrüche vornehmen, Hilfesuchende einschüchtern, das Aufstellen von «1.000 Kreuzen für das Leben» und andere Aktionen gestartet. Die meisten Gruppen der AbtreibungsgegnerInnen verfolgen ein fundamentalistisch-christliches Weltbild. Ihr Ziel ist das ausnahmslose Verbot von Schwangerschaftsabbrüchen – auch bei Schwangerschaften, die durch Vergewaltigung und Inzest ausgelöst wurden oder die Gesundheit der Frau beeinträchtigen. Meist bringen die selbsternannten «Lebensschützer» demografische Argumente ins Spiel, verweisen auf die niedrige Geburtenrate und auf Staatsbürger- und Menschenrechte, die Föten zuteilwerden sollen. Es geht ihnen nicht nur um das Selbstbestimmungsrecht der Frauen, das von den AbtreibungsgegnerInnen vehement abgelehnt wird. Auch Homosexualität und «außerehelicher Geschlechtsverkehr» sind verpönt. Beide stellen keine «zielführende Sexualität» dar, weil sie nicht auf «Kindersegen» ausgerichtet sind, und sollen daher außerhalb des gewünschten Familienbildes nicht existieren. Die selbsternannten «Lebensschützer» stehen für eine Gesellschaft, die auf der bürgerlichen Kleinfamilie, Zweigeschlechtlichkeit und Trans*feindlichkeit, einer strengen fundamentalistischen Sexualmoral, Verbot von Homosexualität und auf Gott- und Obrigkeitsergebenheit beruht.[535]

8.4.3. Die «Märsche für das Leben»

Seit 2002 demonstrierten AbtreibungsgegnerInnen mit ihrer Aktion «Marsch für das Leben» (früher: «1.000 Kreuze für das Leben»-Marsch), zunächst im Abstand von zwei Jahren und seit 2008 jährlich.[536] Zu den Mobilisierenden gehören zahlreiche

535 Siehe auch: www.sexuelle-selbstbestimmung.de (Zugriff: 5.8.2015).

536 Siehe auch: Gisela Notz: Alle Jahre wieder: Die Märsche der Abtreibungsgegner, in: Familienplanungszentrum – BALANCE (Hg.): Die neue

christlich-fundamentalistische Organisationen, hochrangige Mitglieder der AfD, die Junge Union Deutschland und die rechtsradikale Zeitung Junge Freiheit. Mit 1.000 weißen Holzkreuzen wollen sie auf die (angeblich) täglich abgetriebenen 1.000 Kinder in Deutschland aufmerksam machen. Sie demonstrieren gegen den jetzigen Modus Vivendi der Abtreibungsregelung in Deutschland, der für sie einen permanenten Massenmord darstellt. Mit dem Motto «Ja zum Leben – für ein Europa ohne Abtreibung und Euthanasie» zogen im September 2014, wie auch in den vergangenen Jahren, fundamentalistische ChristInnen aus beiden Kirchen und AntifeministInnen nach einer rund einstündigen Kundgebung in Berlin vor dem Bundeskanzleramt am Reichstag zum Bebelplatz. Aufgerufen hatten auch 2014 wieder der Bundesverband Lebensrecht e.V., bei dem 15 Organisationen, u.a. Arbeitskreise der Parteien CDU, PBC (Partei Bibeltreuer Christen) und AUF (Partei Arbeit, Umwelt, Familie) Mitglied sind, und der von acht weiteren Organisationen unterstützt wird. Auf seiner Internetseite gibt er an, sich «für den Schutz des Lebensrechts jedes Menschens von der Zeugung bis zum natürlichen Tod» einzusetzen. Schwangerschaftsabbrüche sind für den BVL «vorgeburtliche Kindstötungen». Mit dem Motto: «Ja zum Leben – für ein Europa ohne Abtreibung und Euthanasie» werden Euthanasie und Sterbehilfe sowie Abtreibung und Mord gleichgesetzt. Jede Organisation, die durch ihre Beratungsarbeit dazu beiträgt, dass eine Frau sich selbst für oder gegen eine Schwangerschaft entscheiden kann, wird der Beihilfe zur Kindstötung beschuldigt (z.B. pro familia oder das Familienplanungszentrum – BALANCE). Auch die Aktion im Herbst 2014 wurde – wie schon in den vergangenen Jahren – von Grußworten von Vertretern (2014 waren es ausschließlich Männer) der Amtskirchen und der Bundesregierung sowie des Europäischen Parlaments begleitet. Beatrix von Storch, die seit 2013 für die Partei Alternative für Deutschland im Europaparlament sitzt, lief in der ersten Reihe.

Ähnliche Märsche finden u.a. auch in Fulda, München, Münster, Freiburg, Innsbruck, Salzburg statt. Auch bei den «Märschen für das Leben» geht es nicht mehr nur um Abtreibungen. Die TeilnehmerInnen fordern ein «Deutschland nach Gottes Geboten» und üben fundamentalistische Kritik an nicht-

---

Radikalität der Abtreibungsgegner_innen im (inter-)nationalen Raum, Neu-Ulm 2012, S. 49–54; hier: S. 50 ff..

familistischen Lebensentwürfen. Dementsprechend wird Heterosexualität als «natürliche Lebensweise» angenommen, weil nur durch sie die «Weitergabe des Lebens» möglich ist.[537]

Gegen die Aufnahme von sexueller Vielfalt und Sexualaufklärung in Schullehrpläne finden seit 2014 in einigen Städten Demonstrationen «besorgter Eltern» statt. Die Organisationen dahinter sind ähnlich zusammengesetzt wie die AbtreibungsgegnerInnen. Dagegen gibt es bereits Bündnisse von Eltern, die den Einfluss der «besorgten Eltern» stoppen wollen.[538]

Seit dem Jahre 2008 formieren sich zum Beispiel in Berlin Gegendemonstrationen von kritischen Feministinnen, AntifaschistInnen, Schwulen, Lesben und Vereinen und Verbänden sowie Menschen aus Beratungsstellen, die sich für die Streichung des §218 aus dem Strafgesetzbuch und die sexuelle Selbstbestimmung einsetzen. Das «Bündnis für Sexuelle Selbstbestimmung» tritt u.a. für eine Entkriminalisierung von Schwangerschaftsabbrüchen weltweit, eine geschlechter- und kultursensible Sexualaufklärung, Information und Zugang zu Verhütung sowie die rezeptfreie Vergabe der «Pille danach» ein.

Dazu Martin Lohmann, Initiator der «Märsche für das Leben» vom Bundesverband Leben 2014, zu seinen Glaubensbrüdern und -schwestern: «Lasst Euch nicht irritieren, […] wenn dann gesagt wird, ‹mein Körper gehört mir, wir lassen uns nicht bevormunden, leben und lieben ohne Bevormundung› [das war das Motto der Gegendemonstranten; G.N.]. Da kann ich nur sagen: Wir lassen uns gerne bevormunden von Geist, Verstand und Herz. Wir lassen uns gerne bevormunden von Kultur, von Geist, von Wahrheit und Freiheit, das ist Freiheit des Lebens. Das ist die Freiheit FÜR das Leben.»[539] Da nach der Rhetorik der selbsternannten «Lebensschützer» nur Gott alleine über Leben und Tod bestimmen kann, nicht der Mensch, machen sie es sich mit dieser «Freiheit» einfach: Gott muss sich weder mit den Umständen noch den Folgen einer ungewollten Schwangerschaft auseinandersetzen.

537 Christl Ruth Vonholdt: Homosexualität verstehen, in: Internationale katholische Zeitschrift «communio», 35. Jg., Juli–August 2006.

538 www.sexuelle-selbstbestimmung.de (Zugriff 5.3.2015).

539 Rede beim «Marsch für das Leben» 2013, Transkription apabiz, zit. nach Uli Jentsch / Felix Hansen: Deutschland treibt sich ab.

8.5. Familismus und die «neue Rechte»

Rechts-konservative Parteien und Gruppierungen erstarken in allen Ländern Europas und auch in Deutschland. Ultrarechte christliche Kleinparteien wie die Partei Bibeltreuer Christen oder auch die Alternative für Deutschland (AfD) kämpfen gegen Toleranz und Vielfalt und gegen Zuwanderung. Sie setzen sich innerhalb der BRD für die christliche, heteronormative, patriarchalische, weiße, deutsche Kleinfamilie ein und fordern eine Bestrafung des Schwangerschaftsabbruchs. Neben moralischen Argumenten werden auch bei ihnen der demografische Wandel und die damit angeblich einhergehende demografische Krise ins Feld geführt. Dabei geht es meist um völkisch-nationalistische Argumente, wie das Aussterben des deutschen Volkes. Die AfD bezeichnet sich selbst als Familienpartei. Die Vorsitzende Frauke Petry (geb. 1975) betonte in einem Interview mit der rechten Wochenzeitung «Junge Freiheit»: Familienpolitik, das dürfte man heute wieder sagen, sei Bevökerungspolitik.[540]

Beatrix von Storch (geb. 1971) – beim «Marsch für das Leben» 2013 und 2014 in der ersten Reihe – sitzt seit 1. Juli 2014 für die AfD im Europaparlament. Dort kämpft sie gegen Abtreibung, sogenannte «Genderei», Feminismus und gegen die Ausdifferenzierung von Lebensformen, gegen Sexualaufklärung und Homosexualität. Die AfD schlägt eine Volksabstimmung über die Verschärfung der Abtreibungsgesetze vor, um dem angeblichen Kindermangel in Deutschland entgegenzuwirken und damit das Überleben der Nation zu sichern.[541] Im Wahlprogramm der AfD für die Bundestagswahl 2013 setzte sich die Partei «für den Schutz der Familie als Keimzelle der Gesellschaft» ein und forderte «eine solidarische Förderung der Familien». Für sie ist das eine Investition in unsere gemeinsame Zukunft und wesentlicher Teil des Generationenvertrages. Für die «Bildung als Kernaufgabe der Familie» sollen in erster Linie die Eltern verantwortlich sein, der flächendeckende Ausbau von Kitas und Krippen wird zwar gefordert, eine «Kita- und Krippenpflicht» [die meines Wissens noch nie jemand gefordert hat, G. N.] jedoch abgelehnt. Alleinerziehende Elternteile werden zwar anerkannt, aber: «Der Idealfall für die kindliche Ent-

540 Andreas Kemper: Keimzelle der Nation – Teil 2, Berlin: Friedrich-Ebert-Stiftung, 2014, S. 12.

541 Eike Sanders: Deutschland treibt sich ab.

wicklung ist jedoch immer das Vorhandensein von Mutter und Vater»[542]. Gleichzeitig wird nicht heterosexuellen Paaren damit Erziehungsrecht und-fähigkeit abgesprochen.

Die Aufrechterhaltung des Familismus und der nationalen Werte verbindet die AfD mit einer Bewegung von «Patriotischen Europäern gegen die Islamisierung des Abendlandes», kurz «Pegida» genannt, die antimuslimischen Rassismus schürt und ebenso ein fundamentalistisch-christliches Familienbild vertritt. Zum Internationalen Frauentag 2015 griff Nügida, ein Nürnberger Ableger von Pegida, Feministinnen während einer friedlichen Demonstration tätlich an.[543] Die AfD verbindet sich auch mit selbsternannten «Lebensschützern» und selbsternannten «Männerrechtlern», den Maskulinisten und den «besorgten Eltern». Das konservative Weltbild ihrer AnhängerInnen ist nicht vereinbar mit der Ausdifferenzierung der Lebensformen, ebenso wenig mit der Annahme vielfältiger geschlechtlicher Identitäten und dem Selbstbestimmungsrecht der Frauen über ihren eigenen Körper. Sie warnen vor einer «Überfremdung» des Nationalstaates und setzen Homophobie, Islamophobie und Rassismus gegen gesellschaftliche Vielfalt. Sie finden AnhängerInnen, weil sie nach «einfachen Lösungen» suchen und die rassistische Grundstimmung in Teilen der Bevölkerung verstärken.

8.6. Lesbisch-feministische Kritik an Zwangsheterosexualität

Lesbische Feministinnen, die sich nicht in die Normen von Heterosexualität einfügen konnten oder wollten, übten bereits im Zusammenhang mit den neuen Frauenbewegungen in der BRD in den 1970er-Jahren Kritik an heteronormativen Herrschaftsverhältnissen, die die Kleinfamilie institutionalisieren. Sie problematisierten, dass Heterosexualität als «Heteronormativität» nicht nur in das Konzept der Familie, sondern in viele grundlegende Gesellschaftskonzepte strukturell eingeschrieben ist.

542 AfD: Argumentationsleitfaden 2013, zitiert nach: Andreas Kemper: Keimzelle der Nation? Familien- und geschlechterpolitische Positionen der AfD – Eine Expertise. Hrsg. von Friedrich-Ebert-Stiftung, Berlin 2014.

543 Timo Müller: Neonazi-Angriff auf feministische Demonstration in Nürnberg, In: Zeit online vom 7.3.2015 (Zugriff: 7.3.2015).

Ive Nay verweist in einem 2015 erschienenen Artikel darauf, dass Heterosexualität und Reproduktion als Norm fungieren, die die Gesellschaft konstituiert.[544] Die traditionelle heterosexuelle Ehe und bürgerliche Kleinfamilie wirken als allgemeine Norm. Der damit einhergehende soziale Status bleibt, trotz sich wandelnder Familienformen ebenso unangetastet wie die materiellen Vorteile. Der Begriff Heteronormativität «benennt ein gesellschaftliches Machtverhältnis, das Heterosexualität und hierarchisiere Zweigeschlechtlichkeit in ihrer Verschränkung mit multiblen rassisierten, klassenspezifischen, körpernormierenden und altersbezogenen Hierarchisierungen zugleich als Bedingung menschlicher Existenz voraussetzt und naturalisiert»[545]. Das kritisieren queerfeministische Theoretikerinnen, indem sie nicht nur heteronormative Machtverhältnisse hinterfragen, sondern auch deren Auswirkungen auf ausgegrenzte Gruppen.

Corinna Genschel stellt die «Natürlichkeit» der Heterosexualität generell in Frage, weil auch die «Natürlichkeit» selbst «gesellschaftlich hergestellt» sei.[546] Sie verweist darauf, dass sich auch feministische Universalismen, die sich auf bestimmte Gruppen (Frauen, Lesben, *people of color*) richten, als Fiktion erweisen, sondern wiederum als Mittel zur Grenzziehung wirksam werden. Zudem könnten auch kulturelle Integrationsstrategien nicht darüber hinwegtäuschen, dass Diskriminierungen weiter bestehen.[547] Es geht also darum, die Unterschiedlichkeiten innerhalb der Gruppen zum Thema zu machen. Ein- und Ausschlussmechanismen verlaufen auch innerhalb von Gruppen nicht-heterosexueller Individuen. Sie laufen entlang sozialer, ethnischer und geografischer Linien, die Lebenschancen, Teilhabe- und Handlungsmöglichkeiten ungleich verteilen.

Von ähnlichen Überlegungen ging die US-amerikanische Feministin Adrienne Rich (1929–2012) aus. Sie stellte in einem Artikel, der 1989 in deutscher Sprache erschienen ist, fest, dass selbst feministische Wissenschaftlerinnen die lesbische Existenz

544 Yve Nay: Queerfeministische Politiken affektiv strukturierter Paradoxien, in: Femina Politika, H. 1/2015, S. 52–65; hier: S. 52.

545 Ebenda.

546 Corinna Genschel: Theory und Queer-Politics, in: Gabriele Dennert / Christiane Leidinger / Christiane Rauhut (Hg.): In Bewegung bleiben, Berlin 2007, S. 336–339..

547 Ebenda.

in vielen Texten und Untersuchungen vollständig übergehen.[548] Auch sie würden einfach behaupten oder stillschweigend voraussetzen, dass Heterosexualität die «sexuelle Vorliebe» der «meisten Frauen» sei. Rich kritisiert, dass das auch in feministischen Veröffentlichungen nicht problematisiert und weder die sexuelle «Vorliebe» noch die angeblich «angeborene Ausrichtung» in Frage gestellt wird. Würde man die Frage danach aufwerfen bzw. würde man von verschiedenen gleichberechtigten «sexuellen Vorlieben» ausgehen, dann wäre es nach ihrer Ansicht fraglich, ob Frauen die heterosexuelle Bindung und die Ehe wählen würden. Rich kritisiert damit nicht nur die Zwangsheterosexualität als wesentlich von Männern geschaffene Institution, sondern auch die Männerphantasien heterosexueller Liebesromantik, die sich (einige) Feministinnen zu eigen machen. Diese Kritik kann auch auf den Familismus, der die heterosexuelle Gattenfamilie, die geschlechtshierarchische Arbeitsteilung und die Mutterschaft zur Norm erhebt, bezogen werden. Schließlich ist es der in die Gesellschaft eingeschriebene Familismus, der suggeriert, dass «Normalfamilie» mit Ehe und sexueller Ausrichtung auf den Mann unvermeidlich sind. Nicht-heterosexuelle und alleinstehende unabhängige Frauen und solche, die die Heirat verweigern oder Frauengemeinschaften bildeten, wurden in der Geschichte ausgegrenzt und auch von den christlichen Kirchen verfolgt. Die Ideologie der Zwangsheterosexualität wie auch des Familismus, der davon ausgeht, dass die heterosexuell begründete Familie der Kern der Gesellschaft sei, stehen auch heute oft der freien Wahl von anderen Lebensmöglichkeiten im Wege.

In der Bundesrepublik erschienen in den 1990er-Jahren Forschungsarbeiten zur Queer-Theorie, die sich vor allem auf Judith Butler bezogen. In ihrem Buch «Das Unbehagen der Geschlechter»[549] übte auch Butler Kritik an einem Feminismus, der «Frauen» als Kategorie voraussetzt. In ihren theoretischen Überlegungen lehnt sich Butler an Michael Foucaults These an, dass Sexualität und Macht deckungsgleich seien. Das heißt, durch die kulturelle Einteilung der Gesellschaft in Geschlechter wird Macht konstruiert und aufrechterhalten. Erst wenn die

548 Adrienne Rich: Zwangsheterosexualität und lesbische Existenz, in: Elisabeth List / Herlinde Suder (Hg.): Denkverhältnisse Feminismus und Kritik, Frankfurt/Main 1989, S. 244–278; hier: S. 244f.

549 Judith Butler: Das Unbehagen der Geschlechter, Frankfurt/M. 1991.

kulturelle Performanz der Geschlechtereinteilung aufgebrochen würde, könnte auch die Macht gebrochen werden.[550] Damit übt sie nicht nur Kritik an der Zweigeschlechtlichkeit, sondern auch an der Funktion der Familie mit ihrer einseitigen geschlechtlichen Bezogenheit und binären Rollenfestschreibung. Immer noch leben wir in einer Gesellschaft, in der Geschlecht eine sehr wichtige Kategorie ist, mit der Menschen in zwei Lager eingeteilt werden. Die Einteilung in entweder «Mann» oder «Frau», wie auch die Zwangsheterosexualität werden zumeist unhinterfragt als scheinbar naturgegeben hingenommen. Dennoch finden sie nicht alle Menschen für sich stimmig. Personen, die dieser bei Geburt vorgenommenen Zuschreibung («biologisches Geschlecht») oder den daran geknüpften Erwartungen an Mannsein und Frausein («soziales Geschlecht») nicht entsprechen, werden pathologisiert und sind bis heute massiver Diskriminierung und Gewalt ausgesetzt. Weil Heterosexualität und Monogamie als Norm gesetzt werden, werden Lesben, Schwule, Trans- und Inter-Personen abgewertet. Einerseits sollen sie keine Kinder bekommen, auch wenn die Möglichkeit gegeben ist, andererseits wird ihnen «Reproduktionsfeindlichkeit» oder Sexualität, die «nicht zielführend» ist, unterstellt.

Auch Butler kritisiert, «dass Geschlecht als regulierendes, Heterosexualität privilegierendes Konstrukt funktioniert und wie darüber hinaus die Dekonstruktion normativer Geschlechtermodelle lesbische und schwule Subjektpositionen legitimiert»[551].

Butler unterzog 2001 den Begriff der Verwandtschaft sowie der herkömmlichen Kleinfamilie einer queer-theoretischen Kritik und schlug eine Erweiterung angesichts der Vielfalt gegenwärtiger gelebter Fürsorgemodelle vor.[552] Es ginge also um eine Neuverhandlung und politische Reformierung dessen, was Familie oder Verwandtschaft bedeutet. In der Realität haben heute viele Kinder nur ein Elternteil oder zwei mit dem gleichen biologischen Geschlecht oder gar mehrere verschiedene Geschlechter in kollektiven Zusammenlebensformen.

---

550 Vgl. ausführlicher: Gisela Notz, Feminismus, S. 22 f.

551 Zit. nach: Genschel, Corinna: «Fear of a Queer Planet: Dimensionen lesbisch-schwuler Gesellschaftskritik», in: Das Argument, H. 216/1996, S. 525–537; hier: S. 529.

552 Judith Butler: Antigones Verlangen: Verwandtschaft zwischen Leben und Tod, Frankfurt/M. 2001.

8.7. Die gelebte Realität

Spätestens seit dem Wandel von Lebensformen und Werten, der Ende der 1960er-Jahre mit den Protesten der StudentInnenbewegung einsetzte, wurde die Funktion der bürgerlichen Kleinfamilie hinterfragt. Ihre dominante Stellung hatte sie zugunsten einer Vielzahl von Lebensformen eingebüßt. Viele Menschen beschränken ihre Beziehungen nicht mehr auf Ehe und Verwandtschaft und entwickeln neue Formen des Miteinanders, der Solidarität, jenseits von staatlichem und kirchlichem Segen und ohne das Versprechen eines guten Lebens im Jenseits.

Wir finden heute Individuen, die sich in Familien, in Gruppen, in Lebens-, Arbeits-, Haus- oder Wohngemeinschaften, in Genossenschaften zusammenschließen, um gemeinsam Dinge zu tun, die sie alleine nicht tun können oder wollen. Sie haben die Sehnsucht nach einem würdevollen Leben, nach ebenbürtigen Geschlechterverhältnissen und nach einer freien Ordnung, die sie in der Ellenbogengesellschaft nicht finden, nicht aufgegeben. Viele Menschen verstehen ihre Beziehungsformen bewusst als Alternative zur «normalen» Familie mit weitgehend stereotypen und traditionellen Geschlechterrollenverteilungen. In ihren selbstgewählten Gruppen finden sie Geborgenheit und Zuwendung, die sie in ihrer Herkunftsfamilie oft nicht gefunden haben.

Sechzehn Millionen Menschen in der BRD leben ohnehin als Singles.[553] Sie werden für den «Geburtenrückgang» verantwortlich gemacht, der Ruf nach einer (zusätzlichen) Besteuerung von Kinderlosen wird immer wieder laut, anstatt die Vergünstigungen, die alleine der Aufrechterhaltung der geschlechtsspezifischen Arbeitsteilung dienen, wie Ehegattensplitting, Witwenrente, Herdprämie etc., abzuschaffen. Auch diejenigen, die scheinbar alleine herumirren, finden oft Geborgenheit in offenen, flexiblen Beziehungsnetzen, die freilich nicht, ebenso wenig wie die Ehe, auf Ewigkeit angelegt sein müssen, und die ebenso wie die «normalbesetzte Familie» strukturelle Unterstützung in Form von Infrastruktur brauchen. Kinder wechseln lebensphasenabhängig oft von einer Familienform in die

553 Statistisches Bundesamt: Alleinlebende in Deutschland, Ergebnisse des Mikrozensus 2011, Wiesbaden 2012.

andere. Meine – deine – unsere Kinder, das ist heute in vielen Familien an der Tagesordnung. Es gibt weniger «kinderreiche Familien», aber öfter «mütter- und väterreiche» Kinder. Eltern-Kind-Bindungen sind heute oft durch jeweils sehr unterschiedliche Partnerbeziehungskonstellationen gekennzeichnet, und ein Wechsel der PartnerInnen, meistens seriell, gehört heute zur gelebten Realität familialer Entwicklung; ebenso die «Patchworkfamilien» als neu zusammengesetzte Kleinfamilien und «Regenbogenfamilien», die aus zwei gleichgeschlechtlichen Partnern und Kindern bestehen.[554] FamiliensoziologInnen sprechen von einer Entkopplung von Partnerschaft und Elternschaft sowie einer Entkopplung von Sexualität und Fortpflanzung, Liebe und Ehe.[555] Für das Funktionieren von Beziehungskonstellationen ist diese Vielfalt nur in dem Maße problematisch, wie es die gesellschaftlichen Rahmenbedingungen, unter denen sich Trennungen vom Partner und Wechsel in der Partnerbeziehung vollziehen, problematisch machen.

Wie bunt es inzwischen unter den Dächern in der BRD zugeht, zeigt ein Bericht des Bundesinstituts für Bevölkerungsforschung (BiB): Wurden in den 1950er-Jahren noch 98 Prozent aller Kinder in eine Familie mit Vater und Mutter geboren, so lebte 2014 fast jedes dritte Kind nicht in einer klassischen Familie, sondern stattdessen ohne Vater (15 Prozent), ohne Mutter (2 Prozent), mit unverheirateten Eltern (6 Prozent) oder mit neuer Familie, im Patchwork-Modell (9 Prozent).[556] Als Familien gelten dabei alle Eltern-Kind-Gemeinschaften, bei denen mindestens ein Kind unter 18 Jahren im Haushalt lebt. Zu den Kindern zählen leibliche, aber auch Stief-, Pflege- und Adoptivkinder. Die meisten Ein-Eltern-Familien lebten in Berlin: Dort waren knapp ein Drittel (32 Prozent) der Familien Alleinerziehende, während das in Baden-Württemberg nur auf jede sechste Familie zutraf.

Außer den statistisch erfassten Lebensgemeinschaften werden LebensgefährtInnen und LebensabschnittsgefährtInnen, Patchworkfamilien, Regenbogenfamilien, nicht zusammenlebende PartnerInnnen mit mehreren Wohnungen, Wahlfamilien,

---

554 Generell können «Regenbogenfamilien» auch aus mehr als zwei Erwachsenen bestehen, gesetzlich gibt es dafür keine Regeln.

555 Vgl. Andrea Maihofer / Tomke Böhnisch / Anne Wolf: Wandel der Familie. Hans-Böckler-Stiftung, Arbeitspapier 48, Zukunft der Gesellschaft, Düsseldorf 2001.

556 Die Zahlen ergeben sich aus dem Mikrozensus 2013.

schwule und lesbische Lebensformen, die nicht unbedingt aus Paaren bestehen müssen, Wohn-, Haus- und Hofgemeinschaften, Wagenburgen, Kommunen mit und ohne (eigene) Kinder und Bezugsgruppen, für die wir noch keinen Namen haben, in der Realität immer selbstverständlicher. Sie werden (oft) von Menschen gelebt, die ganz bewusst andere Formen wählen als die traditionell vorgesehenen.

Freilich gelten viele dieser gelebten Formen bei Eltern, LehrerInnen, KirchenvertreterInnen und anderen sich für Moral und «Normalität» zuständig Fühlenden noch immer als «unordentlich». Neue Formen des Zusammenlebens eröffnen neue Lebensmöglichkeiten und neue Freiheiten, brauchen aber ebenso gesellschaftliche Rahmenbedingungen und Unterstützung und vor allem gleiche Existenzberechtigung.

8.8. Paradoxien der Emanzipation

Während einerseits traditionelle Familienformen zunehmend brüchig werden, lässt sich andererseits eine Verfestigung von Normen und familialen Ideologien feststellen. Menschen können heute in vielfältigen Zusammenhängen leben und es ist keine Schande mehr, eine alleinstehende Mutter oder eine «alte Jungfer» zu sein. Vor fünfzig Jahren war es das noch. Mit Angela McRobbie fragt man sich dennoch: «Wenn Menschen, insbesondere junge Menschen, in der westlichen Welt heute ihre Verwandtschaftsbeziehungen unter dem doppelten Widerspruch – zwischen liberaler Wahlfreiheit und neoliberalen Familien-Werten, zwischen feministischem Alltagsverstand und Verdrängung des Feminismus – leben müssen, wie machen sie das?»[557] Wie kommen sie mit ihren «vernarrten Großeltern, liebenden Tanten und freundlichen Onkeln» zurecht, ohne sich zu verleugnen oder zu verstellen? Vielleicht «verpartnern» auch sie sich ebenfalls wie «normale» Eheschließende aus Angst, «sitzen» zu bleiben, eine «alte Jungfer» zu werden, die Möglichkeit zum Kinderkriegen zu verpassen, aktuell oder im Alter eine «alleinstehende Frau zu sein». Das ist offensichtlich immer

557 Angela McRobbie: Wozu Mütter und Väter? Judith Butler, Antigones Verlangen: Neuordnung der Verwandtschaftsverhältnisse, Verwerfung des Feminismus, in; Das Argument. Zeitschrift für Philosophie und Sozialwissenschaften 252, S. 648–657.

noch eine schreckliche Vorstellung angesichts des normgebenden Paarmodells. Einsamkeit im Alter scheint vor allem bei Frauen vorprogrammiert zu sein. Armut im Alter ist allerdings bei alleinstehenden Frauen bereits Tatsache.

Bekanntlich geht die Schere zwischen Arm und Reich in der BRD immer weiter auseinander. Der Anteil der Familien, die in relativer Armut und prekären materiellen Verhältnissen leben, ist in den letzten Jahren sprunghaft angestiegen. In der Bundesrepublik lebten 2013 mehr als 2,4 Millionen Kinder in Armut. Familien sind nicht arm, weil Väter und Mütter Kinder haben, sondern Familien sind arm, weil sie nicht erwerbstätig sein können, weil es an Betreuungseinrichtungen fehlt, an existenzsichernd bezahlten Arbeitsplätzen oder auch, weil sie aus dem gewünschten Familienbild herausfallen. Das soll am Beispiel der alleinerziehenden Frauen verdeutlicht werden.

Der vierte Armuts- und Reichtumsbericht der Bundesregierung weist für Alleinerziehende mit 40 % eine überdurchschnittlich hohe Armutsquote aus. Mehr als 600.000 Alleinerziehende leben von Hartz IV und 25 % der Alleinerziehenden erhalten Aufstockung durch Hartz IV.[558] Das ist ein Skandal.[559] Auch der vierte Bericht führt die seit Jahren zu beobachtende Tendenz fort, Armut als ein individuelles Problem darzustellen. Die strukturellen Bedingungen, die Armut begründen und soziale Ungleichheiten befördern, werden auch in diesem Bericht marginalisiert. Auch oder gerade für Alleinerziehende ist Erwerbsbeteiligung selbstverständlicher als für Frauen, die in «normalen» Familien leben, aber per se noch kein Garant für ein Einkommen jenseits der Armutsrisikoschwelle. 16% der Alleinerziehenden arbeiten ausschließlich in Minijobs. Weil der Arbeitsmarkt keine anderen Angebote für sie bereithält oder fehlende Kinderbetreuungseinrichtungen keine Vollarbeitszeit zulassen. Das überdurchschnittliche Armutsrisiko bei alleinerziehenden Frauen resultiert häufig aus der in der vormals ge-

---

558 Alleinerziehenden-Verband wird 40, in: Neue Osnabrücker Zeitung vom 11.2.2013.

559 Siehe auch: Antje Asmus: Gendern heißt ändern. Zum 4. Armuts- und Reichtumsbericht, in: Lunapark21, H.21 / Frühjahr 2013 sowie Gisela Notz: 40 Jahre Frauen- und Familienpolitik für Alleinerziehende. Wo kommen wir her – wo geht es hin? Festvortrag anlässlich des 40-jährigen Jubiläums des Verbandes alleinerziehender Mütter und Väter am 7. September 2013 in Hannover.

lebten familialen Partnerschaft noch gemeinsam getragenen geschlechtsspezifischen Arbeitsteilung und den damit einhergehenden Versprechungen. Alleinerziehende Frauen aus den ostdeutschen Bundesländern klagen darüber, dass sie aufgrund ihrer Lebensform unter gesellschaftlichen und beruflichen Diskriminierungen zu leiden haben, die sie früher nicht kannten. Arm sind allerdings auch Kinder – die doch «unsere» Zukunft sein sollen –, wenn sie in einer «Normalfamilie» leben, wenn ihre Eltern erwerbslos sind oder in prekären Beschäftigungsverhältnissen arbeiten müssen.[560] Erwerbslosigkeit und Lohnarmut führen zu Kinderarmut und enden mit der Altersarmut, die die Aktivistin Trude Unruh einmal als das «zynische Ende der christlichen Familienpolitik» bezeichnet hat.[561]

Die Angst, im Irrgarten der Multi-Options-Gesellschaft nicht den richtigen Weg zu finden, Angst vor der Armut und die Angst, nirgendwo dazuzugehören, führen dazu, dass sich Erwachsene nach unkündbaren Beziehungen sehnen und junge Menschen in der romantischen Partnerschaft und der heterosexuellen Kleinfamilie Sicherheit und Geborgenheit suchen. Studierende, egal ob homo- oder heterosexuell, experimentieren nicht mehr mit Beziehungen wie in den 1970er- und 1980er-Jahren. Sie hoffen auf lang anhaltende Verlässlichkeit und Treue, die sich oft als Illusion erweist. Trotz aller Ideologisierungen wäre es fatal, wenn die Abschottung der Familie als «private» Organisation in ihrer alten Form mit der treusorgenden Mutter und dem Vater, der für das Familieneinkommen zuständig ist, in der Realität rekonstruiert würde. Viele Frauen beanspruchen eigene Lebens- und Arbeitsräume und nehmen das Recht auf eigene Existenzsicherung in Anspruch, auch wenn sie Kinder haben. Auch für viele Männer in «Normalfamilien» wird die traditionelle Rollenverteilung immer problematischer. Deshalb bedarf es anderer als familistischer Organisationsformen, die der Vielfalt der gelebten Realität gerecht werden und auch

560 Ein möglicher Ausweg ist die Kindergrundsicherung, wie sie von einem Bündnis aus Familien-, Wohlfahrtsverbänden und Einzelpersonen aus der Wissenschaft getragen wird. Sie soll Kindern, egal wie sie leben, zugute kommen. Siehe hierzu: www.kinderarmut-hat-folgen.de/konzept.php (Zugriff: 4.3.2015).

561 Trude Unruh (Hg.): Trümmerfrauen – Biografien einer betrogenen Generation, Essen 1987.

von Politikwissenschaft und Gesellschaft zur Kenntnis genommen und akzeptiert werden.

Wir dürfen nicht zulassen, dass die Gegenkonzepte der Frauen- und Alternativbewegung mit ihren Protagonistinnen begraben werden, wie es die US-amerikanische Feministin und Familismuskritikerin Susan Faludi anlässlich des Todes der Radikalfeministin Shulamith Firestone, die auch die westdeutsche Frauenbewegung wesentlich beeinflusst hat, befürchtet.[562] Sie schrieb am 28. August 2012 in einem Nachruf im «New Yorker» vom 15. April 2013: «Es war schwer zu sagen, welches Ereignis die Trauergemeinde eigentlich würdigte: den Tod Shulamith Firestones oder das Ende einer ganzen Generation von Feministinnen, denen es nicht gelungen war, sich in der Welt durchzusetzen, die sie selbst maßgeblich miterschaffen hatten.»[563] Das klingt resignativ. Erinnern wir uns, was Herbert Marcuse bereits zur Zeit schrieb, als die Studierenden und die Frauenbewegung noch an Utopien arbeiteten: «Ein Revolutionär resigniert nicht, wenn die Revolution nicht gleich an der nächsten Straßenecke auftaucht, wie er es erwartet hat.» Er glaubte nicht daran, dass Veränderungen alleine vom Produktionsbereich aus zu erreichen sind, denn – so Marcuse weiter: «Ein Gesamtmilieu für alternative Praxis setzt schon die Veränderung der Gesamtgesellschaft voraus.» Dazu gehören nach seiner Meinung auch veränderte menschliche Beziehungen, denn das Ziel sei die Abschaffung der Herrschaft in der Gesellschaft. Und er wusste: «In der Gesellschaft, die wir kennen und in der wir leben, ist das – ich gebe es zu – vorläufig nichts als ein Programm.»[564] Es wird höchste Zeit, an diesem Programm weiterzuarbeiten.

---

562 Zu Sulamith Firestone siehe Abschnitt 5.2.1.2. in diesem Buch.

563 Susan Faludi: Tod einer Revolutionärin. Shulamith Firestone und die Frauenbewegung der siebziger Jahre, in: Mittelweg 36, 23. Jg., H.3 Juni/Juli 2014, S. 5–29; hier: S. 6.

564 Herbert Marcuse / Erica Sherover / Berthold Rothschild / Theo Pinkus: Die Salecina-Gespräche, in: Jürgen Habermas / Silvia Bovenschen u. a.: Gespräche mit Herbert Marcuse, Frankfurt/Main 1978, S. 91–120; hier: S. 92f.

8.9. Die «Normalisierung» von anderen Lebensformen

Am Beispiel der Hartz-IV-Bedarfsgemeinschaften kann man aufzeigen, dass früher als «unordentlich» geltende Zusammenschlüsse dann akzeptiert werden, wenn die Anerkennung für den angeblich ausgebluteten Sozialstaat Kosten spart.[565] Man kann sie sogar zur Kontrolle und Überwachung benutzen. Homosexuelle dürfen heiraten und Kinder haben, müssen sich aber auf die Bedingungen der bürgerlichen Kleinfamilie einlassen, sich den sozialen Normen und überkommenen Klischees der heteronormativen Familie fügen oder zumindest so tun, als täten sie das. Ja, sie müssen sich sogar besonders «musterhaft» benehmen, um sich von «ungehörigen Beziehungen» abzugrenzen. Die damit propagierte glückliche homosexuelle, monogame Kleinfamilie wird der überholt geglaubten glücklichen heterosexuellen bürgerlichen Kleinfamilie hinzugefügt. Sabine Hark und Mike Laufenberg sprechen im Hinblick auf die Homo-Ehe von einer Heteronormalisierung durch Integration.[566]

Die Homo-Ehe wird mit (einigen uralten) Privilegien, die früher nur der heterosexuellen «Normalfamilie» zukamen, ausgestattet. Diejenigen, die sich der bürgerlichen Norm nicht beugen wollen – dazu gehören alle, die nicht in Paaren zusammenleben – bekommen keinen staatlichen oder kirchlichen Segen und auch keine materiellen Privilegien, keine Vorteile der Familienförderung und wenig Zuneigung von den «normalen» Verwandten. Die «Ehe für alle» ist eine Schimäre. Man muss Verständnis dafür haben, dass der Wunsch nach «regulärer Zugehörigkeit» stark ist; vielleicht geht es auch darum, dem Wunsch der eigenen Eltern zu entsprechen oder ihm zu widersprechen. Alternative Lebensformen oder gar gelebte Utopien verschwinden allerdings hinter dem Wunsch, der Norm zu entsprechen.

Dem Lesben- und Schwulenverband (LSVD) geht die Neo-Familialisierung viel zu langsam. Manfred Bruns, früher Bundesanwalt am Bundesgerichtshof und heute Berater beim LSVD, sieht das so: «Das Problem ist im Moment, dass die CDU/CSU befürchtet, ihre Wähler würden zur AfD abwandern, wenn sie

565 Siehe hierzu Kapitel 7.5. in diesem Buch.

566 Sabine Hark / Mike Laufenberg: Sexualität in der Krise. Heteronormativität im Neoliberalismus, in: Erne Appelt u. a. (Hg.): Gesellschaft: Feministische Krisendiagnosen. Münster 2013, S. 227–245.

nicht das christliche Abendland, die Ehe und die Familie standhaft verteidigt». Gleichzeitig führt der LSVD den «Kampf um die eigene Familie»[567]. Er verweist darauf, dass die Zahl der Regenbogenfamilien immer mehr wächst und immer mehr Kinder «zwei Mamas oder zwei Papas» haben. Diese Familien haben sich den Wunsch «Ein Haus im Grünen, der Baum im Vorgarten, ein spielendes Kind – und am Herd: zwei Väter» erfüllt. Eben «das Bild der klassischen Familie». Das habe eine erfreuliche Erweiterung erfahren.[568] Die Gesetze würden es jedoch erschweren, den Kinderwunsch zu erfüllen. Und dies, obgleich mehrere Studien berichten, dass Kinder in Regenbogenfamilien nicht schlechter aufwachsen als in traditionellen Familien. Der aktuelle Kampf des LSVD scheint vor allem um Steuervorteile und Adoptionsrecht zu gehen. Das Ehegattensplitting wurde durch Beschluss des Bundesverfassungsgerichts bereits um den Kreis der Homo-Ehen rückwirkend ab 2001 erweitert. Damit sind sie auch in die gegenseitige Unterhaltspflicht der Eheleute einbezogen. Dabei spart der Staat Geld, denn Risiken werden nun privatisiert und gemeinsam und eigenverantwortlich durch das Paar getragen. Freilich kann man der Meinung sein, dass, solange das Ehegattensplitting nicht abgeschafft ist – was Feministinnen u. a. seit Jahrzehnten fordern –, es auch auf andere Paare auszuweiten ist. Es wird aber eben nur auf «verpartnerte» Paare ausgeweitet. Gegen das gemeinsame Adoptionsrecht eines Kindes durch homoexuelle Eheleute sperrt sich die CDU/CSU weiterhin.

Es ist die grundsätzliche Frage zu stellen, ob es sinnvoll ist, ein kritikwürdiges System wie das familistische und die kritisierten gesetzlichen positiven Sanktionen für bestimmte Lebensformen weiter auszuweiten, indem sich häufende Zusammenlebensformen durch vom Staat verordnete Gesetze «normalisiert» werden (z. B. «Homo-Ehe») und damit wiederum andere (alternative Lebensformen, Menschen, die anders als in Paaren leben) daran gemessen und ausgegrenzt werden, wenn sie sich nicht in die familiale «Ordnung» der bürgerlichen Ehe und/oder Familie fügen. Diskriminierende Sanktionen Anderslebender werden damit nicht beseitigt. Darauf, dass «die Öffnung der bürgerlichen Ehe oder die Schaffung eines analogen Rechtsinstitutes für Lesben und Schwule nicht das Problem der Diskri-

567 detektor.fm/gesellschaft/gleichberechtigung-regenbogenfamilien-deutschland/353471 (Zugriff: 2.3.2015).

568 Ebenda.

minierung von Lebensweisen»[569] löse, hat die Aids-Hilfe bereits im Jahr 2000 hingewiesen. Schließlich ist die konkrete Lebenssituation auch von Homosexuellen oft eine andere als eine Paarbeziehung.

Die Geschichte hat eine Vorgeschichte: Der 1986 gegründete westdeutsche Bundesverband Homosexualität (BVH) hatte zunächst keinen gemeinsamen Standpunkt für die Forderung nach Öffnung der Ehe für Lesben und Schwule finden können. Er vertrat eine weitergehende Lebensformenpolitik jenseits der Öffnung der Ehe bzw. Einführung der Lebenspartnerschaft. Er forderte eine «beglaubigte Partnerschaft zwischen zwei und mehr (!) volljährigen Personen, unabhängig von Geschlecht und sexueller Orientierung». Das hätte auch andere Lebensgemeinschaften als Paare betroffen.[570] Eine andere Politik vertrat der 1990 in der DDR gegründete Schwulenverband in Deutschland (SVD). Mit der Aktion Standesamt am 19. August 1992 propagierte er die Forderung nach Öffnung der Ehe für lesbische und schwule Paare in den Massenmedien und stellte den BVH zunehmend ins Abseits, bis sich der Verband 1997 schließlich auflöste.

Im Dezember 1998 veröffentlichte eine Initiative von mehreren Lesben einen «Aufruf an alle Lesben, die sich eine wirkungsvolle Politik für unsere Rechte auf Bundesebene wünschen». Die Unterzeichnerinnen fordern dazu auf, den SVD in einen Lesben- und Schwulenverband umzuwandeln. Im März 1999 beschloss der SVD-Verbandstag in Köln mit großer Mehrheit die Erweiterung des SVD zum Lesben und Schwulenverband in Deutschland (LSVD). Auf dem Weg zum damals geplanten Lebenspartnerschaftsgesetz wurde der LSVD bei den entscheidenden Anhörungen des Bundestags und bei der Verhandlung des Bundesverfassungsgerichts angehört. Mit der von vielen Prominenten unterstützten Aktion «Ja-Wort» warb er in der Bevölkerung für eine Unterstützung der ersten gesetzgeberischen Schritte zur Eingetragenen Lebenspartnerschaft.

Am 28. Februar 2005 begann der Verband mit der «Aktion EinszuEins», die über bestehende Benachteiligungen von gleichgeschlechtlichen Lebenspartnerschaften gegenüber der heterosexuellen Ehe, wie z. B. die Unterschiede im Steuerrecht,

---

569 Ebenda.

570 Aids-Hilfe: Verantwortung und Vielfalt verdienen Respekt, in: Ilona Bubeck (Hg.): Unser Stück vom Kuchen? Zehn Positionen gegen die Homo-Ehe, Berlin 2000, S. 19–22; hier: S. 22

informierte. Mit der Aktion forderte der LSVD die völlige Gleichberechtigung der Lebenspartnerschaften mit Ehepaaren.[571] Die dazu ins Leben gerufene Aktion stand unter dem Leitsatz «Gleiche Pflichten, gleiche Rechte. Nur das ist fair!» Auch für diese Aktion konnte der LSVD zahlreiche Politiker und Prominente gewinnen. Verschiedene parteinahe Homosexuellen-Organisationen, wie die Arbeitsgemeinschaft der Lesben und Schwulen in der SPD (Schwusos), die Lesben und Schwulen in der Linken (LSV) sowie die Gewerkschaft Ver.di unterstützten sie ebenfalls.

Damit grenzte sich der LSVD deutlich vom 1982 gegründeten Lesbenring e.V. als größtem bundesweiten Dachverband für lesbische Frauen, Lesbengruppen und Organisationen und Mitglied im Deutschen Frauenrat ab. Dieser tritt für die Abschaffung des Ehegattensplittings als einseitige Privilegierung von unterschiedlich verdienenden Ehepaaren ein und fordert die Gleichstellung aller Lebensweisen. Er setzt sich für eine Familienpolitik ein, die Ehe gegenüber anderen Formen des Zusammenlebens nicht mehr bevorzugt. Im Februar 1999 verabschiedete der Lesbenring das Grundsatzpapier «Für die Gleichstellung aller Lebensformen». Auch von schwuler Seite wurde eine Kampagne gegen die Homo-Ehe gestartet. Das wissenschaftlich-humanitäre Komitee (whk) antwortete 1999 auf die LSVD-Kampagne «Aktion für ein Ja-Wort» mit der «Aktion Neinwort: Wir scheißen auf euer Ja-Wort».[572]

Die «Homo-Ehe» beschäftigt den Lesbenring weiterhin. Er muss sich damit auseinandersetzen, dass auch Lesben als «Normalfamilie» leben wollen. Bisher ist der Lesbenring nicht von seinem Zweifel abgerückt, dass die «Ehe» nicht zu einem feministischen Gesellschaftsentwurf gehört. Er will auch in Zukunft daran arbeiten, «eine Gesellschaft möglich zu machen, in der die Ehe nicht weiterhin anderen Organisationsformen des gegenseitigen Verantwortungübernehmens vorgezogen wird»[573].

Seit die Mehrheit der überwiegend katholischen irischen Bevölkerung sich am 23. Mai 2015 eindeutig für die Legalisierung der gleichgeschlechtlichen Ehe ausgesprochen hat, tobt die Debatte in der Bundesrepublik verstärkt.

---

571 LSVD Köln: Aktion 1:1: Wir pochen auf gleiche Rechte für Lebenspartnerschaften, Köln 2004.

572 Siehe auch: Heinz-Jürgen Voß: Homo-Ehe oder Solidaritätsvertrag?, in: Prokla, Heft 173, 43. Jg. 2013, Nr. 4, S. 615–629; hier: S. 623.

573 Lesbenring-INFO Oktober/November 2014, S. 6.

9. Perspektiven

In Zukunft geht es um die Frage, wie man eine Vielfalt von Zusammenlebensformen ermöglichen kann, ohne familistische Konzepte der Ein- und Ausgrenzungen zu perpetuieren. Wenn Familienpolitik heute dem Trend der Formenvielfalt im menschlichen Zusammenleben nicht gerecht wird, ist nicht die Familie in der Krise, sondern die Familienpolitik. Notwendig werden soziologische Analysen der neuen und anderen «privaten» Beziehungen und Gruppierungen in der postmodernen Gesellschaft und der Auswirkungen der «riskanten Freiheiten»[574] auf die Individuen. Notwendig werden aber auch Untersuchungen darüber, welche Bedürfnisse die Individuen und Gruppierungen haben und welche infrastrukturellen Voraussetzungen notwendig sind, damit verschiedene Zusammenlebensformen möglich sein und Menschen aus verschiedenen Herkunftsländern mit unterschiedlichen Vorstellungen gleichberechtigt nebeneinander zusammenleben können. Familienpolitik sollte nicht dem Schutz bestimmter Lebensformen und damit der Diskriminierung anderer dienen. Auf keinen Fall darf sie weiter Interessensartikulation einer Institution (der Ehe) sein, sondern muss der Artikulation der Bedürfnisse und Interessen der einzelnen Individuen Gehör verschaffen.

Christa Wolf ist zuzustimmen, wenn sie sagt: «Wir werden uns daran gewöhnen müssen, dass Frauen [und ich ergänze: und Männer sowie alle anderen Geschlechter, G. N.] nicht mehr nur nach Gleichberechtigung, sondern nach neuen Lebensformen suchen. Vernunft, Sinnlichkeit, Glückssehnsucht setzen sie dem bloßen Nützlichkeitsdenken und Pragmatismus entgegen.»[575]

Entwickelt werden müssen Konzepte, die der Verminderung der Isolation einzelner Menschen dienen, aber auch der Menschen, die in Familien und kleinen Gruppen leben, denn auch sie sind nicht selten alleine. Kinder sollten schon im Kindergarten und in der Schule lernen, dass es verschiedene Lebensformen

574 Ulrich Beck / Elisabeth Beck-Gernsheim: Riskante Freiheiten, Frankfurt/M. 1994.

575 Christa Wolf: Berührung. Ein Vorwort, in: Maxie Wander: Guten Morgen, Du Schöne, München 1977, S. 11–22; hier: S. 21.

gibt und dass sie gleichberechtigt nebeneinander stehen. Lernkonzepte in allen Sozialisationsinstanzen sollten dazu befähigen, dass Menschen selbstbewusst ihr eigenes Leben gestalten, ihre Interessen und Bedürfnisse durchsetzen können. Sie sollten sie auch in die Lage versetzen, sich an der Gestaltung von befriedigenden zwischenmenschlichen Beziehungen, auch in Gemeinschaften und Kollektiven und mit Menschen aus verschiedenen Herkunftsländern, beteiligen zu können. Dazu bedarf es der Vermittlung und Förderung von sozialen Kompetenzen in allen Sozialisationsinstanzen. Es geht um die Förderung der Bereitschaft zum solidarischen Handeln im Rahmen von «privaten» Beziehungen, Gemeinwesen und Gesellschaft, über den Bereich des Nationalstaates hinaus. Ziel ist die Umverteilung der Verantwortung für Kinder sowie Sorge- und Pflegebedürftige auf alle Geschlechter, individuell und in allen Lebensformen.

Es sollte also nicht weiter darum gehen, sich häufende «neue Familienformen» den Normen der bürgerlichen Kleinfamilie anzupassen, sie in «geordnete Bahnen zu lenken»[576] und damit wiederum anders lebende Erwachsene und Kinder zu diskriminieren. Gleichstellung der Lebensformen wäre erst dann erreicht, wenn keine Lebensform bevorzugt und damit keine benachteiligt und *allen* Menschen gleiche Existenzberechtigung für die von ihnen gewählte Lebensform zugestanden wird, solange dort niemand ausgebeutet, unterdrückt oder seinen eigenen Interessen widersprechend behandelt wird. Erst dann könnten auch Generationengemeinschaften entstehen, in denen junge und alte Menschen – unabhängig von Alter, Geschlecht, Herkunft und Weltanschauung – ohne Ausgrenzungen gleichberechtigt zusammenleben können.

Wäre das erreicht, dann würde es keine Rolle spielen, ob Menschen alleine, zu zweit oder zu mehreren, mit oder ohne (eigene) Kinder, monogam oder polygam, homo-, hetero-, bisexuell oder in anderen (nicht-)sexuellen Beziehungen friedlich zusammenleben, und auch nicht, aus welchem Land sie kommen, welche Hautfarbe sie haben und welchem Geschlecht sie sich zugehörig fühlen wollen. Es geht um die Möglichkeit von freien Zusammenschlüssen unter freien Menschen ohne Unterdrückung und Gewalt. Das Verständnis von Fa-

576 Jutta Oesterle-Schwerin: Assimilation oder Emanzipation? in: Klaus Laabs (Hg.): Lesben, Schwule, Standesamt. Die Debatte um die Homoehe, Berlin 1991, S. 28–38; hier: S. 34.

milie hat sich gegenüber früheren Zeiten, als nicht nur blutsverwandte Menschen zur Familie gehörten, eingeengt. Warum sollte sie sich nicht wieder ausdehnen? Nicht in die ursprüngliche Form, sondern in viele Richtungen zugleich? Dann bräuchte man den vielfach strapazierten Familienbegriff nicht zu erweitern und umzudeuten. Man könnte «die Familie» aufgeben und etwa durch «Lebensweisen» ersetzen. Überflüssig würde auch die Familienpolitik, denn es genügte eine Politik für Menschen. Das wäre das Ende des Familismus.

Hannah Arendt
Eine Denkbiografie
Alexandra Popp
schmetterling verlag
«Alles Denken ist Nachdenken, der Sache nachdenken.»
Hannah Arendt
schmetterling verlag
Bestellbar unter
www.schmetterling-verlag.de
Popp, Alexandra
Hannah Arendt
Eine Denkbiografie
Ca. 12.80 EUR
232 Seiten
ISBN 3-89657-020-X